新型职业农民培育工程规划教材

网上开店

童红斌　范舍玲　主编

中国农业大学出版社
·北京·

内容简介

全书按照网上开店的流程设计了网上开店入门知识、开通淘宝店、网店交易管理、网店简单装修、网店营销推广、网店客户服务、淘宝网店工具集7个模块。通过7个模块的学习与实践，带领读者完成前期的网上店铺创建，中期的网店日常经营管理，后期的客户维护和数据分析，帮助读者全面地掌握网店开店各个环节的基本操作思想和技能。

本书语言简洁朴实，内容具体细致、浅显易懂。在内容的设计上，着重强调了针对性和操作性，所有实践内容针对网上开店的具体问题，并且给出详细的操作过程演示。

本书可以作为传统中小企业“涉网触电”的培训用书和个人从事网上开店的入门参考书，也可作为职业院校电子商务相关专业学生的专业用书。

图书在版编目(CIP)数据

网上开店/童红斌，范舍玲主编．—北京：中国农业大学出版社，2017.5
ISBN 978-7-5655-1818-8

Ⅰ.①网… Ⅱ.①童…②范… Ⅲ.①电子商务-商业经营 Ⅳ.①F713.36

中国版本图书馆CIP数据核字(2017)第114481号

书　名　网上开店
作　者　童红斌　范舍玲　主编

策划编辑　张　蕊　　　责任编辑　张　蕊
封面设计　郑　川　　　责任校对　王晓凤
出版发行　中国农业大学出版社
社　址　北京市海淀区圆明园西路2号　　　邮政编码　100193
电　话　发行部 010-62818525，8625　　　读者服务部 010-62732336
　　　　编辑部 010-62732617，2618　　　出 版 部 010-62733440
网　址　http://www.cau.edu.cn/caup　　　E-mail　cbsszs@cau.edu.cn
经　销　新华书店
印　刷　北京富泰印刷有限责任公司
版　次　2017年5月第1版　2017年5月第1次印刷
规　格　787×980　16开本　16.5印张　301千字
定　价　36.00元

编写人员

主　编　童红斌　范舍玲
副主编　覃尚才　张美琴

前言

2015年，国家提出实行“互联网+”计划，作为我国未来产业经济转型发展的重要策略，作为推动我国经济持续快速发展的核心引擎。2016年，马云提出“5个新”，指明未来中国乃至世界经济发展的趋势，认为电子商务将成为一种常态。经过20余年的发展，中国电子商务在提升市场资源配置水平、带动传统产业转型升级、推动贸易便利化等方面发挥了重要的作用，成为国民经济中最有活力的一个经济领域。特别是在“十二五”期间，我国电子商务实现了跨越式增长，交易规模连续5年增速超过35%，网络零售额连续3年位居世界第一，实物商品网络零售额占社会消费品零售总额比例超过10%，电子商务催生了规模化就业新领域，开辟了创新创业新途径。“十三五”期间，电子商务将作为中国经济发展的关键引擎，在服务传统产业，促进产业结构调整，最终带动中国经济更好更快地发展，发挥更加重要的作用。

网上零售是电子商务中最重要的一个环节，是传统中小型企业“涉网触电”的重要一步，也是最直接的一步。本书针对国内欲触网的传统中小企业，以淘宝网为操作平台，兼顾其他零售平台，全面、详细介绍了网上开店的过程和操作技巧，以实现网上零售带动线下销售、促进企业增收增效的目的。全书共7章，分别为网上开店入门知识、开通淘宝店铺、网店交易管理、网店简单装修、网店营销推广、网店客户服务、淘宝网店工具集。

本书浅显易懂，可以作为传统中小企业“涉网触电”的培训用书，也可作为个人从事网上开店的入门参考书。

由于电子商务更新较快，同时由于作者时间和精力有限，书中难免有不妥之处，还望读者不吝赐教。作者邮箱：tonghb@msn.com。

淘大讲师童红斌

2017年于杭州钱塘江畔

目　录

第一章 网上开店入门知识

第一节 电子商务

一、电子商务基本概念

(一)电子商务

电子商务是一个随着互联网发展起来的新领域、新应用,最早起源于美国。经过近二十几年的发展,电子商务对整个人类社会带来了颠覆性的影响,几乎各行各业都或多或少受到了电子商务的冲击。了解什么是电子商务是我们走进电子商务的世界的起点。

目前全球对于电子商务的解释并没有一个统一且权威的定义,一般情况下,我们认为凡是通过网络(不局限于传统互联网,还包括移动网络等新兴网络)以电子化手段进行的交易和相关服务等经营活动都可以界定为电子商务。电子商务是一种现代商业方法,是传统商业活动各环节的电子化和网络化。理解电子商务应把握电子是手段,商务是核心这一思想。

电子商务源于企业实践,比如企业在网上推广和销售商品、企业通过网络提供客户服务、企业通过网络收集市场信息等均是电子商务活动。可以说,电子商务把企业一切经营管理活动迁移到了网络,为此 HP 公司也将电子商务界定为一个跨时域、跨地域的电子化世界(E-world),E-world＝Electronic Commerce ＋ Electronic Business ＋Electronic Consumer。

在我国,电子商务一开始出现的概念是电子贸易(Electronic Trade,ET),电子贸易又称为“无纸贸易”,起先被用在一些大企业与其客户的交易中。无纸贸易的出现,简化了交易手续,提高了交易效率,降低了交易成本,很多企业竞相效仿。

由于各个企业所制订的交易程序不一致,因而,要实现真正的电子商务交易,需要一定的交易标准作保证。只有形成一整套电子商务交易的标准体系,才能有效地保证电子商务安全、可靠、顺畅地进行。按照标准格式进行数据传输而达成交易就是 EDI(Electronic Data Interchange)。

EC(Electronic Commerce)的形成是由于 Internet 的进一步发展而出现的。早期的 EDI 不仅成本较高,而且只有特大型企业才能使用,在增值网上进行的 EDI 虽然使得中小企业从事电子商务成为可能,但不同行业的 EDI 标准并不一致,而且十分复杂。这样在 Internet 上从事电子商务以前简化程序、降低费用就成为必然。因而,EC 是 EDI 在 Internet 上的推广使用。GE 咨询公司认为,“过去是从 LAN 和 WAN 方面谈论网络,现在则是讨论 Intranet 和 Extranet,网络的概念被拓广,但 EDI 依然是电子商务的母语,现在的问题是在 Internet 上使用 EDI。”这就是说,EC 是利用 Internet 进行的商务交易。

然而,在因特网上从事电子商务,存在着技术、法律、安全、税收等问题,EC 的发展并非一帆风顺。在这种情况下,有的公司提出了 EB(Electronic Business)的概念。EB 是运用 Internet 进行各种经营管理活动。EB 所包含的内容比 EC 大,不仅有网上交易,而且包括供应链管理(SCM)、客户关系管理(CRM)、企业内部管理(OPS)等。由 EC 发展为 EB 为电子商务的进一步发展和应用拓宽了思路。

EC 和 EB 在英语里面都表示电子商务,但两者有着一定的区别。EB 称为广义的电子商务,EC 称为狭义的电子商务。一般认为,广义的电子商务概念是指利用包括 Internet、Intranet、局域网等各种不同形式网络在内的一切计算机网络以及其他信息技术进行的所有的企业活动。狭义的电子商务仅仅将在 Internet 上进行的交易活动(或与交易直接有关的)归属于电子商务。

EC 和 EB 的区别可以通过表 1-1 来说明。

表 1-1　EC 和 EB 的区别

项目	EC	EB
电子技术(手段)	Web 技术	Web 技术+其他 IT 技术
商务活动(核心)	交易	交易+其他与企业经营有关的活动

(二)网络营销

网络营销(E-Marketing)是指为发现、满足或创造顾客需求,利用互联网(包括移动互联网)所进行的市场开拓、产品创新、定价促销、宣传推广等活动的总称。网络营销是以现代营销理论为基础,借助网络、通信和数字媒体技术实现营销目标的商务活动；是科技进步、顾客价值变革、市场竞争等综合因素促成的；是信息化社会的必然产物。

网络营销和互联网的创意与技术层面息息相关，涉及产品设计、开发、广告与销售等各个环节。网络营销的方法有很多，并且随着网络营销的发展，新型的网络营销方法层出不穷。目前比较重要的网络营销方法包括：搜索引擎营销、网络广告营销、电子邮件营销、微信营销、病毒营销、论坛营销、视频营销、博客营销、微博营销、口碑营销、社会网络营销、会员营销、交互式营销、Web 2.0 营销等。

(三)跨境电子商务

跨境电子商务是指分属不同关境的交易主体，通过电子商务平台达成交易、进行支付结算，并通过跨境物流送达商品、完成交易的一种国际商业活动。

跨境电子商务作为推动经济一体化、贸易全球化的技术基础，具有非常重要的战略意义。跨境电子商务不仅冲破了国家间的障碍，使国际贸易走向无国界贸易，同时它也正在引起世界经济贸易的巨大变革。对企业来说，跨境电子商务构建的开放、多维、立体的多边经贸合作模式，极大地拓宽了进入国际市场的路径，大大促进了多边资源的优化配置与企业间的互利共赢；对于消费者来说，跨境电子商务使他们非常容易地获取其他国家的信息并买到物美价廉的商品。

(四)物流

物流是指物品从供应地向接收地的实体流动过程中，根据实际需要，将运输、储存、装卸搬运、包装、流通加工、配送、信息处理等功能有机结合起来实现用户要求的过程。物流的概念最早是在美国形成的，起源于 20 世纪 30 年代，意思为"实物分配"或"货物配送"，英文名称为"Physical Distribution"。第二次世界大战以后，人们将后勤学的相关理论应用到商业物流领域，提出了"Logistics"的物流概念。目前在美国，人们普遍以"Logistics"指代物流，原因在于它的内涵和外延更加宽广、连贯和具有整体性，"Logistics"已突破了商品流通的范围，把物流活动扩大到生产领域。

在电子商务发展起来之后，物流得到了快速发展，并成为制约电子商务发展的重要因素之一。为了更好地发展物流产业，促进电子商务发展，新的物流理念和模式被不断地研究出来。其中第三方物流和智慧物流是众多研究成果中比较重要的两大成果，并在实际应用中的到了广泛推广。

1. 第三方物流

根据运作主体的不同，物流的运作模式可以分为第一方物流、第二方物流以及第三方物流。第一方物流(the First Party Logistics,1PL)是指由卖方、生产者或供应方组织的物流,这些组织的核心业务是生产和供应商品,为了自身生产和销售业务需要而进行物流自身网络及设施设备的投资、经营与管理。第二方物流(the Second Party Logistics,2PL)是由买方、销售者组成的物流,这些组织的核心业务是采购并销售商品,为了销售业务投资建设物流网络、物流设施和设备,并进行具体的物流业务运作组织和管理。第三方物流(the Third Party Logistics,3PL)是由供方与需方以外的第三方物流企业提供物流服务的业务模式。

第三方物流自 20 世纪 80 年代在欧美等工业发达国家出现以来,以其独特的魅力受到了企业的青睐,并得到迅猛发展,被誉为企业发展的"加速器"和 21 世纪的"黄金产业"。完善的第三方物流企业能够提供货主所需的所有环节的物流服务,包括仓库存货代理、运输代理、托运代办、通关代理等业务。第三方物流可以帮助企业提高劳动生产率、削减成本,并增加灵活性。目前全球知名物流企业主要包括 UPS、FedEx、DPWN、NIPPON EXPRESS、RYDER、TPG、EXPEDITORS、PANALPINA、CNF、EXEL 等。

2. 智慧物流

IBM 于 2009 年提出了,建立一个面向未来的具有先进、互联和智能三大特征的供应链,通过感应器、RFID 标签、制动器、GPS 和其他设备及系统生成实时信息的"智慧供应链"概念,紧接着"智慧物流"的概念由此延伸而出。智慧物流是利用集成智能化技术,使物流系统能模仿人的智能,具有思维、感知、学习、推理判断和自行解决物流中某些问题的能力。即在流通过程中获取信息从而分析信息做出决策,使商品从源头开始被实施跟踪与管理,实现信息流快于实物流。智慧物流通过 RFID、传感器、移动通信技术等让配送货物自动化、信息化和网络化。

与智能物流强调构建一个虚拟的物流动态信息化的互联网管理体系不同,"智慧物流"更重视将物联网、传感网与现有的互联网整合起来,通过以精细、动态、科学的管理,实现物流的自动化、可视化、可控化、智能化、网络化,从而提高资源利用率和生产力水平,创造更丰富社会价值的综合内涵。

智慧物流理念的提出,顺应历史潮流,也符合现代物流业发展的自动化、网络化、可视化、实时话、跟踪与智能控制的发展新趋势,符合物联网发展的趋势。

(五)大数据

"大数据"是需要新处理模式才能具有更强的决策力、洞察发现力和流程优化能力的海量、高增长率和多样化的信息资产。大数据不仅用来描述大量的数据，还涵盖了处理数据的速度。从某种程度上说，大数据是数据分析的前沿技术。简言之，从各种各样类型的数据中，快速获得有价值信息的能力，就是大数据技术。

大数据的特点有四个层面：第一，数据体量巨大。从TB级别跃升到PB级别。第二，数据类型繁多。可以是网络日志、视频、图片、地理位置信息等各种形式的数据。第三，价值密度低，商业价值高。以视频为例，连续不间断监控过程中，可能有用的数据仅仅有一两秒。第四，处理速度快。大数据提出了1秒定律，这也是其区别于传统数据挖掘技术的本质所在。业界将其归纳为4个“V”——Volume（大量）、Velocity（高速）、Variety（多样）、Value（价值）。

大数据时代网民和消费者的界限正在消弭，企业的疆界变得模糊，数据成为核心的资产，并将深刻影响企业的业务模式，甚至重构其文化和组织。据IDC预测，到2020年全球将总共拥有35ZB的数据量，而麦肯锡则预测未来大数据产品在三大行业的应用就将产生7 000亿美元的潜在市场，未来中国大数据产品的潜在市场规模有望达到1.57万亿元，给IT行业开拓了一个新的黄金时代。

图1-1所示为IBM大数据平台和应用程序框架。

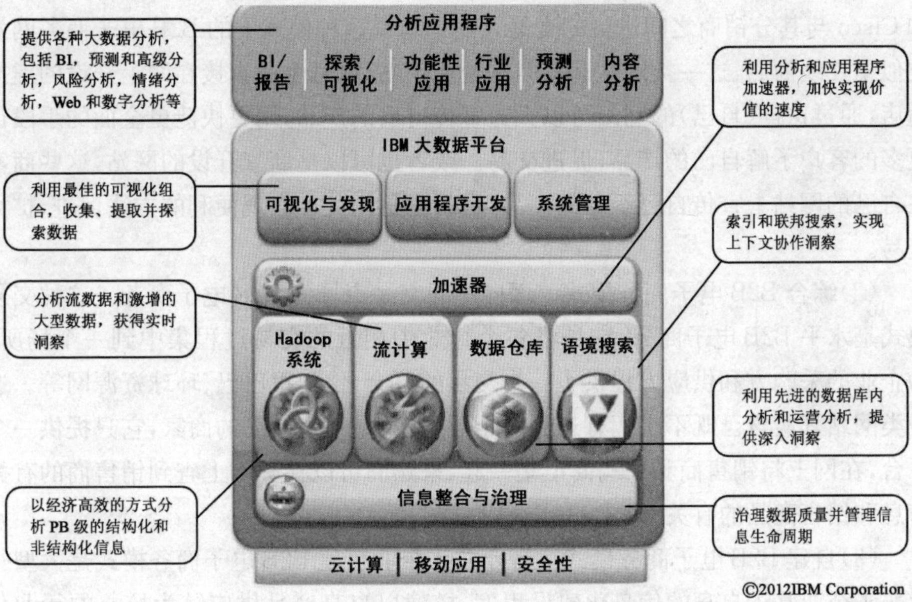

图1-1 IBM大数据平台和应用程序框架

二、电子商务模式

(一)B2B 电子商务

B2B 电子商务是指企业与企业之间通过互联网进行产品、服务及信息交换的电子商务活动,B2B 即 Business to Business。B2B 电子商务模式以包括筹措、生产和售后服务等内容的商务综合管理系统和信息资料互换为基础,组建并运用商业数据库和信息交换系统,以推动供应商、代理商、经销商和厂商的业务往来,有效削减交易费用,降低成本,实现企业业务的合理化。

1. B2B 电子商务的基本模式

(1)垂直 B2B 电子商务模式。面向制造业或面向商业的垂直 B2B 电子商务。垂直 B2B 电子商务可以分为两个方向,即上游和下游。生产商或商业零售商可以与上游的供应商之间的形成供货关系,比如 Dell 电脑公司与上游的芯片和主板制造商就是通过这种方式进行合作。生产商与下游的经销商可以形成销货关系,比如 Cisco 与其分销商之间进行的交易。简单地说这种模式下的 B2B 电子商务网站类似于在线商店,这一类网站其实就是企业网站,就是企业直接在网上开设的虚拟商店,通过这样(自己)的网站可以大力宣传自己的产品,用更快捷更全面的手段让更多的客户了解自己的产品,促进交易。或者也可以是商家开设的网站,这些商家在自己的网站上宣传自己经营的商品,目的也是用更加直观便利的方法促进、扩大交易。

(2)综合 B2B 电子商务模式。面向中间交易市场的 B2B 电子商务。这种交易模式是水平 B2B 电子商务,它是将各个行业中相近的交易过程集中到一个场所,为企业的采购方和供应方提供了一个交易的机会,像阿里巴巴、环球资源网等。这一类网站其实自己既不是拥有产品的企业,也不是经营商品的商家,它只提供一个平台,在网上将销售商和采购商汇集一起,采购商可以在其网上查到销售商的有关信息和销售商品的有关信息。

(3)自建 B2B 电子商务模式。行业龙头企业自建 B2B 电子商务模式是大型行业龙头企业基于自身的信息化建设程度,搭建以自身产品供应链为核心的行业化电子商务平台。行业龙头企业通过自身的电子商务平台,串联起行业整条产业链,供应链上下游企业通过该平台实现资讯、沟通、交易。但此类电子商务平台过于封闭，缺少产业链的深度整合。

(4)关联B2B电子商务模式。关联行业B2B电子商务模式是相关行业为了提升目前电子商务交易平台信息的广泛程度和准确性，整合综合B2B电子商务模式和垂直B2B电子商务模式而建立起来的建立跨行业电子商务平台。

2. B2B电子商务的特点

(1)具有降低经营成本的优势。B2B电子商务公司的网上业务包括供、产、销或购、销、调、存，其业务的广泛性使其能够降低更多的渠道成本。

(2)更适合现代物流管理。B2B电子商务公司和其他模式的电子商务公司相比，它的物流配送特点为少批次、大批量为特征。

(3)具有规模经济效应。相对于和B2C、C2C来比较，B2B的少批次、大批量不仅能够节省配送成本，并且在一定程度上降低交易过程中信用和资金的风险问题，还能够形成规模经济。一般情况来说，网络产品的开发、研制、促销均需要投入大量的人力、物力和财力，但当其投放到市场中后，并被消费者接受后，几乎产生不了额外的成本，所以网络产品的用户越多，单位产品的平均成本越低。

3. B2B电子商务的盈利模式

(1)会员费。企业通过第三电子商务平台参与电子商务交易，必须注册为B2B网站的会员，每年要交纳一定的会员费，才能享受网站提供的各种服务，目前会员费已成为我国B2B网站最主要的收入来源。比如阿里巴巴网站收取中国供应商、诚信通两种会员费。

(2)广告费。网络广告是门户网站的主要盈利来源，同时也是B2B电子商务网站的主要收入来源。阿里巴巴网站的广告根据其在首页位置及广告类型来收费。

(3)竞价排名。企业为了促进产品的销售，都希望在B2B网站的信息搜索中将自己的排名靠前，而网站在确保信息准确的基础上，根据会员交费的不同对排名顺序作相应的调整。阿里巴巴的竞价排名是诚信通会员专享的搜索排名服务，当买家在阿里巴巴搜索供应信息时，竞价企业的信息将排在搜索结果的前三位，被买家第一时间找到。

(4)增值服务。B2B网站通常除了为企业提供贸易供求信息以外，还会提供一些独特的增值服务，包括企业认证，独立域名，提供行业数据分析报告，搜索引擎优化等。

(5)线下服务。主要包括展会、期刊、研讨会等。通过展会，供应商和采购商面对面地交流，一般的中小企业还是比较青睐这个方式。期刊主要是关于行业资讯等信息，期刊里也可以植入广告。

(6)商务合作。包括广告联盟、政府、行业协会合作、传统媒体的合作等。广告联盟通常是网络广告联盟，亚马逊通过这个方式已经取得了不错的成效，但在我国，联盟营销还处于萌芽阶段，大部分网站对于联盟营销还比较陌生。

(二)B2C 电子商务

B2C 电子商务指的是企业针对个人开展的电子商务活动的总称，如企业为个人提供在线医疗咨询、在线商品购买等，B2C 即 Business to Consumer。在今天，B2C 电子商务以完备的双向信息沟通、灵活的交易手段、快捷的物流配送、低成本高效益的运作方式等在各行各业展现了其强大的生命力。B2C 模式是我国最早产生的电子商务模式，以 8848 网上商城正式运营为标志。

1. B2C 电子商务的基本模式

(1)综合型 B2C。综合型 B2C 电子商务指产品销售覆盖多个行业领域的网上零售模式。比如目前的亚马逊，其商品类目已经超出当初的书籍、CD，覆盖到了服装、化妆品、家电、数码等众多行业。

(2)垂直型 B2C。垂直型 B2C 电子商务特指专注于某一行业领域的网上零售模式。比如早期的亚马逊和国内的当当网专注于网上书籍的销售。

(3)传统生产企业网络直销型 B2C。传统生产企业网络直销型 B2C 主要指的是传统生产企业通过自建网站进行网上产品或服务的销售。比如 DELL 公司在自己的网站销售电脑，小米在自己的网站销售手机等商品。

(4)第三方交易平台型 B2C。第三方交易平台型 B2C 指的是买卖双方通过第三方服务机构提供的平台进行网上零售和网络购物行为。比如天猫就是国内最大的第三方交易平台型 B2C 网站。

(5)传统零售商网络销售型 B2C。传统零售商网络销售型 B2C 指的是传统零售商通过自建网站进行网上产品或服务的销售。比如苏宁易购就是国内传统零售商转型电子商务的典型案例。

2. B2C 电子商务的特点

(1)交易金额小。目前消费者网上购物大多以日用消费品和娱乐服务为主，所以与 B2B 电子商务相比，BZC 电子商务的交易金额相对较小。

(2)交易范围广阔。相对于 B2B、C2C 电子商务模式而言，B2C 电子商务在具有电子交易地域广阔性的同时还具有商品种类的广阔性特征。

(3)个性化服务。在 B2C 电子商务中,卖方往往会按照客户要求的不同将商品做出精细的分类,而且由于数字产品具有可变形性,易于修改、重新组织和编辑,这些产品往往还可随各层次用户的不同要求而定制,因此 B2C 电子商务更多地体现为一种个性化的服务。

3. B2C 电子商务的盈利模式

(1)产品销售营业收入模式。以产品交易作为收入主要来源是多数 B2C 网站采用的模式。这种 B2C 网站又可细分为两种:销售平台式网站和自主销售式网站。

(2)网络广告收益模式。网络广告收益模式是互联网经济中比较普遍的模式,B2C 网站通过免费向顾客提供产品或服务吸引足够的"注意力"从而吸引广告主投入广告,通过广告盈利。

(3)收费会员制收益模式。B2C 网站对会员提供便捷的在线加盟注册程序、实时的用户购买行为跟踪记录、准确地在线销售统计资料查询及完善的信息保障等。会员数量在一定程度上决定了网站通过会员最终获得的收益。

(4)网站的间接收益模式。除了能够将自身创造的价值变为现实的利润,企业还可以通过价值链的其他环节实现盈利。比如淘宝收取支付宝的交易服务费。

(三)C2C 电子商务

C2C 电子商务是消费者与消费者之间的货物交易或各种服务活动在网络上的具体实现,C2C 即 Consumer to Consumer。

1. C2C 电子商务的特点

(1)为买卖双方进行网上交易提供信息交流平台。C2C 电子商务平台为打算上网进行物品买卖的人们提供了一个发布和获取信息的平台。提供信息交流平台,改变信息交流方式,扩大信息交流范围是 C2C 电子商务平台提供的最根本也是最基础的服务。

(2)为买卖双方进行网上交易提供一系列的配套服务。C2C 电子商务平台除了向买卖双方提供信息交流的渠道外,还需要满足买卖双方资金和货品的交换。由此 C2C 电子商务平台需要为买卖双方提供相应的支付平台和物流系统。而且除了提供相应的工具外,C2C 电子商务平台还需要在买卖双方出现交易纠纷时提供相应的客户服务,同时还要为买卖双方的交易行为在互联网上作信用记录等。

(3)用户数量多,且身份复杂。由于 C2C 电子商务平台对于所有人都是开放的，并且目前大多都是免费的。因此，几乎任何人都可以注册成为网站的用户。2013年，仅淘宝平台用户数就近5亿家。

除了数量众多，C2C电子商务网站的用户的身份也较为复杂。首先，很多卖家同时又是买家，即不少用户都同时具有买家和卖家的双重身份。其次，在C2C电子商务网站上开店的用户有些并不以商品或服务销售为目的。

(4)商品信息多，且商品质量参差不齐。既然有着数量众多的卖家，自然也就有着数量众多的待出售的物品。C2C电子商务网站上不仅有人们日常生活中的常用物品，如衣服、鞋帽、化妆品、家电、书籍等，也有各种各样的新鲜玩意如游戏点卡、个人收藏、顶级奢侈品等。此外，商品的质量也是参差不齐：既有全新的，也有二手的；既有正品的，也有仿冒的；既有大工厂统一生产的，也有小作坊个人制作的。总之，C2C电子商务网站就像把我们传统的大商场、特色小店、地摊和跳蚤市场统统融合在了一起。因此，商品信息也是相当庞杂。

(5)交易次数多，但每次交易的成交额较小。由于C2C电子商务中参加交易的双方尤其是买家往往是个人，其购买的物品往往又都是单件或者少量的，因此和B2B完全不一样，C2C是“本小利薄”，数量小、批次多是目前绝大部分中国C2C卖家所面临的现实。

2.C2C电子商务的盈利模式

(1)会员费。会员费也就是会员制服务收费，是指C2C网站为会员提供网上店铺出租，公司认证，产品信息推荐等多种服务组合而收取的费用。由于提供的是多种服务的有效组合，比较能适应会员的需求，因此这种模式的收费比较稳定。不过目前类似淘宝等开店是免收会员费的。

(2)交易提成。交易提成是C2C网站的主要利润来源，不过目前类似淘宝等是免收佣金的。

(3)广告费。企业将网站上有价值的位置用于放置各类型广告，根据网站流量和网站人群精度标定广告位价格，然后再通过各种形式向客户出售。如果C2C网站具有充足的访问量和用户黏度，广告业务会非常大。

(4)搜索排名竞价。C2C网站商品的丰富性决定了购买者搜索行为的频繁性，搜索的大量应用就决定了商品，信息在搜索结果中排名的重要性，由此便引出了根据搜索关键字竞价的业务。用户可以为某关键字提出自己认为合适的价格，最终由出价最高者竞得，在有效时间内该用户的商品可获得竞得的排位。淘宝的直通车类似于此。

(5)支付环节收费。通过提供支付相关服务收取费用，如支付宝转账手续费等。

(四)O2O电子商务

O2O即Online to Offline(线上到线下),是指将线下的商务机会与互联网结合,让互联网成为线下交易的前台,这个概念最早来源于美国。O2O的概念非常广泛,只要产业链中既可涉及线上,又可涉及线下,就可通称为O2O,团购就是O2O的典型代表。2013年O2O进入高速发展阶段,开始了本地化及移动设备的整合。

O2O营销模式的核心是在线预付。

数据显示,即使在电子商务最发达的美国,线下消费的比例依旧高达92%。这不仅仅是因为线上的服务不能装箱运送,更重要的是快递本身无法传递社交体验所带来的快乐。但如果能通过O2O模式,将线下商品及服务进行展示,并提供在线支付"预约消费",这对于消费者来说,不仅拓宽了选择的余地,还可以通过线上对比选择最令人期待的服务,以及依照消费者的区域性享受商家提供的更适合的服务。

O2O商务模式是支付模式和为店主创造客流量的一种结合(对消费者来说,也是一种"发现"机制),实现了线下的购买。它本质上是可计量的,因为每一笔交易(或者是预约)都发生在网上。其具体特点包括以下几方面。

(1)O2O模式充分利用了互联网跨地域、无边界、海量信息、海量用户的优势,同时充分挖掘线下资源,进而促成线上用户与线下商品与服务的交易。

(2)O2O模式可以对商家的营销效果进行直观的统计和追踪评估,规避了传统营销模式的推广效果不可预测性,O2O将线上订单和线下消费结合,所有的消费行为均可以准确统计,进而吸引更多的商家进来,为消费者提供更多优质的产品和服务。

(3)O2O在服务业中具有优势,价格便宜,购买方便,且折扣信息等能及时获知。

(4)将拓宽电子商务的发展方向,由规模化走向多元化。

(5)O2O模式打通了线上线下的信息和体验环节,让线下消费者避免了因信息不对称而遭受的"价格蒙蔽",同时实现线上消费者"售前体验"。

(五)C2B电子商务

C2B即消费者对企业(Customer to Business),是一种反向定制模式。C2B电子商务认为,应该先有消费者需求产生而后有企业生产,即先有消费者提出需求,后有生产企业按需求组织生产。通常情况为消费者根据自身需求定制产品和价格,或主动参与产品设计、生产和定价,产品、价格等彰显消费者的个性化需求,生产企业进行定制化生产。

C2B 的核心是以消费者为中心,是企业换位思考,站在消费者的角度去开展电子商务经营活动。C2B 产品应该具有以下特征:第一,相同生产厂家的相同型号的产品无论通过什么终端渠道购买价格都一样;第二,C2B 产品价格组成结构合理;第三,渠道透明;第四,供应链透明。

C2B 的模式主要包括以下 3 种。

1. 聚定制

即通过聚合客户的需求组织商家批量生产,让利于消费者 。天猫"双十一"的节前预售,即属于这种形式。其流程是在提前交定金抢占"双十一"优惠价名额,然后在"双十一"当天交尾款,这是"双十一"天猫最大的亮点。

此类 C2B 形式对于卖家的意义在于可以提前锁定用户群,可以有效缓解 B2C 模式下商家盲目生产带来的资源浪费,降低企业的生产及库存成本,提升产品周转率,对于商业社会的资源节约起到极大的推动作用。聚划算、团购也属于聚定制的一种。

2. 模块定制

模块定制涉及在 B 端产品环节本身的定制。引领 C2B 模块式定制当属海尔。海尔是国内率先引入定制概念的家电企业,通过海尔商城可以选择容积大小、调温方式、门体材质、外观图案。2013 年上线的青橙手机也属于典型的模块化定制产品,手机摄像头、屏幕、内存等参数均可以实现定制。

3. 深度定制

深度定制也叫参与式定制,客户能参与到全流程的定制环节。厂家可以完全按照客户的个性化需求来定制,每一件产品都可以算是一个独立的 SKU,目前深度定制最成熟的行业当属服装类、鞋类、家具定制。

三、电子商务较传统商务的优势

(一)电子商务与传统商务的共同点

电子商务与传统商务具有以下共同点。

(1)目标相同,两者的基本目标均为提高效率、节约成本、赢得顾客、获取利润。

(2)以满足顾客需求为中心,客户是永恒的,市场的关键就是消费者满意,只有了解并满足消费者的需求,企业才能成功。因此,不论电子商务还是传统商务模式,其商务活动都是以满足顾客的实际需求为中心而开展的。

(二)电子商务与传统商务的差异

1. 交易虚拟化

在交易形式上,传统商务是近距离的现货交易,买卖双方是面对面的交流和谈判,并采用传统计算方式;电子商务则是通过将有形市场交易过程的电子化、网络化及市场形态的虚拟化、多元化,使得买卖双方有更大的时空选择。

2. 交易成本低

在信息传递上,传统商务利用信件、电话、传真传递信息,或者是工作人员口头交流,需要一定的成本;电子商务实行"无纸贸易",买卖双方通过网络进行商务活动,无须中介者参与,减少了交易的有关环节。

3. 交易效率高

传统接触式的交易方式,在人员往返、信息传递上耽搁大量时间,有时由于人员合作和工作时间的问题,会延误传输时间,失去最佳商机;电子商务利用网络信息传递、计算机自动化处理克服了传统贸易方式费用高、易出错、处理速度慢等缺点,极大地缩短了交易时间,提高了整个交易的效率。

4. 交易透明化

买卖双方从交易的洽谈、签约以及货款的支付、交货通知等整个交易过程都在网络上进行。通畅、快捷的信息传输可以保证各种信息之间互相核对,可以防止伪造信息的流通。

第二节　农产品电子商务现状

一、农产品电子商务

近年来,涉农电子商务迅速发展。一时间,"互联网+农业"成为一个蕴藏着巨大商机的领域。

(一)当前我国农业发展的特点

总体上看,我国已进入以工促农、以城带乡,加快改造传统农业、走中国特色农业现代化道路的关键时期。我国农业正处于传统农业向现代农业,从计划经济向市场经济的转变之中,农业发展的突出问题是农户小生产和市场大流通之间的矛盾。

第一,从供应方看,农业生产经营以分散的小农户为主。

第二,从需求方看,农产品的供给不能满足城镇居民的消费需求。随着人民生活水平的提高,蔬菜、水果等生鲜农产品的消费需求已由数量的增长转变为对质量、口味、营养、安全的追求。目前农村的小规模生产、分散经营的粗放式生产方式无法满足城市对高质量农产品的需求,造成了严重的供需矛盾。

第三,从中介方看,以农产品批发市场为主的流通方式不能有效满足市场流通需求。

(二)农产品电商背景解读

据我国农业部统计数据显示,2015 年我国农产品网络交易额已超 1 000 亿元,但仅占农产品销售额近 3%。如此看来,电商“拯救”农民的力量实属有限。因此,基于农民所提供的农产品质量与涉农电商的服务品质紧密相连,那么,电商与农民间“拯救”与“被拯救”的角色其实是可相互交换的。从长远看来,伴随现代农业快速不断发展,农业生产组织化、规模化、标准化程度将持续提高,农产品品质随之亦将更好地提升。如此,方能助力涉农电商拥有更宽广的发展空间和维持更久远的收益。

自中央一号文件推出“农村电商”相关政策后,市场大批量的涉农电商纷纷涌现,站在“互联网+”浪尖风口处,有效解决农产品信息不对称现象,除去“中间商”利润,减少流通环节,推动农产品领域的公平贸易。因此,不得不让业内人士看来,涉农电商的出现,从某种程度上说,解决了农产品“滞销”的根本问题,大幅度提高农民收入;让末端需求反过来迫使生产环节标准化,实现农商产品品质化。同时,互联网自身“草根”特性也有助于农民地位直接上升到“舞台”中央。

中央和各省政府相关政策的出台,一大批县域中小电商平台迅速崛起,不仅很多农业传统企业都把视线和精力转向了建设自身电商平台方向,而且为数不少的农业个体户也通过加盟电商网站销售自己的特色农产品。县域中小电商平台成为区域销售特色农产品的重要渠道,同时也因为农民网购生活用品,而正在改变着他们的生产和生活方式。

中国目前全国涉农电子商务平台已超3万家，其中农产品电子商务平台已达3 000家。农产品电商须与顾客建立良好的购物体验，才能迎来持续消费力及带动相关消费群体。

(三)农产品电商难点

目标人群定位是农产品电商平台的首要考虑问题，如果目标人群定位在基本不会上网的老年人或消费能力低下的人群，那显然是要面临亏损。另外，由于农产品的特殊性，配送需要有冷藏冷冻的混合配送车辆，以及冷藏周转箱及恒温设备，否则产品原质量再好，客户收到的也将是有质量问题的商品。所以物流配送成本将成为考验农产品电商平台的最大问题。

二、农产品电子商务存在的问题

(一)农产品电子商务发展的特点

电子商务可以很好地解决我国农业“小农户与大市场”的矛盾，实现农业生产与市场需求的对接。开展农产品电子商务，能够改善农产品流通状况，促进农产品贸易，增加农民收入，加快农业和农村经济结构战略性调整。

从我国农产品电子商务的实践看，农产品电子商务业务呈现3个层次的特点：一是初级层次。主要是为农产品交易提供网络信息服务。如一些企业建立的农产品网上黄页，在网络平台上发布企业信息和产品信息。大型农业集团建立的超大现代农业网。小企业或是个体农户则依托各类农产品信息网发布信息。二是中级层次。一些网站不仅提供农产品的供求信息，还提供了网上竞标、网上竞拍、委托买卖等在线交易形式，交易会员可以直接在网上与自己需要的运输公司洽谈，但尚未实现交易资金的网上支付。资金的支付还是依靠传统的邮局或银行实现。三是高级层次。高级层次的农产品电子商务不仅实现农产品电子商情的网上发布和农产品在线交易，还实现了交易货款的网上支付，是完全意义上的电子商务。

(二)农产品电子商务发展中存在的主要问题

总体上看，各省、市、县、镇建站、购机、入网，行政上的条块分割造成了网络发展的低水平重复建设，农业信息化体系统一化与规范化水平低。农村基层主要是靠开会、办班、发资料、有线广播、有线电视等方式传播农业信息，显然跟不上市场变化的要求。同时，农民被动地、单向地接受农村基层干部和农业信息机构的信息传播，对信息资源的利用缺乏积极性和风险性，造成农业信息的传播效率不高。农业信息传播的落后性、被动性、单向性必然造成农业信息的滞后，极易导致农业生产的大起大落，导致农产品过剩或短缺，引起价格波动，以致无法真正体现农产品的价值，影响农业结构调整的进程。长期以来农民的信息意识薄弱，小规模生产经营已使农民习惯了种什么、养什么全凭经验，同时，由于经济和文化基础的限制，他们没有条件及时、直接地从网上获取信息，也没有能力对获取的信息进行分析筛选，更没有可能上网发布信息。因此，目前以服务农户为主的信息传播，因缺少连接信息网络与农户的有效载体，影响了农业信息应有作用的发挥，也使农业信息难以从网上走进广大农户的家庭。

农业信息网络的建设不仅需要一大批精通网络技术，而且熟悉农业经济运行规律的专业人才，能为农产品经销商提供及时、准确的农产品信息，对网络信息进行收集、整理，分析市场形势，回复网络用户的电子邮件，解答疑问等。而由于对农业信息网络人才不够重视，投入经费少，加上培训机制的不完善，目前农业信息网络人才相当缺乏，使得农业信息专业库的建设、更新速度缓慢。

三、开展农产品电子商务的对策与前景

(一)农产品电子商务对策

当前中国农产品网上交易面临诸多困难，如整体市场规模不集中、基础设施建设不完善、法律法规尚不健全等。针对这些问题，商务部将采取统筹规划、规范秩序等5项措施，推动农产品电子商务应用与创新。

1. 统筹规划设计，有序推进发展

以促进农产品实体交易和电子商务有机融合为方向，通过零售带动批发、高端带动低端、城市带动农村、东部带动西部，加快开展农产品电子商务示范培育工作，力争在重点地区、重点品种和重点环节率先突破。

2. 完善制度，规范发展秩序

加快电子商务法律法规建设，规范信息发布、网上交易、信用服务、电子支付、

物流配送和纠纷处理等服务，依法打击商业欺诈、销售假冒伪劣、发布虚假违法广告和不正当竞争等活动，抓紧制定急需的农产品标准。

3. 加强配套支撑，优化发展环境

鼓励发展专业化、规模化的第三方物流，重点支持发展农产品冷链物流。落实各项支持物流企业发展的税费政策，完善农产品绿色通道政策，促进支付、信用、金融、保险、检测、认证、统计和人才培育等服务协同发展。

4. 线上线下结合，突破关键约束

发展县域服务驱动型、特色品牌营销型等多元化的农产品电子商务模式。鼓励农产品流通企业，依托实体经营网络探索开展农产品电子商务，充分利用传统的销售渠道，通过实体经营场所体验、考察与网上下单、支付相结合，解决交易主体之间的信任度低、标准不统一等问题。

5. 开展农村商务信息服务

充分发挥全国农产品商务信息公共服务平台在常态化购销对接中的作用，通过与大型连锁超市、批发市场及电子商务企业合作，更好地促进农产品流通，缓解"卖难"。

(二)农产品电子商务前景

国家对"三农"问题的重视，国家各部委对信息化和电子商务的重视和支持，国家发改委农产品批发市场信息化，农业部对农业信息化重视和积极扶持政策；经济全球化的外力推动。

从传统模式下的农产品手对手交易到通过对各种资源的整合，利用先进、便捷的技术搭建农业信息应用平台，在网络上实施农产品的交易，对改善我国的农业价值链和提高农业竞争力有着极大的促进作用。但农产品电子商务绝不是传统流通方式的简单替代，它是对传统农业经济的革命性变革。第一，农产品从生产到最终走向市场，其不易标准化的特点制约着流通的速度，网上市场的建立对农产品标准化提出了亟待规范的要求，这势必引导农产品品牌的提升和核心竞争力的提高。第二，网上交易更加公开、公平、透明，农产品成交价格真实地反映了市场中的供求关系，以此引导各级主管政府和广大农户科学安排生产，以销订产。第三，网上交易平台的建立是原有的传统农产品交易市场的延伸，使交易主体多元化，也为商家提供了更为广阔的商机。

第三节 熟悉网店平台

一、传统网店平台

传统电子商务模式下，企业或个人通过网络平台开通店铺进行网上交易，其平台类型有以下几类。一是 C2C 平台，比如我们熟悉的淘宝。该类平台主要适合个人卖家，或者希望较少投入的企业卖家。二是 B2C 平台，比如我们熟悉的天猫、京东等。该类平台仅对企业卖家开放，个人卖家如法入驻。三是 B2B 平台，比如阿里巴巴、慧聪网等。该类平台也主要适用于企业卖家，不同于 B2C 平台，其主要买家群体主要是企业。

如果您要开通网上交易，只需要根据自己的实际情况，以及进行网上交易的需求，在上述模式中选择一种模式即可。接下来，我们对传统模式下知名的网上交易平台做一个简单介绍，大家可以选择其中一个平台开始自己的网上开店之旅，开启自己的全球市场。

(一)知名 B2B 平台

1. 阿里巴巴

阿里巴巴 B2B 平台包括阿里巴巴国际交易市场和 1688(前称阿里巴巴中国交易市场)两个市场，其中阿里巴巴国际交易市场(http://www.alibaba.com/)创立于 1999 年，现为全球领先的小企业电子商务平台，旨在打造以英语为基础、任何两国之间的跨界贸易平台，并帮助全球小企业拓展海外市场。阿里巴巴国际交易市场服务全球 240 多个国家和地区数以百万计买家和供应商，展示超过 40 个行业类目的产品。1688(http://www.1688.com/)创立于 1999 年，现为中国领先的小企业国内贸易电子商务平台。1688 早年定位为 B2B 电子商务平台，近年逐步发展成为网上批发及采购市场，其业务重点之一是满足淘宝系平台卖家的采购需求。1688 首页如图 1-2 所示。

2. 慧聪网

慧聪网(http://www.hc360.com/)是国内领先的内贸 B2B 电子商务运营商之一，其凭借专业的信息服务与先进的互联网技术，为中小型企业搭建可靠的供需平台，提供全面的商务解决方案。经过过去 22 年来的不懈努力与发展，慧聪

图 1-2　1688(阿里巴巴国内站)首页

网的业务范围已经拓展至全国上百城市，在 12 个城市拥有分公司，服务团队近 3 000 人。

凭借过去 22 年来在各行业市场积累的专业经验和技能，慧聪网不仅以采用互联网技术为基础的产品买卖通及关键词搜索为中小企提供全面的营销解决方案，还通过传统的营销产品——线下活动及《慧聪商情广告》与《中国信息大全》为客户提供多渠道的、在线与线下相互配合的全方位服务。这种优势互补、纵横立体的架构，使慧聪网在中国 B2B 行业的快速发展下，打造出一条独特的发展道路。慧聪网首页如图 1-3 所示。

3. 全球五金网

全球五金网(http://www.wjw.cn)成立于 2000 年 12 月，坐落于中国电子商务之都“杭州”，专注于服务于五金机电行业。自网站创办以来，就以实现中国五金行业转型升级为目标，一步步发展成为五金行业内最权威、最有影响力的大型电子商务互动平台。

全球五金网经过 16 年的发展，积累了众多中小企业采购、推广趋势、上下游匹配撮合，收录了全国上千万家中小企业数据以及上下游产业链供求信息。无论是单日访问量，还是客户数量，在行业同类网站中都属首屈一指。平台以企业品牌与产品推广为基础，注重企业销售渠道拓展与产业内供需关系建立，为行业用户搭建生意机会平台与产品交易平台。

图 1-3　慧聪网首页

除此之外公司还专注研究搜索引擎优化服务，通过从用户、网站流量和市场营收等各项发展指标数据进行分析，在百度、360、搜搜、搜狗等各大搜索引擎上，获得高曝光和高流量，让国内中小型企业一份投放，多重回报。全球五金网首页如图 1-4 所示。

图 1-4　全球五金网

(二)知名 B2C 网站

1. 天猫

天猫(http://www.tmall.com/)是一个综合性购物网站,是淘宝网旗下的B2C电子商务平台。其整合数千家品牌商、生产商,为商家和消费者之间提供一站式解决方案。提供100%品质保证的商品,7天无理由退货的售后服务,以及购物积分返现等优质服务。目前,天猫已经拥有4亿多家买家,5万多家商户,7万多个品牌。天猫在国内B2C市场份额最大,2016年"双十一"当天,天猫交易额创造了奇迹,超过了1 200亿元人民币。天猫首页如图1-5所示。

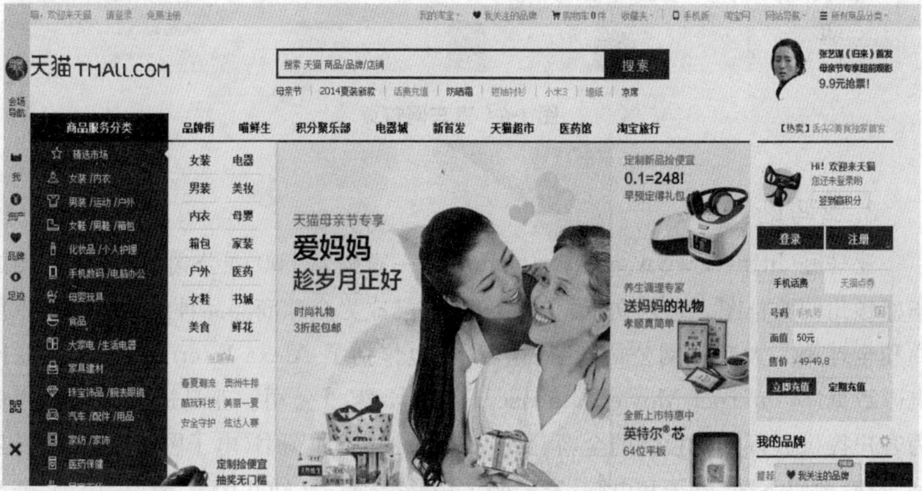

图 1-5　天猫首页

2. 京东商城

京东商城(http://www.jd.com/)是中国最大的综合网络零售商之一,是中国电子商务领域最受消费者欢迎和最具有影响力的电子商务网站之一,在线销售家电、数码通信、电脑、家居百货、服装服饰、母婴、图书、食品、在线旅游等12大类数万个品牌百万种优质商品。目前京东在中国自主经营式B2C网站中排名第一,2013年在中国自营式电商市场的占有率为46.5%(艾瑞咨询数据)。目前京东商城已经建立华北、华东、华南、西南、华中、东北六大物流中心,同时在全国超过300

座城市建立核心城市配送站。图 1-6 为京东网首页。

图 1-6　京东网首页

3. 亚马逊

亚马逊(http://www.amazon.com/)是一家财富 500 强公司,总部位于美国华盛顿州的西雅图。它创立于 1995 年,目前已成为全球商品品种最多的网上零售商和全球第二大互联网公司,在公司名下,也包括了 Alexa Internet、a9 和互联网电影数据库(Internet Movie Database,IMDB)3 家子公司。亚马逊及其他销售商为客户提供数百万种独特的全新、翻新及二手商品,如图书(电子图书)、影视、音乐和游戏、数码下载、电子和电脑、家居园艺用品、玩具、婴幼儿用品、食品、服饰、鞋类和珠宝、健康和个人护理用品、体育及户外用品、玩具、汽车及工业产品等。图 1-7 为亚马逊在中国的网站首页。

(三)知名 C2C 网站

1. 淘宝网

淘宝网(www.taobao.com)是中国最大的网购零售平台,目前拥有近 5 亿的注册用户数,每天有超过 6 000 万的固定访客,同时每天的在线商品数已经超过 8 亿件,平均每分钟售出 4.8 万件商品。2010—2015 年,淘宝交易额快速增长,2015 年达到了 3 万亿元人民币,如图 1-8 所示。随着淘宝网规模的扩大和用户数量的增加，淘宝也从单一的 C2C 网络集市变成了包括 C2C、团购、分销、拍卖等多种电子商务模式在内的综合性零售商圈。目前已经成为世界范围的电子商务交易平台之一。淘宝网首页如图 1-9 所示。

图 1-7　亚马逊中国首页

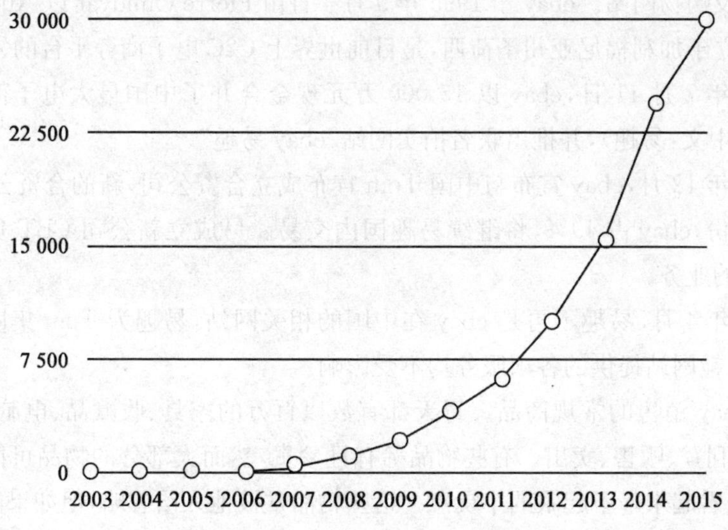

图 1-8　淘宝历年交易额

图 1-9　淘宝网首页

2. ebay

ebay(中文:电子港湾、亿贝、易贝)是一个管理可让全球民众上网买卖物品的线上拍卖及购物网站。ebay 于 1995 年 9 月 4 日由 Pierre Omidyar 以 Auctionweb 的名称创立于加利福尼亚州圣荷西,是目前世界上 C2C 电子商务平台的领头羊。

2003 年 7 月 11 日,ebay 以 15 000 万元现金合并了中国最大电子商务公司 EachNet(中文:易趣),并推出联名拍卖网站“ebay 易趣”。

2006 年 12 月,ebay 宣布与中国 Tom 宣布成立合资公司,新的合资公司 Tom 占 51%股份,ebay 占 49%,将继续易趣国内交易。另成立新公司 CBT 负责跨国交易部分的业务。

2012 年 4 月,易趣不再是 ebay 在中国的相关网站,易趣为 Tom 集团的全资子公司,易趣网站提供的各项服务均不受影响。

(1)ebay 销售的常规商品。每天都有数以百万的家具、收藏品、电脑、车辆在 ebay 上被刊登、贩售、卖出。有些物品稀有且珍贵,然而大部分的物品可能只是个满布灰尘、看起来毫不起眼的小玩意。这些物品常被他人给忽略,但如果能在全球性的大市场贩售,那么其身价就有可能水涨船高。只要物品不违反法律或是在 ebay 的禁止贩售清单之内,即可以在 ebay 刊登贩售。服务及虚拟物品也在可贩售物品的范围之内。可以说,ebay 推翻了以往那种规模较小的跳蚤市场,将买家与卖家拉在一起，创造一个永不休息的市场。大型的跨国公司，像是 IBM 会利用 ebay 的固定价或竞价拍卖来销售他们的新产品或服务。资料库的区域搜寻使得运送更加迅捷或是便宜。软体工程师们借着加入 ebay Developers Program，得以使用 ebay API，创造许多与 ebay 相整合的软体。

(2)ebay 销售的特殊商品。在 ebay 上也不时会有一些具争议性且违反道德标准的拍卖。1999 年时，有位仁兄看中了庞大(但却违法)的器官移植市场，在 ebay 刊登一则肾脏的拍卖，想借此获利。ebay 不允许任何违反其政策的拍卖项目。对新手而言，如果没有详读一切信息的话，很容易陷入被诈骗的陷阱。

ebay 首页如图 1-10 所示。

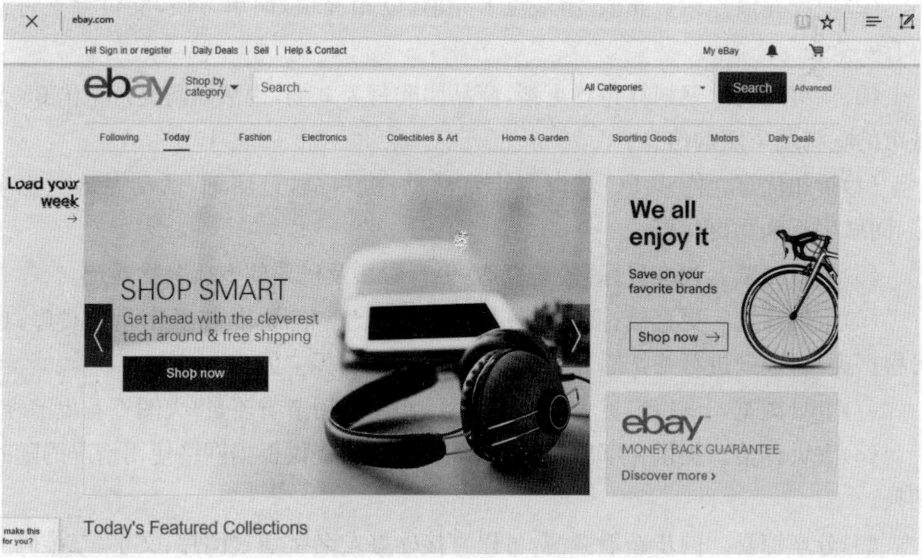

图 1-10　ebay 首页

二、新兴网店平台

(一)手机淘宝

手机淘宝是淘宝网官方出品的手机应用软件，淘宝客户端依托淘宝网强大的自身优势，整合旗下团购产品聚划算、天猫等资源为一体，提供给用户每日最新的购物信息;更具有搜索比价,订单查询,购买,收藏,管理,导航等功能,为用户带来方便快捷的手机购物新体验。

淘宝客户端与腾讯 QQ、新浪微博一样是国内屈指可数的优秀互联网应用,方便用户轻松浏览,快乐购物,随时随地查询管理您的订单、物流信息,简单操作,易于使用。

手机淘宝的核心功能主要有以下几方面。

(1)购物比价。您可以到家乐福、沃尔玛、国美、苏宁等任何一家超市或者连锁店,通过关键词搜索、条码搜,语音搜及二维码搜索等多种搜索方式即可实现和淘宝网商品比价,300 万条码库条码扫描更方便,让您购物更省钱。

(2)便民充值。话费充值、游戏点卡充值、Q 币充值,简单方便,支付宝支付又快有安全。

(3)淘宝团购。聚划算每日更新,商品团购每天 3 场,生活团购支持全国 85 个城市的吃喝玩乐团购信息。

(4)折扣优惠。同步 PC 端淘宝丰富活动:逛单品,逛店铺,活动专区优惠多多,同城生活购物更优惠。

(5)类目浏览。找准目标,快速直达;更有彩票及机票的专属购物通道。

(6)宝贝筛选。更直接,搜索宝贝后可根据人气,信用,价格及销量的排序;也可根据类目,地区进行筛选后,用户可以快速查询购买宝贝。

(7)宝贝浏览。支持宝贝大图小图浏览,小图使用节省流量,大图查看更清晰。

(8)宝贝详情。提供文字版及图文版宝贝描述,提供根据网络使用情况的随时切换。

(9)分享惊喜。同步新浪微博,可以直接@好友名字通过图片、文字、二维码与好友分享优惠,支持 8 亿淘宝商品的二维码分享。

(10)支持 WIFI、CMWAP、cmnet、uninet 等多种联网方式/

(11)提供默认登录及本地验证码功能,无须通过电脑或 Wap 再次验证登录。

(12)阿里旺旺。支持与多个卖家即时联系沟通聊天的 IM 工具。

图 1-11 为手机淘宝首页。

(二)微商城

微商城是基于当前很受欢迎的微信的一种传媒方式中的一种商业运用,微信当前的火热是一个商机,基于微信的传播速度,及其简便等优点,为商家提供一个

图 1-11 手机淘宝首页

平台，在这个更简便的、方便的平台里进行更为现代的电子商务。同时在利用微信的这个平台也可以为商家提供更有效的宣传方式，更有利于商品的推广。

微商城，又叫微信商城，是 Micronet 微网基于微信而研发的一款社会化电子商务系统，同时又是一款传统互联网、移动互联网、微信商城、易信商城、APP 商城、支付宝商城、微博商城七网一体化的企业购物系统。消费者只要通过微信商城平台，就可以实现商品查询、选购、体验、互动、订购与支付的线上线下一体化服务模式。

1. 微商城主要功能

(1)会员系统。完善的会员管理系统,自动保存密码,会员等级,积分管理,积分兑换,导入导出等功能。

(2)支付功能。支持微信支付、支付宝、财付通、快钱、银联、货到付款等多种支付方式,解决了商家因单一支付方式给消费者带来的不便。

(3)购物车/订单/结算功能。完善的购物车和订单生成系统,在线结算方便快捷。

(4)自定义菜单。拥有商品分类、资讯中心、新品促销等版块,分类清晰,除了微信自定义菜单还扩展到内页中自定义菜单。

(5)产品管理系统。强大的产品管理系统,可以自定义参数,导入导出等完善功能。

(6)促销功能。多种促销规则、积分赠送、会员优惠等让商城具备超强营销力。

(7)抽奖功能/投票功能。微信商城可同时进行多种即时抽奖活动。可以发起多种图文和柱状的投票活动。

(8)分佣系统。充分利用微信的社会化人际关系特点,以流量、推荐会员、购买抽佣的形式为营销工具。

2. 开通微商城的优势

(1)让粉丝转化为客户。通过调查显示,多维度全方位的商品展现形式,配合图文形式的商品宣传,让粉丝更容易产生购买欲望,而便捷的在线订购与支付流程,会让购买率提升50%以上。微商城全方位商品展现+便捷的购买流程,再配合微商城多样化的互动营销,粉丝变客户轻轻松松。

(2)增强客户维护。传统企业是怎么维系客户关系:当一个新店开张/独立店铺开业,我们需要去做流量、做推广、做活动、积分、拉朋友,等开张过后的日子里,客户一样无法记住我们的店铺名称、域名,只能干着急。

微商城如何帮您留住客户:大转盘、刮刮卡、报名、投票、砸金蛋、微抽奖,多样化的互动活动,让您的会员从此不再“沉默”,轻松吸引您的粉丝关注;会员卡/优惠券,牢牢锁定您的客户,促进二次消费。

(3)会员卡提升会员黏度。微商城内置会员卡,您可以通过会员卡发放优惠券,记录会员消费与积分,同时消费者通过会员卡可以享受企业相关特权服务。

(三)微店

微店是帮助卖家在手机开店的软件。微店作为移动端的新型产物,任何人通过手机号码即可开通自己的店铺,并通过一键分享到SNS平台来宣传自己的店铺并促成成交。降低了开店的门槛和复杂手续,回款为1～2个工作日,且不收任何费用。

1. 两大模式

在各类微店中主要分为两类模式,一类微店为B2C模式,如京东微店,直接通过商家对接消费者;另一类微店类似于C2C模式,多面向个体。其中C2C类模式的玩家居多。

2. 三大阵营

目前,微店整体大致可以分为三大阵营。

第一阵营,平台类型的。如微信小店、京东拍拍微店、淘宝微店、口袋购物微店。

第二阵营,主打服务。如微盟、京拍档、各大电商平台自己推出的微店(主要服务于开放平台,一方面立足自身的购物APP主打中心化移动电商;另一方面借助微店形成去中心化移动电商的布局)。

第三阵营,主要是一些个人推出,提供一种建微商城的工具。

3. 微商城与微店的区别

微店是零成本开设的小型网店,属于第三方APP软件的一个功能,没有资金的压力,没有库存的风险,没有物流的烦恼,只需利用碎片时间和个人社交圈就可进行营销推广。缺点是店铺与顾客互动性基本上没有,店铺商品不能与活动、粉丝结合,营销活动难以产生效果,加上微店依靠的客户来源较为局限,需要在朋友圈与朋友的朋友间进行推广,而这种营销方式一直遭受唾弃,不利于后期的发展。

微商城是微店改进后的一个营销手段,类似于淘宝天猫,是直接搭建在微信上方的一个商城,可以与公众账号对接,粉丝就是你的潜在客户,通过平时公众账号的信息共享与传播,有利于增加客户黏度,微商城是一个经营的过程,缩短顾客与企业商家的情感距离、产生信任感归宿感,需要时间才会产生效益。微商城将会成为未来的趋势。

第四节 开店准备

一、选择合适的经营方式

如果已经考虑成熟要开通网店开展网上销售，那么首先应该根据自身的实际情况，选择一种适合自己的经营方式。网上开店的经营方式主要有以下 3 种。

1. 网上开店与网下开店相结合的经营方式

此种网店因为有网下店铺的支持，在商品的价位、销售的技巧方面都更高一筹，也容易取得消费者的认可与信任。

2. 全职经营网店

经营者将全部的精力都投入到网站的经营上，将网上开店作为自己的全部工作，将网店的收入作为个人收入的主要来源。

3. 兼职经营网店

经营者将经营网店作为自己的副业，比如现在许多在校学生利用课余时间经营网店。也有一些职场人员利用工作的便利开设网店，增加收入来源。

二、选择合适的销售产品

选对产品才能钓到大鱼。要在网上开店，首先就要有适宜通过网络销售的商品，并非所有适宜网上销售的商品都适合个人开店销售。一般符合以下条件的产品有助于你更好地开展在线销售。

1. 比较稀少的商品

物以稀为贵，选择商品一定不能选择那些到处都能买到的商品，那些商品既然到处都能买到，买家为什么还要来买你的，你再加上邮寄费，肯定比别处的贵了。即使能卖出去，也赚不了钱。你要找些少见的商品，那样自然有人花大价钱来买你的商品了。这里也就应用了差异化的竞争策略。

2. 不同地区价格差异较大的商品

其次就是利用地区价格差异来赚钱。许多商品在不同的地区，价格相差很多，例如电器类，广东等沿海城市要比内陆便宜许多，而收藏品在古都城市（北京、西安、洛阳）又比沿海便宜得多，所以各位要从自己的身边着眼，找找自己身边盛产而其他地方没有的商品，这样才能卖个好价钱！这里也就应用了成本领先策略。

3. 自己熟悉的商品

做熟不做生，尽量不要涉足你不熟悉，如果你热爱手工，热爱十字绣，热爱手绘，热爱创造性的事情，不妨开个相关的 DIY 店铺。特色店铺到哪里都是受欢迎的。因为特色的东西少，所以容易吸引人。如果你对摄影非常在行，喜欢数码类产品，不管自己有没有实体店铺，都可以在这方面尝试一下。最重要的是努力成为这个领域的专家。主动回答会员的问题，提供会员你售卖商品的相关知识。时间长了，口碑效应好了，大家一想到这方面的购物，就会首先想到你。总之，每个人都有自己的特长的。任何时候，学会淋漓尽致地发挥自己的特长很重要，不要拿自己的短处去拼别人的长处。这里也就应用了专业化的相对创新策略。假如你是生产企业，那么你选择销售企业生产的产品，也就是符合这一选择思路。

4. 适合网上销售的商品

以上是考虑产品销售竞争力从产品大类的角度进行产品的选择，不过根据不同产品自身的特性，不同的商品对于在线销售还是有不同的特点。虽然不能说“哪些商品不适合在线销售”，但是至少可以说“哪些商品特别适合在线销售”。一般认为，符合以下特征的产品更加适合在线销售。

（1）体积较小。主要是方便运输，降低运输的成本。

（2）附加值较高。价值低过运费的单件商品是不适合网上销售的。

（3）具备独特性或时尚性。网店销售不错的商品往往都是独具特色或者十分时尚的。

（4）价格较合理。如果网下可以用相同的价格买到，就不会有人在网上购买了。

（5）通过网站了解就可以激起浏览者的购买欲。如果这件商品必须要亲自见到才可以达到购买所需要的信任，那么就不适合在网上开店销售。

（6）网下没有，只有网上才能买到，比如外贸订单产品或者直接从国外带回来的产品。

三、选择合适的货源渠道

当你确定了网上销售点的产品，接下来就是要采购这些产品进行在线销售。那么，怎样才能寻找到适合自己创业的货源呢？这是所有网上开店的创业者最关心的问题，也是网上创业行动的标志，也关系到网上创业能否成功。以下 7 种是比较常见的进货渠道。

1. 批发市场进货

这是最常见的进货渠道，如果你的小店是经营服装，那么你可以去周围一些大型的服务批发市场进货，在批发市场进货需要有强大的议价能力，力争将批发价压到最低，同时要与批发商建立好关系，在关于调换货的问题上要与批发商说清楚，以免日后起纠纷。

2. 厂家货源

正规的厂家货源充足，态度较好，如果长期合作的话，一般都能争取到滞销换款。但是一般而言，厂家的起批量较高，不适合小批发客户。如果你有足够的资金储备，并且不会有压货的危险或不怕压货，那就去找厂家进货吧。

3. 大批发商

一般用百度就能找到很多。他们一般直接由厂家供货，货源较稳定。不足的是因为他们已经做大了，订单较多，服务难免有时就跟不上。而且它们一般都有固定的回头客，不怕没有批发商，你很难和他们谈条件，除非你定的次数多了，成为他的一个大客户，才可能有特别的折扣或优惠。而最糟糕的是，他们的发货速度和换货态度往往差强人意。订单多、发货慢一点倒也可以理解，只要我们提前一点订货就可以解决。真正的问题在于换货。收到的东西有时难免有些瑕疵，尤其是饰品。所以事先要做好充分的沟通与协商。

4. 刚刚起步的批发商

这类批发商由于刚起步，没有固定的批发客户，没有知名度。为了争取客户，他们的起批量较小，价格一般不会高于甚至有些商品还会低于大批发商。你还可以按照你进货的经验和他们谈条件，比如价格和换货等问题。他们不同意你的条件也没关系，但说不定就同意了，或者可以达成一个中间协议呢。而且为了争取回头客，他们的售后服务一般比较好。不足的是因为是新的批发商，大家要好好了解他们的诚信度。可以到留言板去看别人对他们的评价，也可以让他们自己出具资信证明。

5. 关注外贸产品或 OEM 产品

目前许多工厂在外贸订单之外的剩余产品或者为一些知名品牌的贴牌生产之外会有一些剩余产品处理，价格通常十分低廉，通常为正常价格的 2～4 折，这是一个不错的进货渠道。

6. 买入库存积压或清仓处理产品

因为急于处理，这类商品的价格通常是极低的，如果你有足够的砍价能力，可以用一个极低的价格买下，然而转到网上销售，利用网上销售的优势，利用地域或时空差价获得足够的利润。所以，你要经常去市场上转转，密切关注市场变化。

7. 寻找特别的进货渠道

比如，如果你在香港或国外有亲戚或朋友，可以由他们帮忙，进到一些国内市场上看不到的商品，或者一些价格较低商品。如果你是在深圳、珠海这样的地方，甚至可以办一张通行证，自己出去香港、澳门进货。

在以上进货渠道中，对于小本经营的卖家而言，后三者更适合一些，但是要找到这样的进货渠道难度大一些，需要卖家们多用时间，细心留意。网上开店，进货是一个很重要的环节，不管是通过何种渠道寻找货源，低廉的价格是关键因素，找到了物美价廉的货源，你的网上商店就有了成功的基石。

四、选择合适的开店平台

“女怕嫁错郎，男怕选错行”，如果准备进行网上开店创业，选择什么样的平台，与自己的开业成本有关，同时也对自己的销售结果产生一定的影响。如何选择一个平台来开店，要取决于当前你网上创业所处的阶段，同时你要对各种方式网上开店的性价比进行分析与比较，这样才会选择出适合你的平台。就目前电子商务而言，常见的网上开店平台主要有以下 3 种类型。

1. C2C 平台

如淘宝网等，就提供个人在网上开通网店进行在线销售。

2. B2C 平台

如天猫、京东、亚马逊、苏宁易购等，这些平台主要针对企业客户，为其提供在线零售服务，店铺的类型包括旗舰店、专营店等。

3. B2B 平台

如阿里巴巴、慧聪网、全球五金网等，这些平台主要针对企业客户，提供在线批发采购服务。

目前国内外提供网上开店服务的网站众多，真正有一定影响力的则仅有少数，因此在开网店前应根据自己的实际情况，对这些平台进行一定的调查，然后选择具有一定影响力的(至少在某一垂直细分市场有一定的知名度)适合自己的网店平台。

第二章 开通淘宝店铺

第一节 注册与实名认证

一、注册淘宝账号

(一)个人淘宝账号注册

对于一个新的个人卖家,可以通过以下过程完成淘宝网账号注册。

(1)在浏览器地址栏中输入淘宝网网址:www. taobao. com,进入淘宝首页,如图 2-1 所示。

图 2-1 淘宝网首页

（2）在确保没有其他账户登录的情况下，点击淘宝网首页左上角【免费注册】，如图 2-2 所示。当点击之后，页面跳转至注册页面，如图 2-3 所示（在注册页面呈现之前，淘宝网还会跳出一个“注册协议”提示框，必须阅读并同意协议内容，点击【同意协议】，才会跳转到注册页面）。

图 2-2　点击免费注册

图 2-3　注册页面

（3）具体的注册步骤有 4 步，首先按提示填入你的手机号码，然后划动滑块验证通过，如图 2-4 所示，点击【下一步】，此时页面跳转，如图 2-5 所示。按提示填入手机收到的验证码，进入下一步骤。

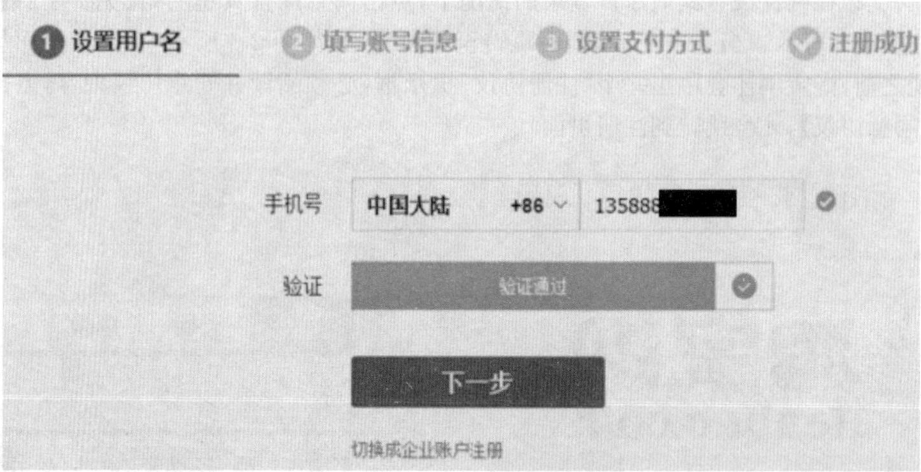

图 2-4　输入个人手机号注册

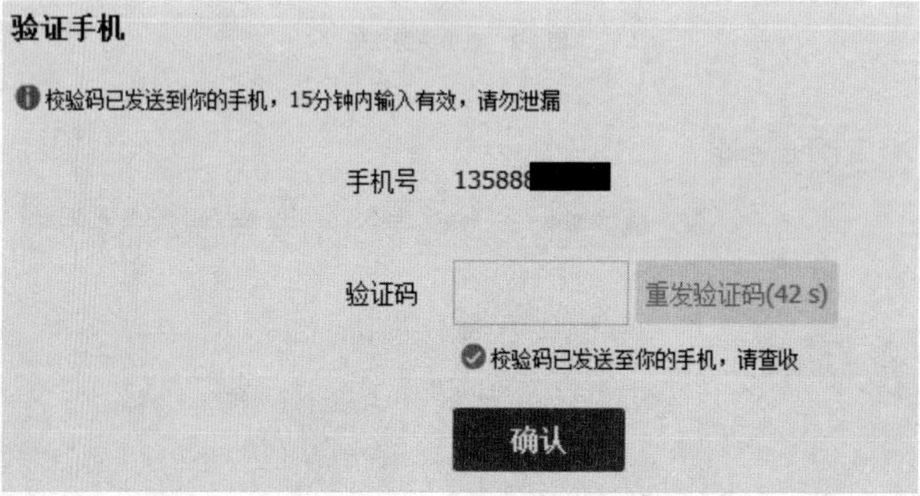

图 2-5　输入验证码

(4)输入收到的手机验证码。如果你的手机已经被注册过淘宝账号，则返回的页面提示如图 2-6 所示。此时你可以利用该账号直接登录，如果提示的账户不是你的，那么可以使用邮箱继续注册。

(5)输入自己的邮箱，点击下一步，如图 2-7 所示。此时系统会发送验证码到你输入的邮箱地址。

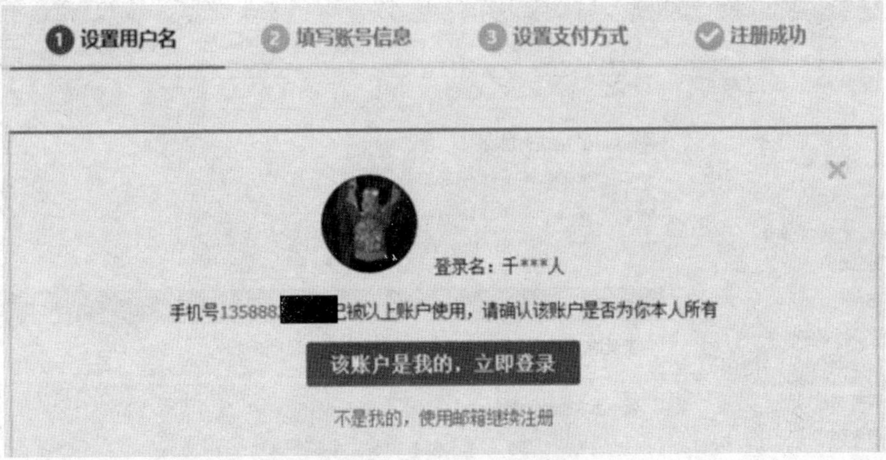

图 2-6 手机已被注册淘宝账号

图 2-7 邮箱注册

(6)登录自己的邮箱，点击淘宝发送的注册邮件中的激活链接完成注册，激活链接在 24 小时内有效，如图 2-8 所示。

(7)点击激活链接后跳转到注册页面第二步“填写账号信息”，设置登录密码和会员名之后，点击“提交”完成账号注册，如图 2-9 所示。

(二)企业淘宝账号注册

对于一个新的企业卖家，注册时则可以通过点击注册页面下方的“切换成企业

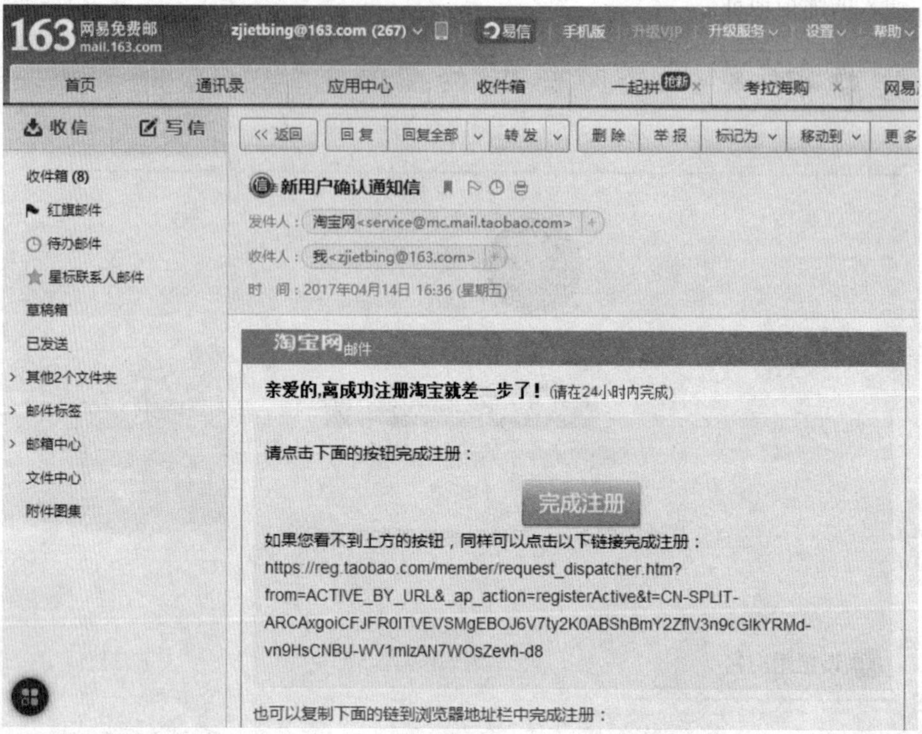

图 2-8　激活邮件

账户注册”，进入企业账户注册页面，如图 2-10 所示。后续步骤与个人账号注册相似。

二、开通支付宝

支付宝(中国)网络技术有限公司是国内领先的独立第三方支付平台，由阿里巴巴集团创办。支付宝致力于为中国电子商务提供“简单、安全、快速”的在线支付解决方案。

支付宝公司从 2004 年建立开始，始终以“信任”作为产品和服务的核心。不仅从产品上确保用户在线支付的安全，同时让用户通过支付宝在网络间建立起相互的信任，为建立纯净的互联网环境迈出了非常有意义的一步。

支付宝提出的建立信任，化繁为简，以技术的创新带动信用体系完善的理念，深得人心。在 5 年不到的时间内，用户覆盖了整个 C2C、B2C 以及 B2B 领域。

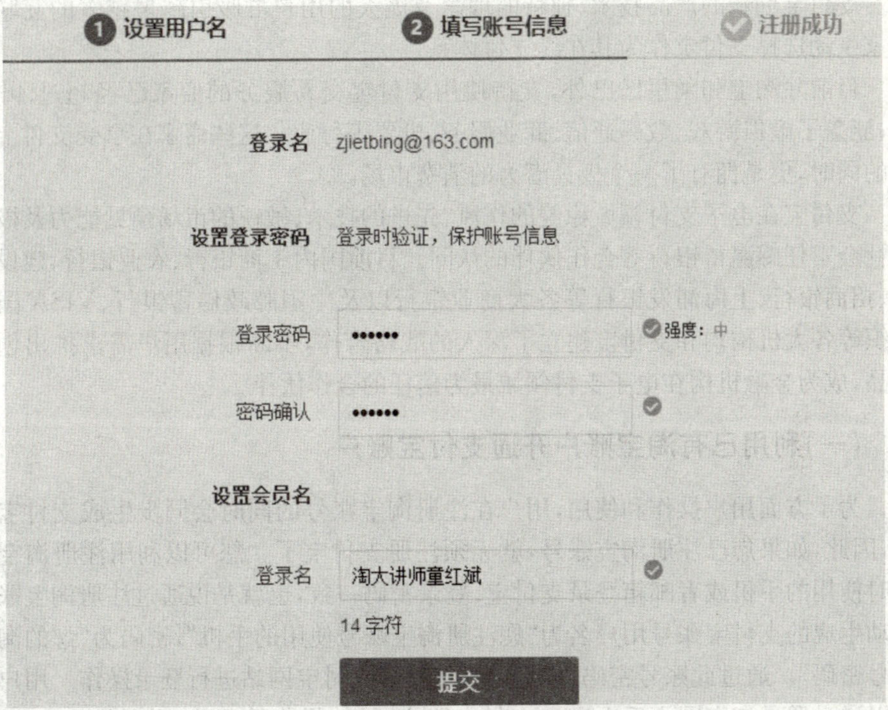

图 2-9 填写账号信息完成注册

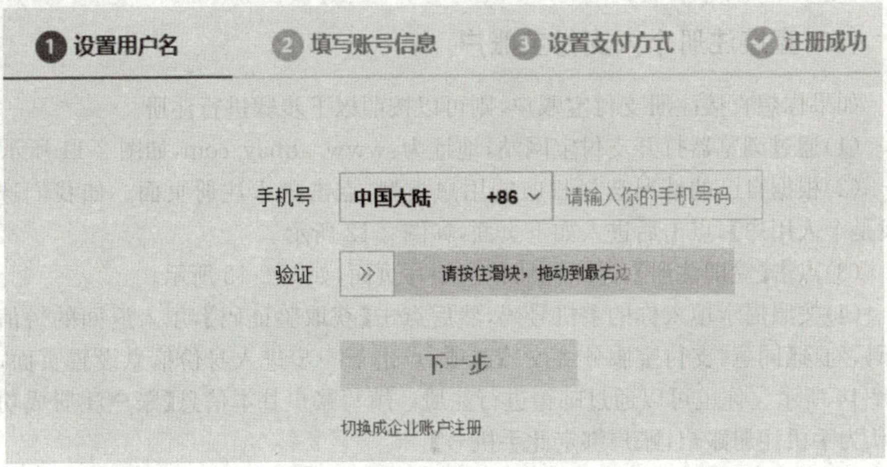

图 2-10 企业账户注册入口

支付宝创新的产品技术、独特的理念及庞大的用户群吸引越来越多的互联网商家主动选择支付宝作为其在线支付体系。

目前除淘宝和阿里巴巴外，支持使用支付宝交易服务的商家已经超过46万家；涵盖了虚拟游戏、数码通信、商业服务、机票等行业。这些商家在享受支付宝服务的同时，更是拥有了一个极具潜力的消费市场。

支付宝在电子支付领域稳健的作风、先进的技术、敏锐的市场预见能力及极大的社会责任感赢得银行等合作伙伴的认同。目前国内工商银行、农业银行、建设银行、招商银行、上海浦发银行等各大商业银行以及中国邮政储蓄银行、VISA国际组织等各大机构均和支付宝建立了深入的战略合作，不断根据用户需求推出创新产品，成为金融机构在电子支付领域最为信任的合作伙伴。

(一)利用已有淘宝账户开通支付宝账户

为了方面用户操作和使用，用户在注册淘宝账号的同时会同步生成支付宝账号，因此，如果您已注册淘宝账号，就无须注册支付宝了。您可以利用注册淘宝账号时使用的手机或者邮箱登录支付宝，登录密码一致，也就是说通过注册淘宝账号自动生成的支付宝账号用户名为“您注册淘宝账号使用的手机”，密码为“您的淘宝账号密码”。通过此账号密码，你可以直接打开支付宝网站进行登录操作。用户也可以通过登录淘宝网之后再进入支付宝账户，具体操作路径为：登录淘宝（www.taobao.com）网页，点击网页右上角我的淘宝—账户设置—支付宝绑定设置—进入支付宝。

(二)直接注册个人支付宝账户

如果你想直接注册支付宝账户，则可以按照以下步骤进行注册。

(1)通过浏览器打开支付宝网站，地址为：www.alipay.com，如图2-11所示。

(2)根据自己的情况选择相应的用户类型，点击进入注册页面。如我们选择【我是个人用户】，点击后进入如下页面，如图2-12所示。

(3)点击【立即注册】，进入注册信息填写页面，如图2-13所示。

(4)按照提示填入你的手机号码，然后点击【获取验证码】，填入返回的短信校验码，勾选【同意《支付宝服务协议》】选项，点击下一步进入身份信息设置页面，如图2-14所示。你也可以通过邮箱进行注册。填写账户基本信息【账户注册成功则默认为手机注册账户，账户绑定此手机号】。

此步骤需要注意的是：真实姓名、身份证号码为必填，需要您的真实信息，注册完成后不可修改。另外，该页面的职业、常用住址信息亦为必填项。

图 2-11　支付宝首页

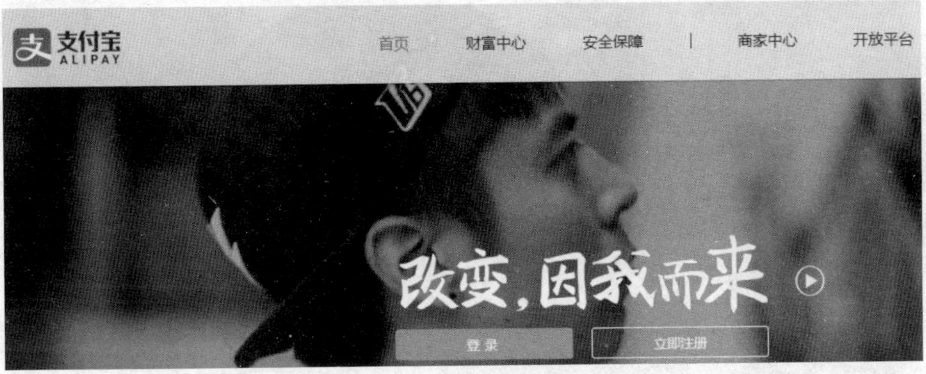

图 2-12　支付宝个人用户注册首页

(5)点击【确认】成功后，会有两种情况。

第一种：未通过身份证验证。账户可以在网上购物，但不可以充值、查询收入明细、收款金额会不可使用。解决方法为点击完成【实名认证】，或者原来已有支付宝账户通过了实名认证，可以点击【关联认证】操作，关联已认证支付宝账户。

第二种：通过身份信息验证。可以使用支付宝所有功能，但收款额度只有 5 000 元/年。解决方法为完成实名认证后，则收款额度限制。

(6)姓名和身份证号码通过身份信息验证后，页面提示银行绑定银行卡，输入用户的银行卡卡号及该卡银行预留手机，点击【同意协议并确定】，如图 2-15

图 2-13　注册信息填写页面

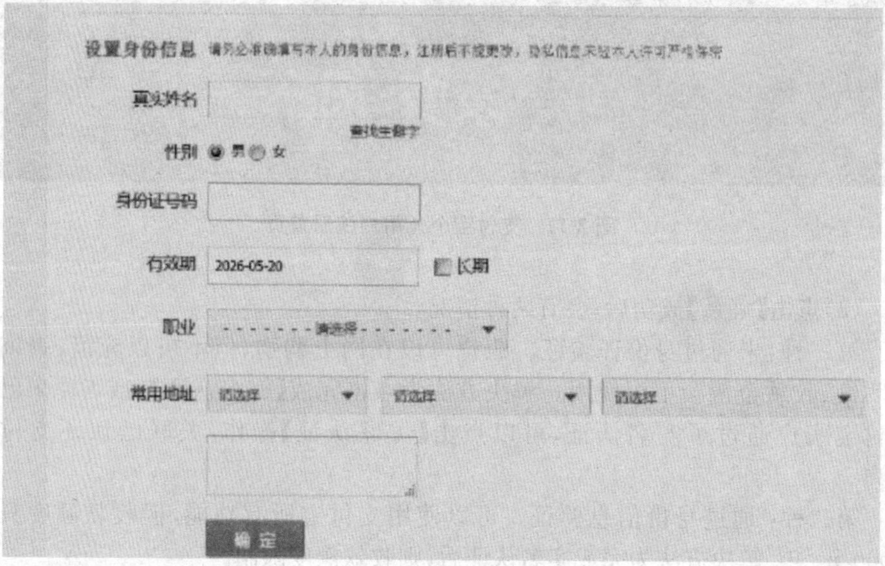

图 2-14　设置身份信息

所示。

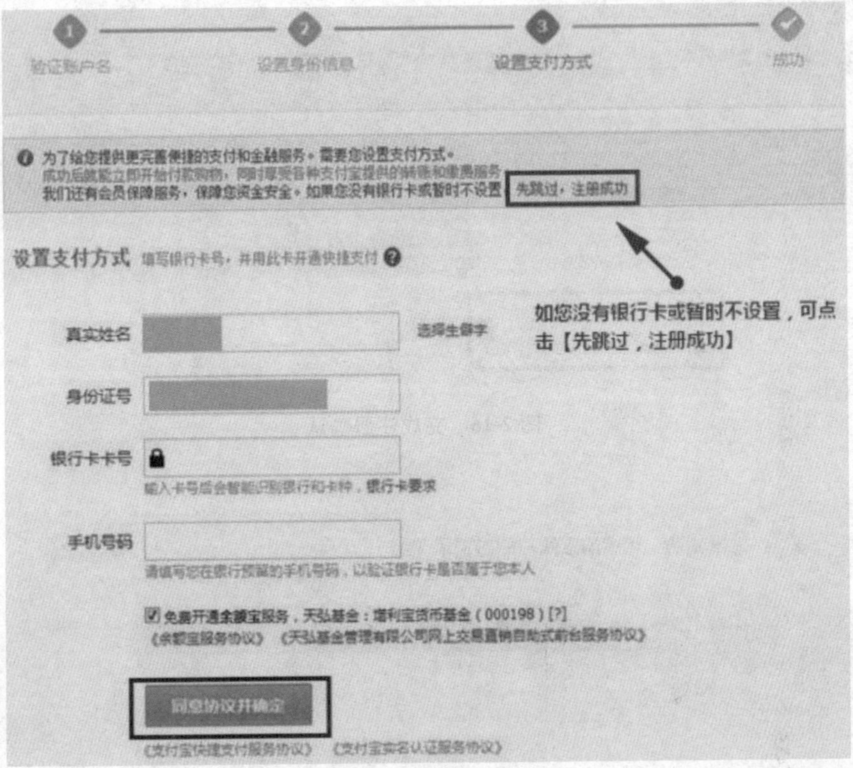
验证账户名
设置身份信息
设置支付方式
成功
为了给您提供更完善便捷的支付和金融服务，需要您设置支付方式。
我们还有会员保障服务，保障您资金安全。如果您没有银行卡或暂时不设置
先跳过，注册成功
设置支付方式 填写银行卡号，并用此卡开通快捷支付
如您没有银行卡或暂时不设置，可点击【先跳过，注册成功】
真实姓名
选择生僻字
身份证号
银行卡卡号
输入卡号后会智能识别银行和卡种，银行卡要求
手机号码
免费开通余额宝服务，天弘基金：增利宝货币基金（000198）[?]
《余额宝服务协议》《天弘基金管理有限公司网上交易直销自助式前台服务协议》
同意协议并确定
《支付宝快捷支付服务协议》《支付宝实名认证服务协议》

图 2-15　设置支付方式

如果你没有银行卡，或则暂时不想设置，则可以选择【先跳过，注册成功】，直接完成注册。

(7)输入校验码，点击【确认，注册成功】完成开通支付宝服务且绑定银行卡成功，如图 2-16 所示。

(8)开通支付宝服务成功，如图 2-17 所示。

值得注意的是，账户注册成功后，该登录名可在支付宝、天猫、淘宝、聚划算、一淘、阿里巴巴国际站、阿里巴巴中文站、阿里云网上通用，且登录密码与支付宝登录密码一致，无须在不同阿里平台重复注册。

(三)直接注册企业支付宝账户

如果你想注册企业支付宝账户，则在注册页面时选择可以选择企业注册，如图

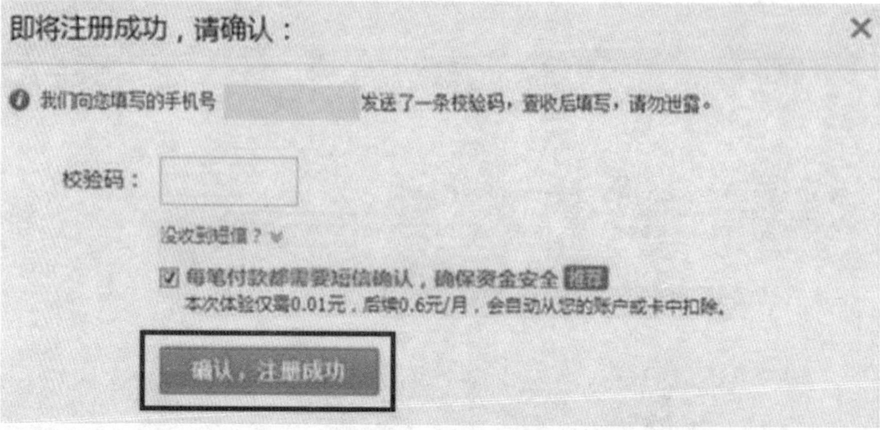
即将注册成功，请确认：
我们向您填写的手机号
发送了一条校验码，查收后填写，请勿泄露。
校验码：
没收到短信？
每笔付款都需要短信确认，确保资金安全
推荐
本次体验仅需0.01元，后续0.6元/月，会自动从您的账户或卡中扣除。
确认，注册成功

图 2-16　完成注册确认

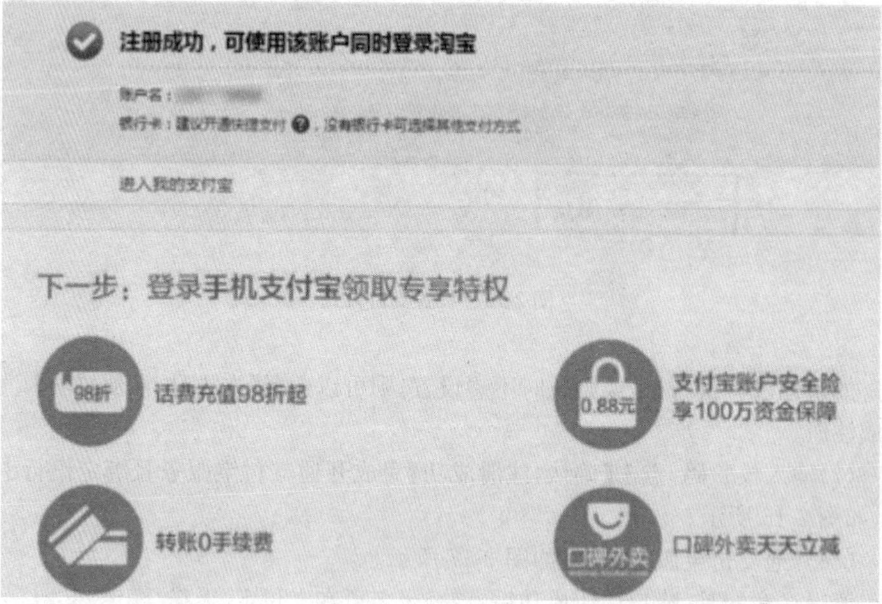
注册成功，可使用该账户同时登录淘宝
账户名：
进入我的支付宝
下一步：登录手机支付宝领取专享特权
98折
话费充值98折起
0.88元
支付宝账户安全险
享100万资金保障
转账0手续费
口碑外卖
口碑外卖天天立减

图 2-17　完成注册

2-18 所示。

按照与个人账户注册相似的流程与相关提示，完成后续相关步骤的信息填写即可完成企业支付宝账户的注册。

图 2-18 企业支付宝注册页面

三、实名认证

(一)淘宝开店认证

为确保您的淘宝店铺,将来不发生所有权纠纷,同时,国家工商总局决定于2010 年 7 月 1 日起实施网店“实名制”。所以在您需要在淘宝网开店中进行开店认证,包括支付宝实名认证和上传真实个人照片(身份信息认证)两个方面。

1. 认证方式一:PC 端认证流程

(1)用已经注册的淘宝账户登录淘宝网,进入淘宝后台,点击【我要开店】,进入如图 2-19 所示页面。

(2)根据个人实际情况选择个人店铺还是企业店铺。此处以个人店铺为例,点击创建个人店铺,进入如图 2-20 所示页面。

(3)阅读并点击【我已了解,继续开店】,进入开店认证环节,如图 2-21 所示。

当你的账户所绑定的支付宝账户未通过实名认证,则需要首先进行支付宝的

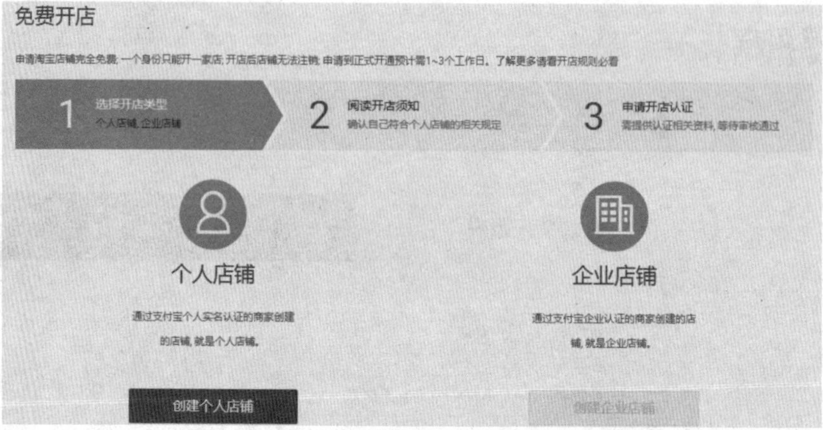
免费开店
申请淘宝店铺完全免费，一个身份只能开一家店；开店后店铺无法注销；申请到正式开通预计需1~3个工作日。了解更多请看开店规则必看
1 选择开店类型
个人店铺，企业店铺
2 阅读开店须知
确认自己符合个人店铺的相关规定
3 申请开店认证
需提供认证相关资料，等待审核通过
个人店铺
通过支付宝个人实名认证的商家创建的店铺，就是个人店铺。
企业店铺
通过支付宝企业认证的商家创建的店铺，就是企业店铺。
创建个人店铺
创建企业店铺

图 2-19　进入免费开店页面

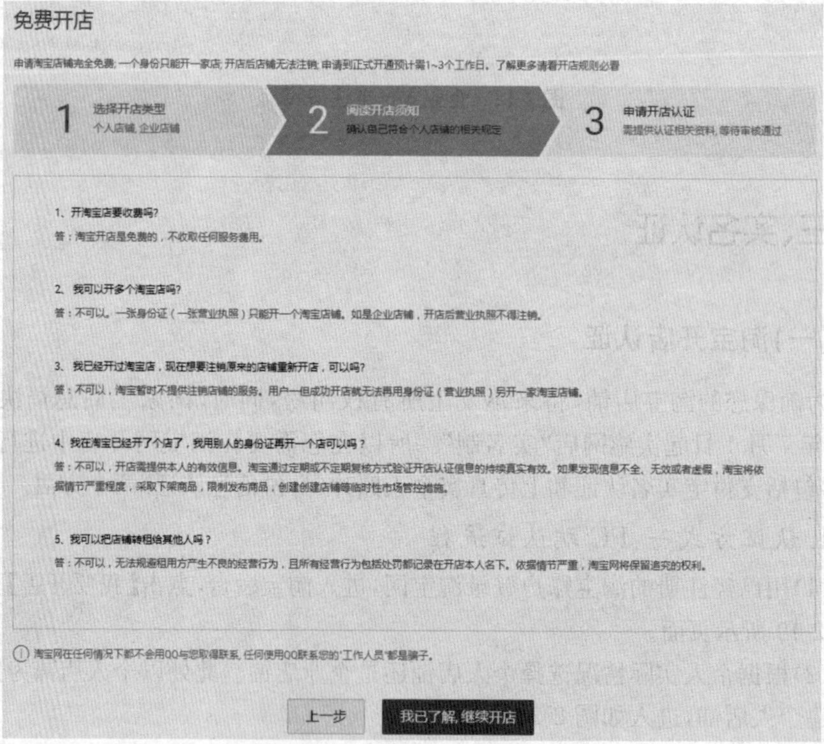
免费开店
申请淘宝店铺完全免费，一个身份只能开一家店；开店后店铺无法注销；申请到正式开通预计需1~3个工作日。了解更多请看开店规则必看
1 选择开店类型
个人店铺，企业店铺
2 阅读开店须知
确认自己符合个人店铺的相关规定
3 申请开店认证
需提供认证相关资料，等待审核通过
1、开淘宝店要收费吗?
答：淘宝开店是免费的，不收取任何服务费用。
2、我可以开多个淘宝店吗?
答：不可以。一张身份证（一张营业执照）只能开一个淘宝店铺。如是企业店铺，开店后营业执照不得注销。
3、我已经开过淘宝店，现在想要注销原来的店铺重新开店，可以吗?
答：不可以，淘宝暂时不提供注销店铺的服务。用户一但成功开店就无法再用身份证（营业执照）另开一家淘宝店铺。
4、我在淘宝已经开了个店了，我用别人的身份证再开一个店可以吗？
答：不可以，开店需提供本人的有效信息。淘宝通过定期或不定期复核方式验证开店认证信息的持续真实有效。如果发现信息不全、无效或者虚假，淘宝将依据情节严重程度，采取下架商品，限制发布商品，创建创建店铺等临时性市场管控措施。
5、我可以把店铺转租给其他人吗？
答：不可以，无法规避租用方产生不良的经营行为，且所有经营行为包括处罚都记录在开店本人名下。依据情节严重，淘宝网将保留追究的权利。
淘宝网在任何情况下都不会用QQ与您取得联系，任何使用QQ联系您的"工作人员"都是骗子。
上一步
我已了解，继续开店

图 2-20　进入阅读开店须知页面

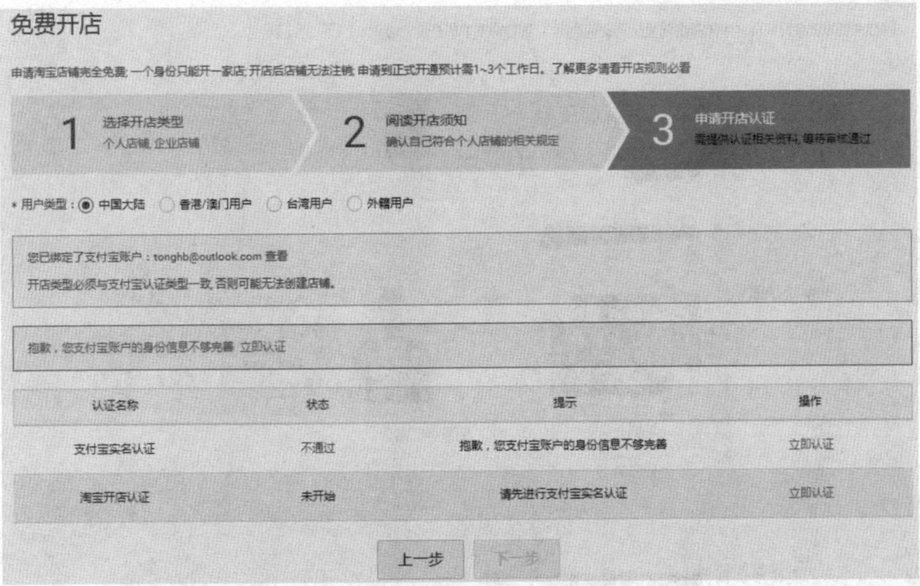

图 2-21 申请开店认证环节

实名认证。当支付宝完成实名认证之后,就可以进行淘宝开店认证了。

(4)在完成支付宝实名认证的基础上,重新回到该页面,点击淘宝开店认证中的【立即认证】,即进入开店认证环节,根据页面提示进行操作,系统会根据您的网络安全做出推荐。若选择或系统推荐为【电脑认证】,请按图所示要求提供凭证。需要提醒的是,请务必如实填写并认真检查身份证信息、真实联系地址(经营地址)、有效联系手机,以免因信息不符或虚假信息等原因导致认证无法通过。若提示您需要提供补充资料,请依据【示例图】和网站提供的【拍照攻略】清晰拍摄后上传,检查无误后提交,如图 2-22 所示。

(5)资料审核时间为 48 小时,请您耐心等待,无须催促。提交后页面如图 2-23 所示。

2. 认证方式二:手机淘宝客户端认证

第一步:前期步骤与【电脑认证】操作步骤相同,当进入【淘宝身份认证资料】页面,且页面提示为【手机认证】—【手机淘宝】客户端认证时,请通过手机淘宝客户端"扫一扫"功能扫描二维码;若未下载【手机淘宝】客户端,请点击二维码图中的"下载淘宝客户端"进行下载,下载安装完成后使用【手机淘宝】客户端中的扫码功能进行认证,如图 2-24 所示。

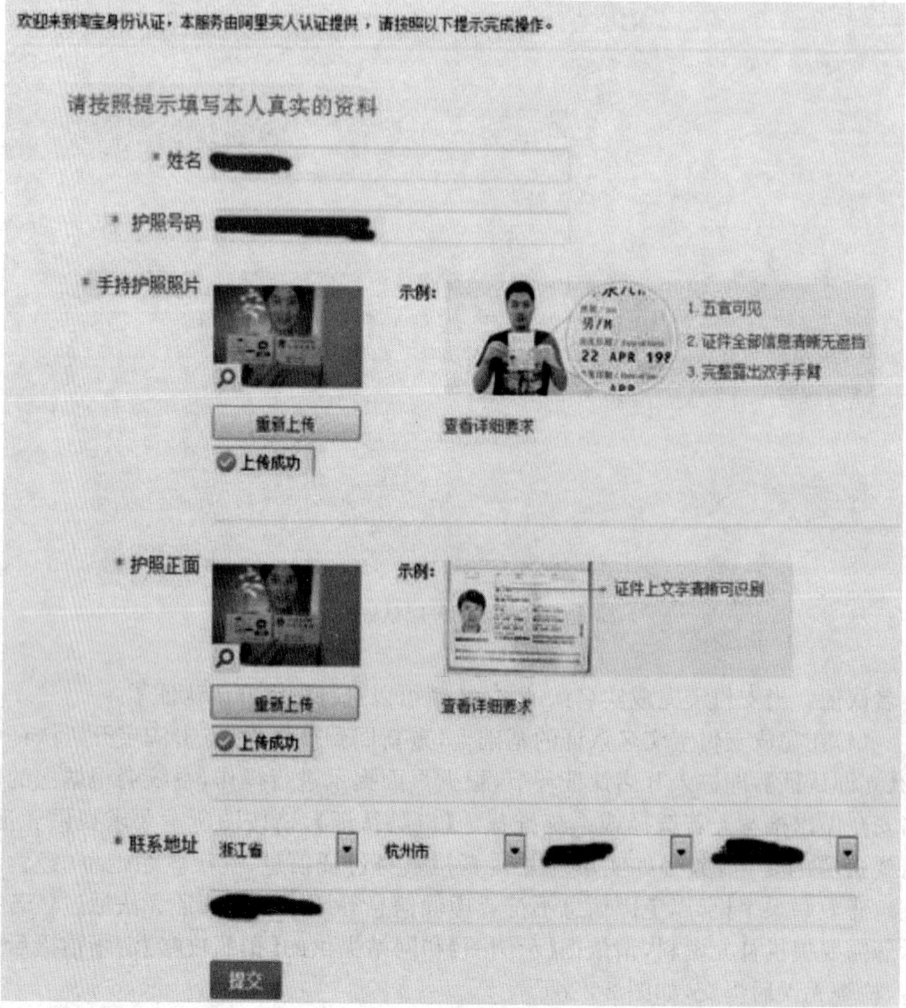

图 2-22　填写本人真实资料

第二步:请根据手机页面提示依次进行操作,如图 2-25 所示。

第三步:请填写有效联系手机号码,接收并填写验证码后,完成手机号码验证,如图 2-26 所示。若您之前填写过支付宝绑定手机,则系统会自动显示该号码;若未填写过,可以输入您目前使用的有效手机号码进行验证。

第四步:填写真实联系地址(如经营地址,或使用淘宝默认收货地址等),如图 2-27 所示。

图 2-23　等待审核通过

图 2-24　手机端扫码认证

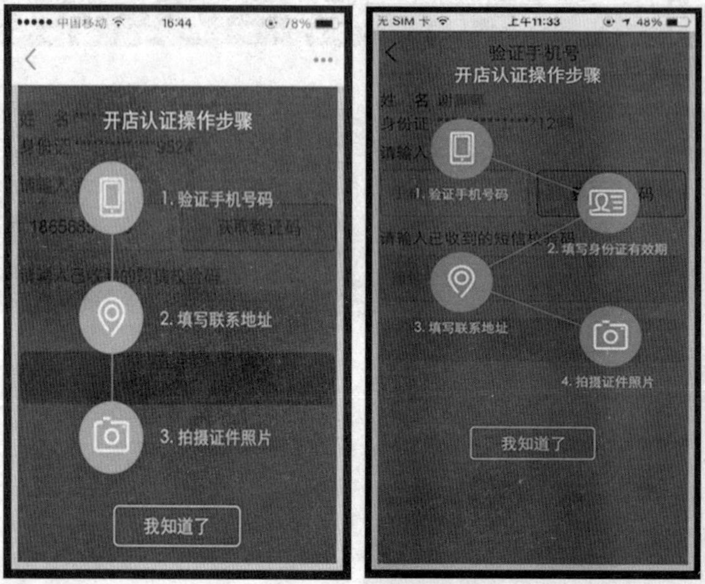

图 2-25 手机端开店认证步骤

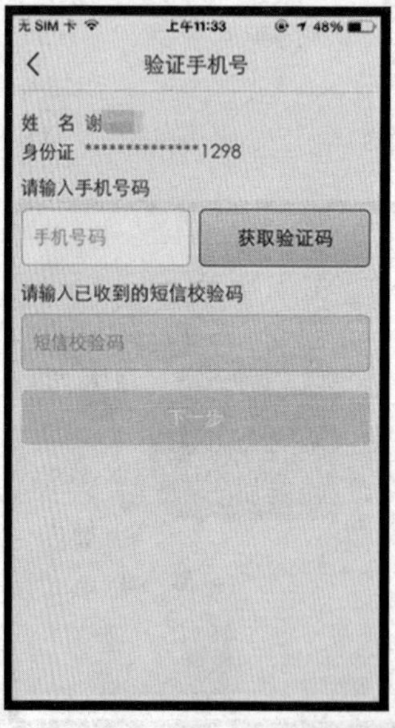

图 2-26 手机号码验证

图 2-27 填写联系地址

第五步：根据要求完成拍照。手机淘宝客户端认证只需上传手势照片加身份证正面照片，示例照请按示例要求进行拍摄，如图 2-28 所示。

第六步：凭证提交成功后提醒如图 2-29 所示。审核时间为 48 小时，请耐心等待，期间无须催促。

无 SIM 卡
上午11:33
48%
示例照
换一张
拍摄要求
· 请按照示例图中的手势拍照；
· 免冠拍摄并确保照片中五官清晰可见。
拍摄
温馨提示
示例照为随机展示
操作时请根据实际示例拍照

图 2-28　拍照

中国移动
15:36
100%
淘宝开店认证
提交成功，等待审核中
预计审核将在48小时内完成。
请通过旺旺、站内信、邮箱查看审核结果。
返回首页

图 2-29　等待审核

3. 认证方式三：阿里钱盾认证

第一步：前期步骤与【电脑认证】操作步骤相同，当进入【淘宝身份认证资料】页面，且页面提示为手机淘宝认证时，扫码下载安装【阿里钱盾】，如图 2-30 所示，下载后手机打开【阿里钱盾】客户端，点击扫码功能扫描页面中的二维码进行认证。

第二步：扫码后，按照提示完成【阿里钱盾】开店认证步骤，如图 2-31 所示。

第三步：请填写有效联系手机号码，接收并填写验证码后，完成手机号码验证。若您之前填写过支付宝绑定手机，会自动显示该号码；若未填写过，可以输入您目前使用的有效手机号码进行验证，如图 2-32 所示。

第四步：如实填写身份证有效期，如图 2-33 所示。需要注意的是，45 岁以下的会员请按照身份证背面有效期填写，45 岁以上的会员，可直接选择长期有效。

第五步：填写有效联系地址（经营地址），如图 2-34 所示可使用淘宝默认地址。

第六步：根据要求提供相应照片（手势照＋身份证正面＋身份证背面），完成后

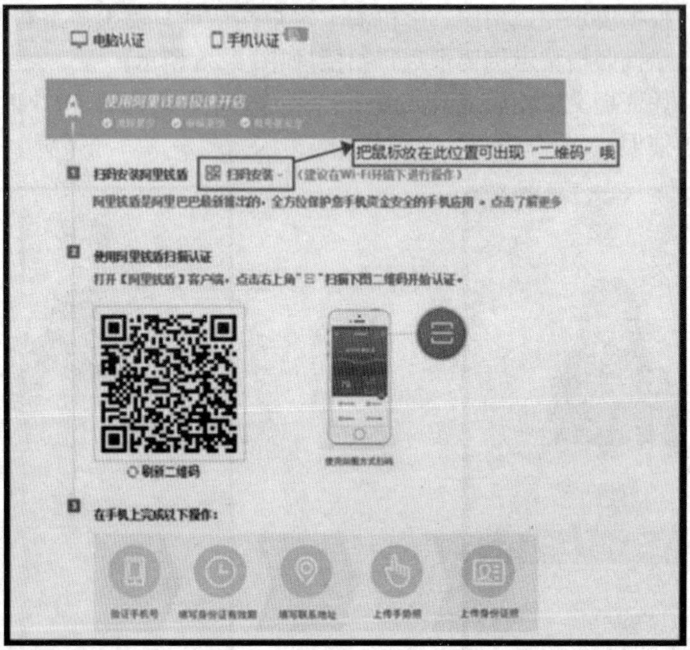

图 2-30　扫码下载阿里钱盾

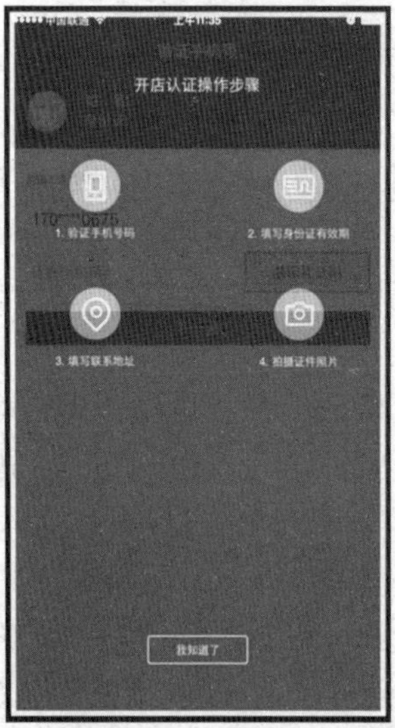

图 2-31　认证步骤

图 2-32　验证手机号

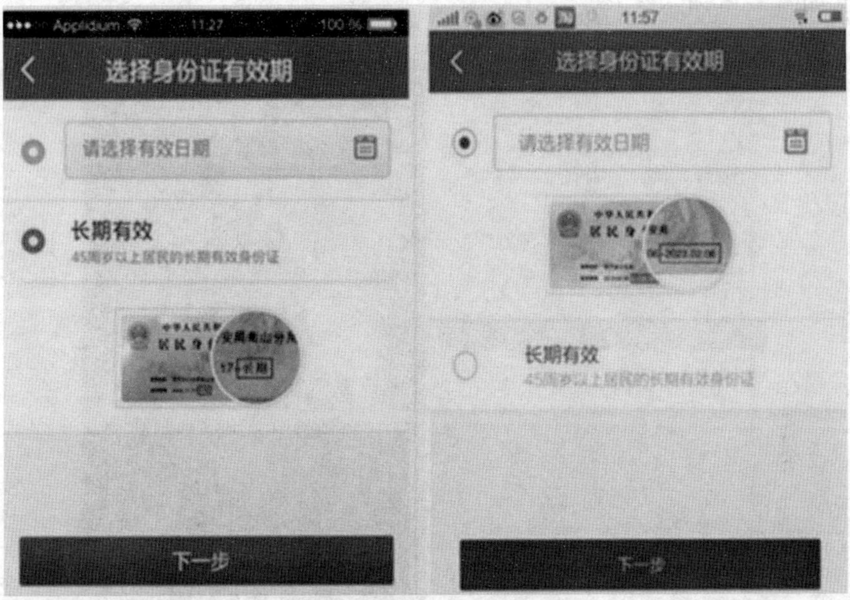

图 2-33　填写身份证信息

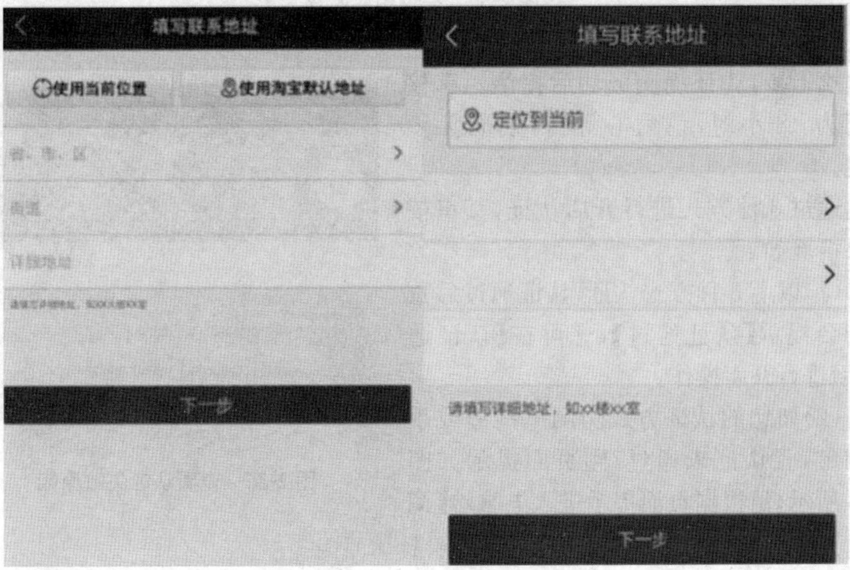

图 2-34　填写联系地址

提交，如图 2-35 所示。

拍摄照片
提交
取消

图 2-35　提供相应照片

第七步：凭证提交成功后提醒。审核时间为 48 小时，请耐心等待，期间无须催促。

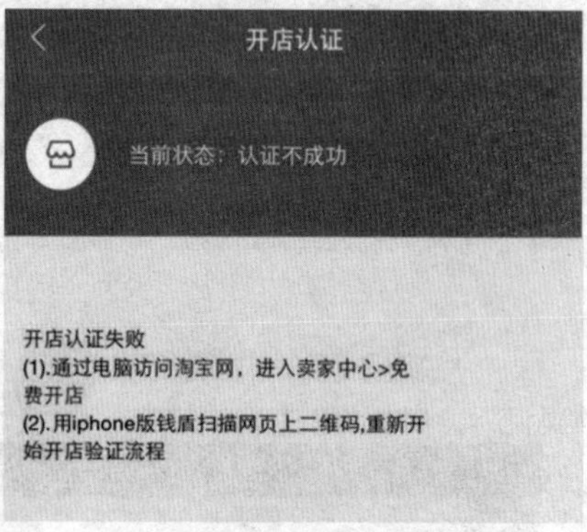
开店认证
当前状态：认证不成功
开店认证失败
(1).通过电脑访问淘宝网，进入卖家中心>免费开店
(2).用iphone版钱盾扫描网页上二维码,重新开始开店验证流程

图 2-36　查看认证失败原因

通过 3 种方式进行开店认证，其审核结果情况如下。

(1)以上 3 种方式认证，认证通过后页面均会提示【认证通过】，您可在【认证通过】后进行开店操作。

(2)如您的认证方式为阿里钱盾或手机淘宝，且认证未通过，则页面提示如图 2-36 所示，请根据页面提示进入电脑端【淘宝网】—【卖家中心】—【免费开店】中查看具体原因。

(3)如您使用的认证方式为电脑端认证，且认证未通过，则在收到通知后您可在【卖家中心】—【免费开店】中查看详细原因。

(二)支付宝实名认证

支付宝实名认证是由支付宝(中国)网络技术有限公司提供的一项身份识别服务。支付宝实名认证同时核实会员身份信息和银行账户信息。通过支付宝实名认证后相当于拥有了一张互联网身份证,可以在淘宝网等众多电子商务网站开店、出售商品;增加支付宝账户拥有者的信用度。

支付宝认证包括个人认证和商家认证两类,无论是个人类型还是公司类型通过支付宝实名认证后都会带有认证的标志:个人认证标志:,商家认证标志:。

支付宝实名认证为第三方提供,更加可靠和客观;由众多知名银行共同参与,更具权威性;同时核实用户身份信息和银行账户信息,极大提升其真实性。

1. 未绑定快捷支付,手机上通过支付宝进行实名认证的流程

(1)手机登录支付宝,点击【我的】—右上角设置图标,如图 2-37 所示。

(2)点击【账户与安全】,如图 2-38 所示。

图 2-37 点击设置

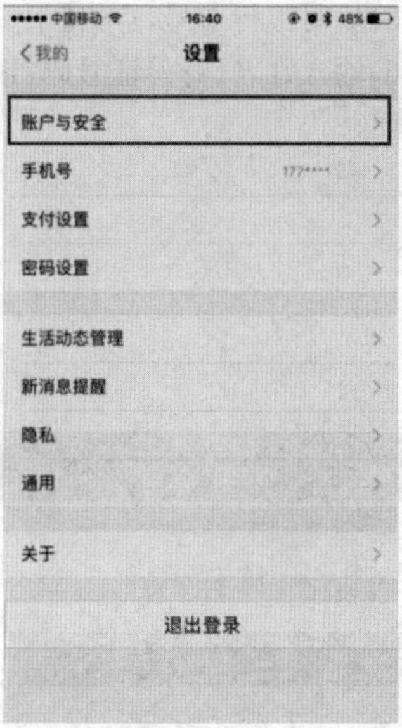

图 2-38 点击账户与安全

(3)点击【身份认证】,如图 2-39 所示。

(4)点击【立即添加】,如图 2-40 所示。

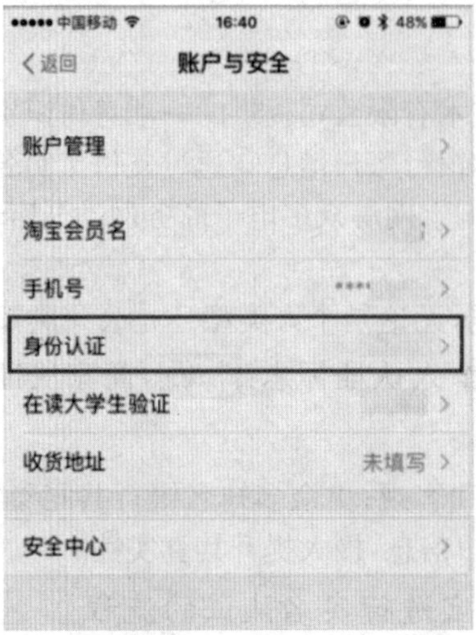

图 2-39　点击身份认证

图 2-40　点击立即添加

(5)填写银行卡号，点击【下一步】，如图 2-41 所示。

(6)输入姓名、身份证号码、银行端预留的手机号码，点击【下一步】，如图 2-42 所示。

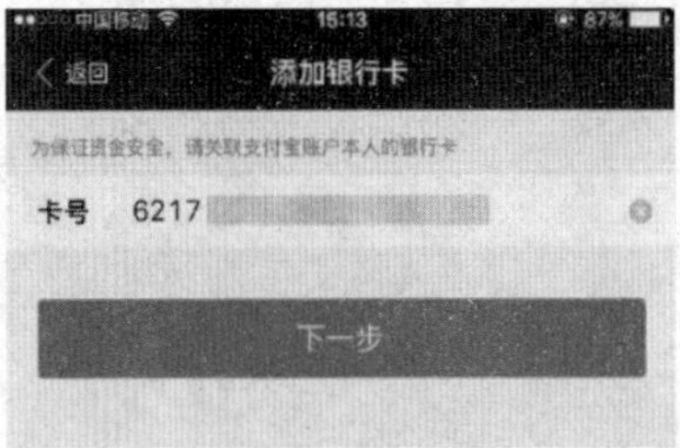

图 2-41　填写银行卡号

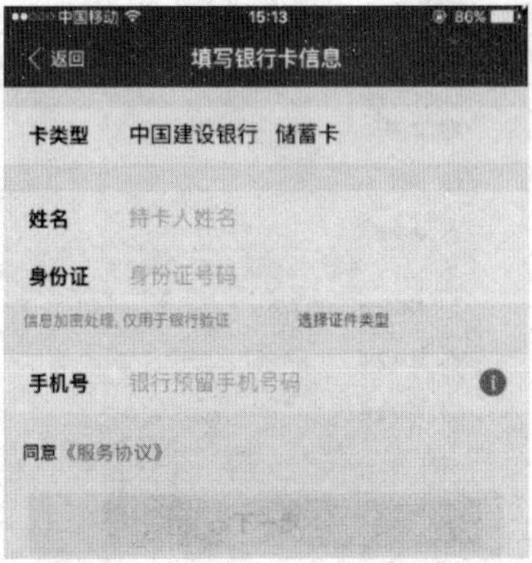

图 2-42　填写银行卡相关信息

(7)系统会向手机发送一条短信，输入手机收到的校验码，再点击【下一步】，如图 2-43 所示。

(8)实名认证成功，且该卡快捷支付开通成功，后续交易可直接选择该卡进行支付，如图 2-44 所示。

图 2-43　填写校验码

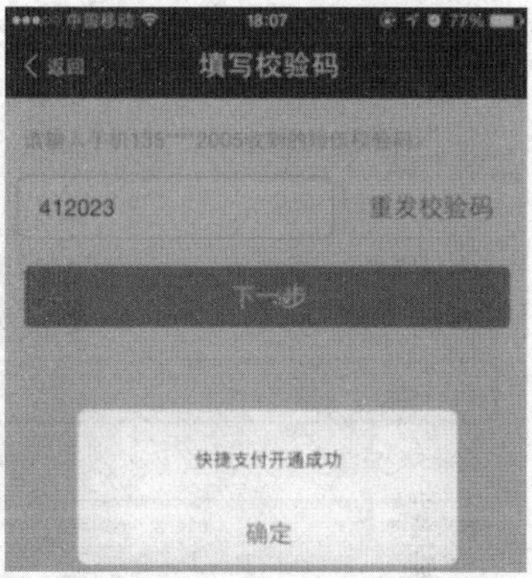

图 2-44　完成认证

2. 已绑定快捷支付，手机上通过支付宝申请实名认证的流程

(1)手机登录支付宝，点击【我的】—右上角设置图标，如图 2-45 所示。

(2)点击【账户与安全】，如图 2-46 所示。

图 2-45　点击设置

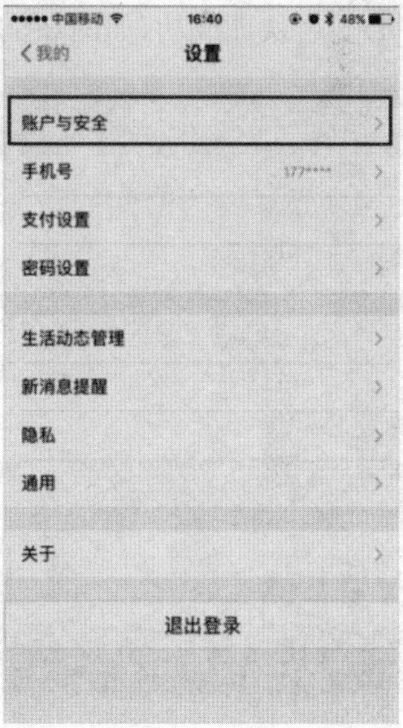

图 2-46　点击账户与安全

(3)点击【身份认证】,如图 2-47 所示。

(4)点击【开始验证】,如图 2-48 所示。

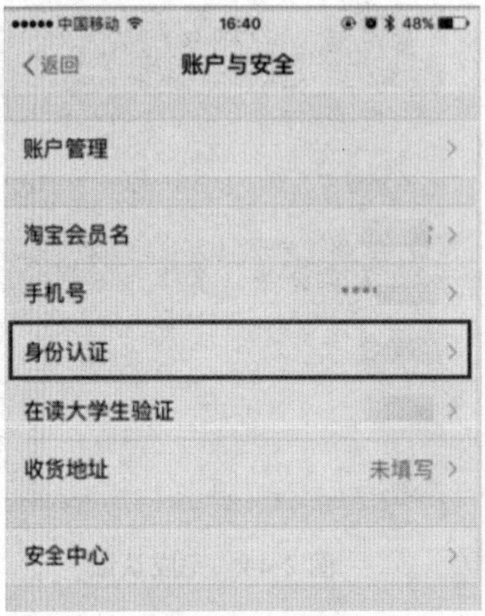

图 2-47　点击身份认证

图 2-48　点击开始验证

(5)系统会随机显示账户已绑定的快捷银行卡中支持认证的一张银行卡,点击【确认实名认证】,实名认证成功,如图 2-49 所示。

(6)实名认证成功,如图 2-50 所示。

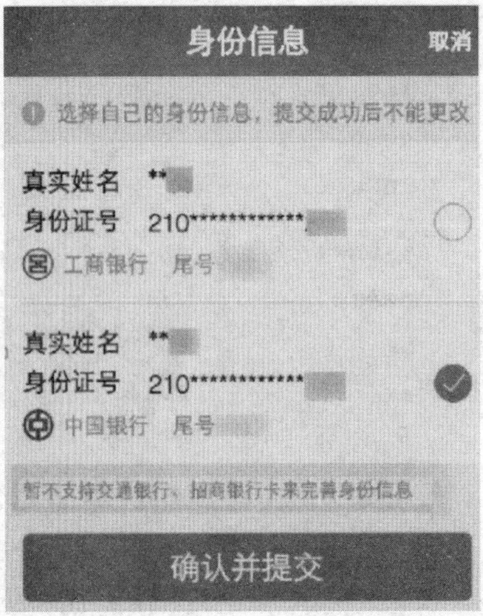

图 2-49　身份信息

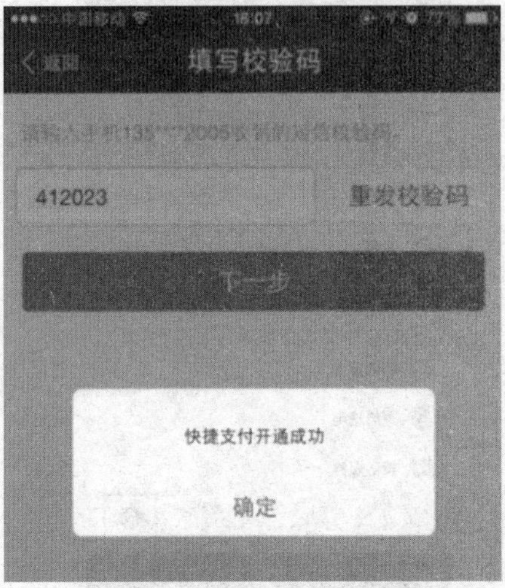

图 2-50　完成认证

第二节 开通店铺

一、淘宝个人店铺开店流程

当完成淘宝账号和支付宝账号的注册与实名认证之后，就可以开通淘宝店铺了。根据你的淘宝账号类型，可以开通相应的淘宝店铺。目前淘宝店铺主要有3类：一是淘宝个人店铺，也就是我们通常所说的淘宝集市的店铺，运营模式为C2C；二是天猫店铺，也就是我们通常所说的天猫商城的店铺，运营模式为B2C，只面向企业卖家；三是企业店铺，是淘宝新推出的一种店铺类型，运营模式也是B2C，面向企业卖家开放。

此处我们主要讲解个人店铺的开通，企业店铺和天猫店铺参考类似的过程。个人店铺开通主要步骤如下。

(一)进入【免费开店】页面

使用个人淘宝账号登录淘宝网首页，鼠标悬停在首页右上角【卖家中心】，弹出下拉菜单，点击下拉菜单【免费开店】，进入免费开店页面。如图2-51所示。

图2-51 免费开店入口

(二)选择开店类型,确认认证情况

个人店铺免费开店的流程主要有 3 步,如图 2-52 所示。首先选择开店类型,不过假如你的淘宝账号已经绑定了支付宝账户,则开店类型必须与支付宝账户认证类型一致,否则可能无法创建店铺。

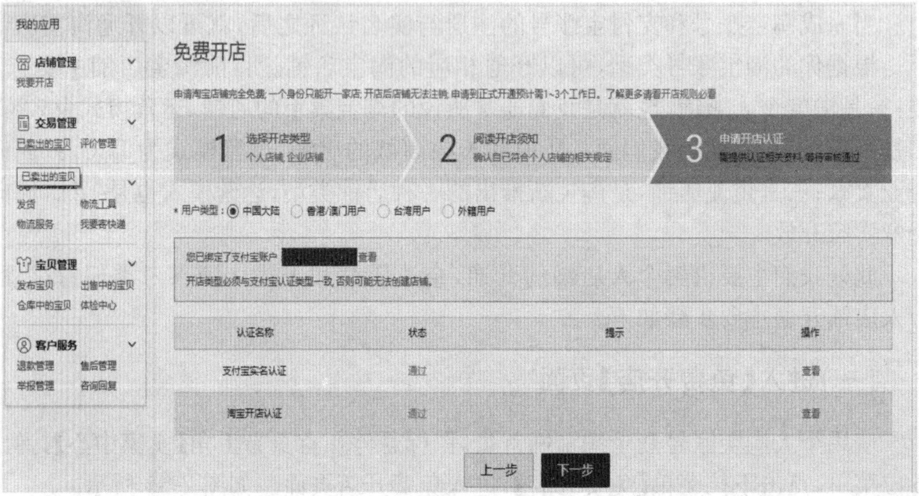

图 2-52 开店流程

此步骤你需要注意的是,查看一下你的支付宝实名认证和淘宝开店认证信息,如图显示状态为"通过",则表示你可以点击下一步进行开店,如果显示"未通过",则你还需要进行相关的认证操作。支付宝实名认证和开店认证步骤请参考第一节第三部分所述。

(三)阅读开店协议,提交认证资料,等待审核

点击【下一步】,网站将弹出"阅读开店协议"对话框,阅读并点击【同意】,进入"申请开店认证"环节。此环节根据具体情况和相关提示,需要提交认证相关资料,然后等待开店审核通过。一旦审核通过,就意味着你的店铺已经开通了,可以【立即发布宝贝】等后续的相关环节了。如图 2-53 所示为店铺开通之后的提示页面。

免费开店
亲，店铺创建成功啦！祝您生意兴隆！
现在您可以经营您的店铺了，赶紧发布宝贝吧！
立即发布宝贝
淘宝网不会主动联系您缴纳保证金业务，谨防假冒客服诈骗！
千牛下载
完善店铺信息
淘宝旺铺

图 2-53 店铺开通之后的提示页面

二、淘宝企业店铺开店流程

淘宝企业开店主要有 5 个步骤，第一步：注册淘宝账户并绑定企业支付宝账户；第二步：完成支付宝企业认证；第三步：完成店铺责任认证；第四步：点击淘宝“免费开店”入口，填写工商注册信息；第五步：创建店铺成功。

企业开店详细流程如下。

(1)进入“卖家中心”页面，选择企业开店，如图 2-54 所示。

(2)进行支付宝企业认证，如图 2-55 所示。

(3)进行店铺责任人认证，如图 2-56 所示。

(4)填写工商注册信息，如图 2-57 所示。

(5)签署开店相关协议，如图 2-58 所示。

(6)创建店铺成功，如图 2-59 所示。

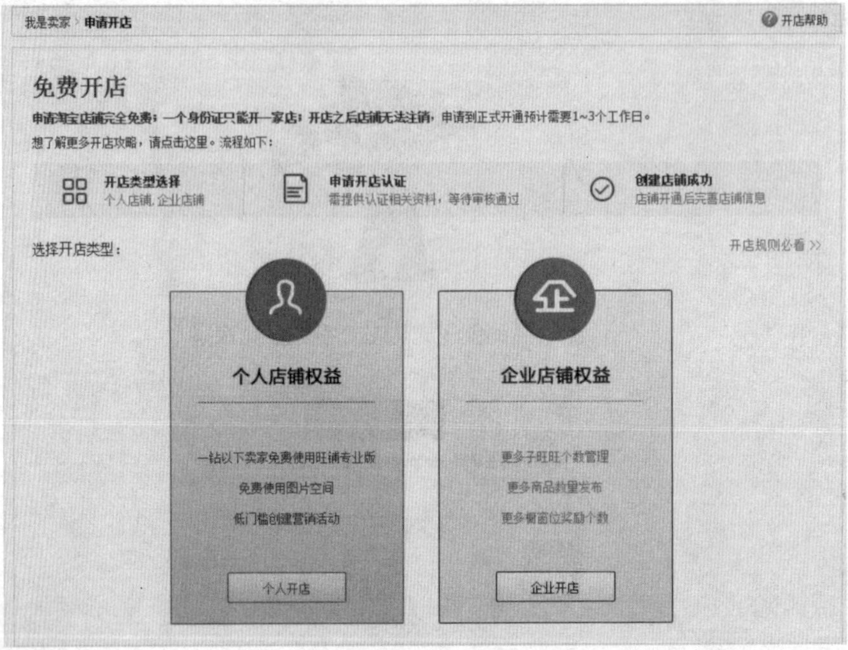

图 2-54　选择企业开店

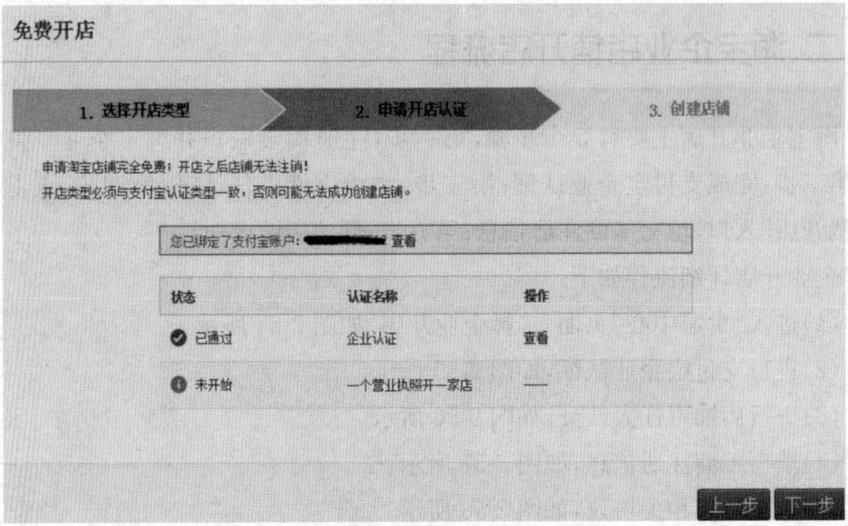

图 2-55　支付宝企业认证

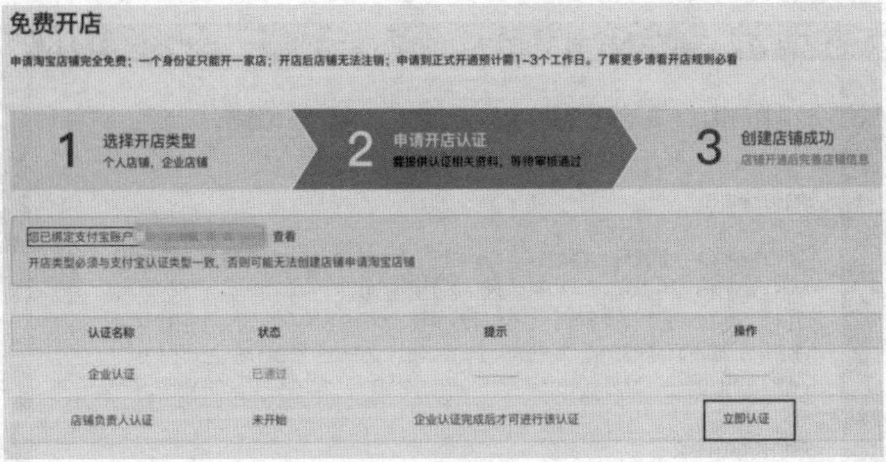

图 2-56　店铺责任人认证

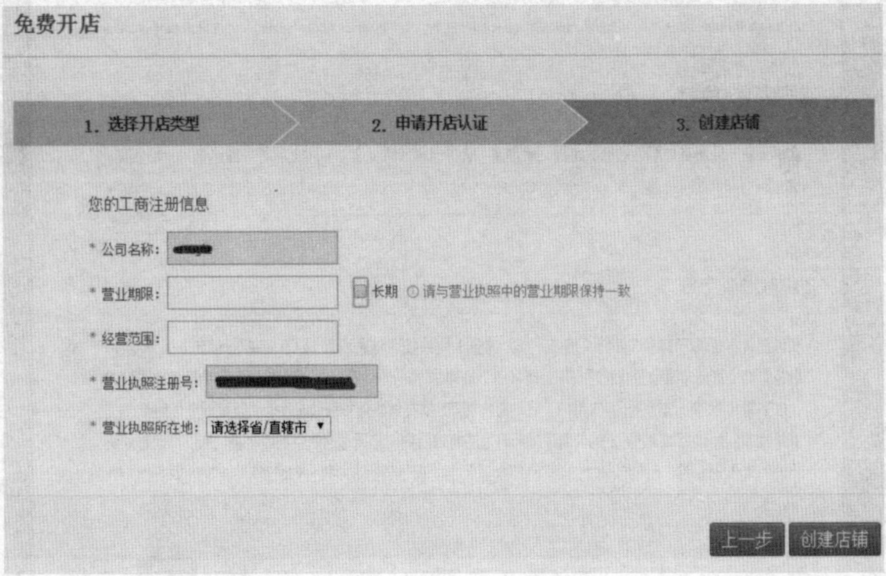

图 2-57　填写工商注册信息

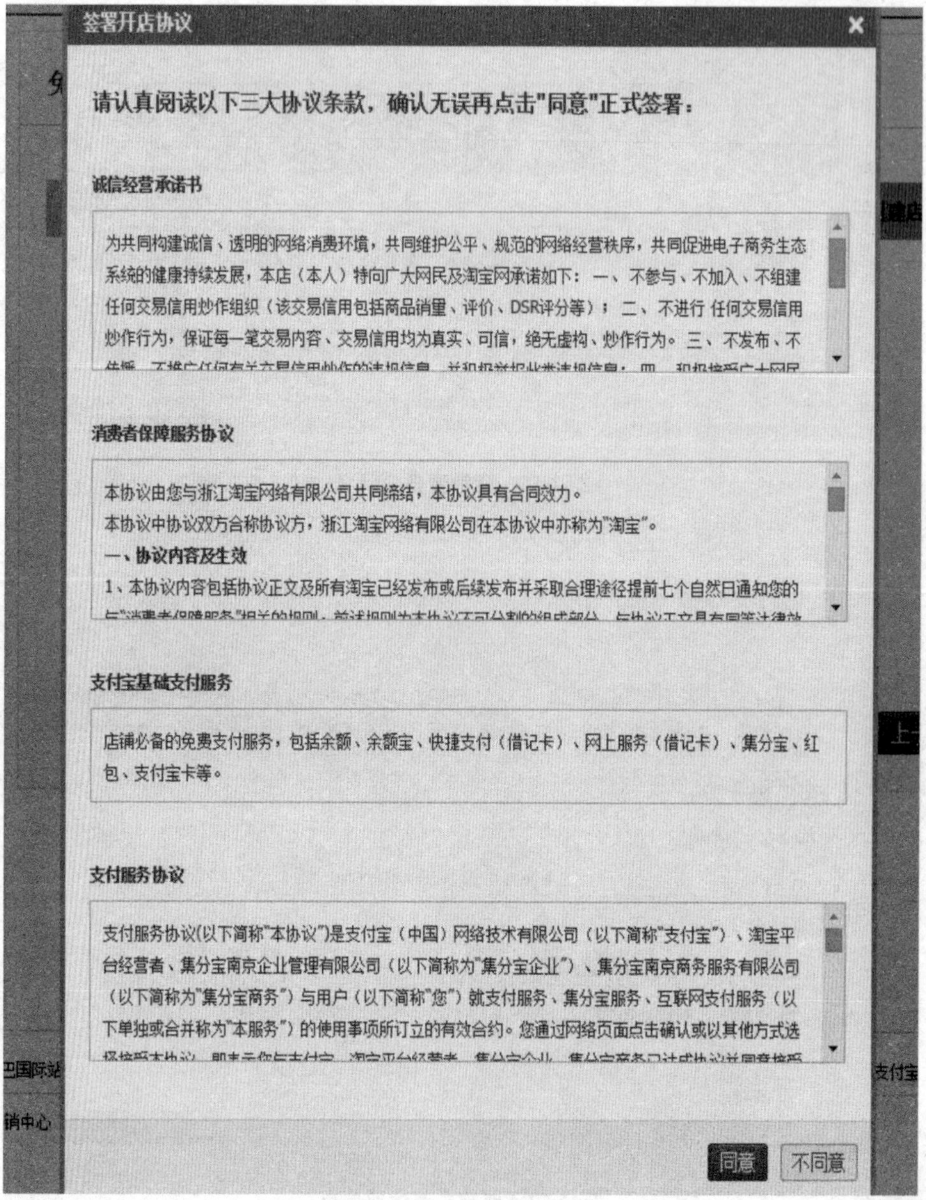
签署开店协议
请认真阅读以下三大协议条款，确认无误再点击"同意"正式签署：
诚信经营承诺书
为共同构建诚信、透明的网络消费环境，共同维护公平、规范的网络经营秩序，共同促进电子商务生态系统的健康持续发展，本店（本人）特向广大网民及淘宝网承诺如下：一、不参与、不加入、不组建任何交易信用炒作组织（该交易信用包括商品销量、评价、DSR评分等）；二、不进行 任何交易信用炒作行为，保证每一笔交易内容、交易信用均为真实、可信，绝无虚构、炒作行为。三、不发布、不
消费者保障服务协议
本协议由您与浙江淘宝网络有限公司共同缔结，本协议具有合同效力。
本协议中协议双方合称协议方，浙江淘宝网络有限公司在本协议中亦称为"淘宝"。
一、协议内容及生效
1、本协议内容包括协议正文及所有淘宝已经发布或后续发布并采取合理途径提前七个自然日通知您的
支付宝基础支付服务
店铺必备的免费支付服务，包括余额、余额宝、快捷支付（借记卡）、网上服务（借记卡）、集分宝、红包、支付宝卡等。
支付服务协议
支付服务协议(以下简称"本协议")是支付宝（中国）网络技术有限公司（以下简称"支付宝"）、淘宝平台经营者、集分宝南京企业管理有限公司（以下简称为"集分宝企业"）、集分宝南京商务服务有限公司（以下简称为"集分宝商务"）与用户（以下简称"您"）就支付服务、集分宝服务、互联网支付服务（以下单独或合并称为"本服务"）的使用事项所订立的有效合约。您通过网络页面点击确认或以其他方式选
同意
不同意

图 2-58　签署开店协议

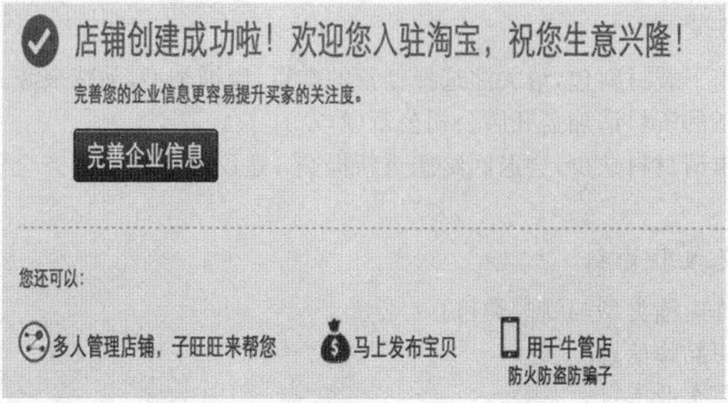

图 2-59 创建店铺成功

三、天猫店铺开店流程

天猫店铺的开通流程主要有以下 4 个步骤，如图 2-60 所示。

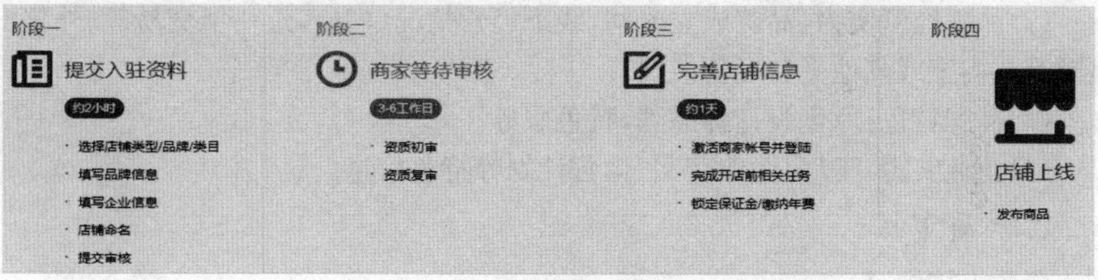

图 2-60 天猫店铺开店流程

(一)阶段一：提交入驻资料

1. 查询申请资格

品牌：天猫枚举的热招品牌、您也可以推荐优质品牌给天猫，部分类目不限定品牌入驻。

企业：合法登记的企业用户，并且能够提供天猫入驻要求的所有相关文件，不接受个体工商户、非中国大陆企业。

注：同一主体开多家天猫店铺，要求店铺间经营的品牌及商品不得重复，一个经营大类下专营店只能申请一家。

2.准备资料

(1)点击下载材料包,请关注选择经营的类目、店铺类型,品牌来源。

(2)准备的资料请加盖开店公司公章(鲜章)。

(3)如申请材料缺少,会退回给您重新提交,建议您事先准备齐全资料,一次性通过审核。

3.提交入驻资料

(1)选择店铺类型/品牌/类目。

(2)填写品牌信息。

(3)填写企业信息。

(4)店铺命名天猫店铺命名规则。

(二)阶段二:商家等待审核

1.品牌评估

非天猫热招品牌,天猫将会评估企业和品牌的实力。

(1)品牌定位:风格、受众群体、货单价。

(2)品牌经营实力:品牌成立时间,线下经营情况(门店,近一年交易额、外贸出口额等)、淘宝或其他平台经营情况。

(3)品牌特色:原创设计师品牌,特色服务。

(4)企业实力:工厂、企业获奖、运营计划等特色信息。

2.资质审核

资质审核内容:

(1)资质真实有效。

(2)规模达到入驻要求。

(3)授权有效,链路完整。

(4)生产、经营范围、产品安全性资质完整、符合国家行政法 规许可要求。整个审核周期为3~6个工作日。

(三)阶段三:完善店铺信息

1.激活账号

激活账号同时完成以下事项:

(1)设置密码。

(2)填写手机号码及邮箱。

(3)完成支付宝实名认证。

2.完成开店前相关任务

包括签署协议、规则学习与考试、完善店铺信息等。

3.缴费

入驻天猫需要缴纳相关费用,主要包括:

保证金:商家在天猫经营必须缴存保证金,保证金主要用于保证商家按照《天猫服务协议》、天猫规则经营,且在商家有违规行为时根据《天猫服务协议》及相关规则规定用于向天猫及消费者支付违约金。续约商家须在当年续签要求的时间内一次性缴存次年保证金,新签商家在申请入驻审核通过后一次性缴存当年的保证金。

软件服务年费:商家在天猫经营必须交纳年费,年费缴纳及结算详见《天猫2017年度软件服务年费缴纳、折扣优惠及结算标准》。

软件服务费:商家在天猫经营需要按照其销售额一定百分比(简称"费率")交纳软件服务费。天猫各类目软件服务费费率标准详见当年的"天猫各类目年费软件服务费一览表"。

保证金/技术服务年费的缴存必须在15天内完成,缴费24小时后就可以发布宝贝了。

(四)阶段四:店铺上线

通过发布商品、装修店铺两个环节,即可上线你的天猫店铺。

四、发布宝贝

宝贝发布,主要有以下几个步骤。

第一步:进入【卖家中心】—【宝贝管理】—【发布宝贝】,如图2-61所示。

第二步:默认显示"一口价"方式,如图2-62所示。

第三步:选择商品所属类目后点击"我已阅读以下规则,现在发布宝贝",如图2-63所示。

第四步:填写商品属性信息后点"发布",商品就成功发布了,如图2-64所示。

注意,在商品编辑页面如选择了宝贝的一些属性条件,如服装类的颜色及尺码等,必须填写相对应的数量,且数量之和必须等于宝贝数量。

商品发布以后,发布方式不能相互转换,如无法将一口价修改成个人闲置。

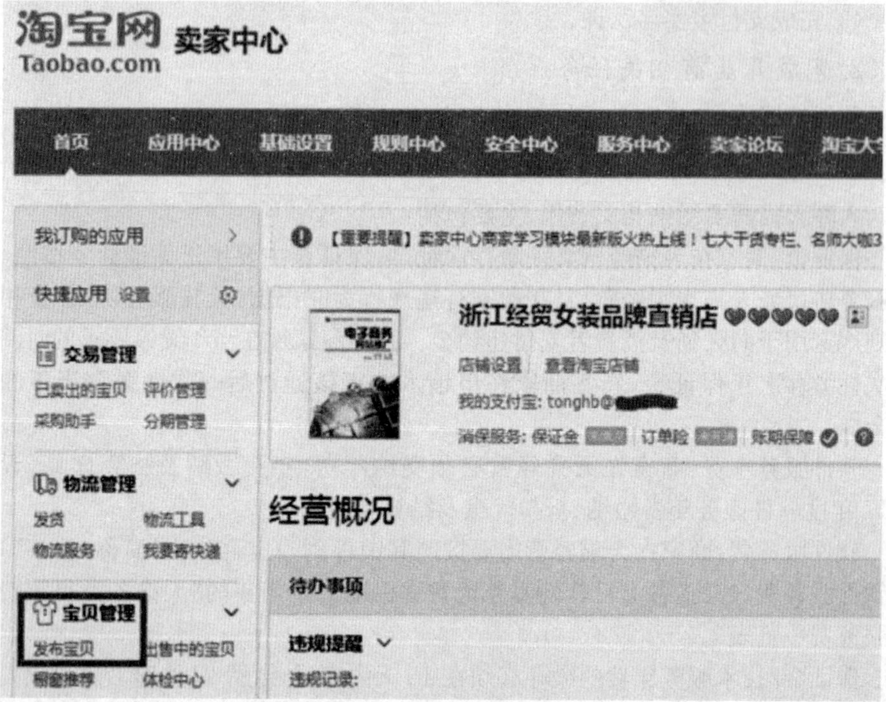

图 2-61 发布宝贝入口

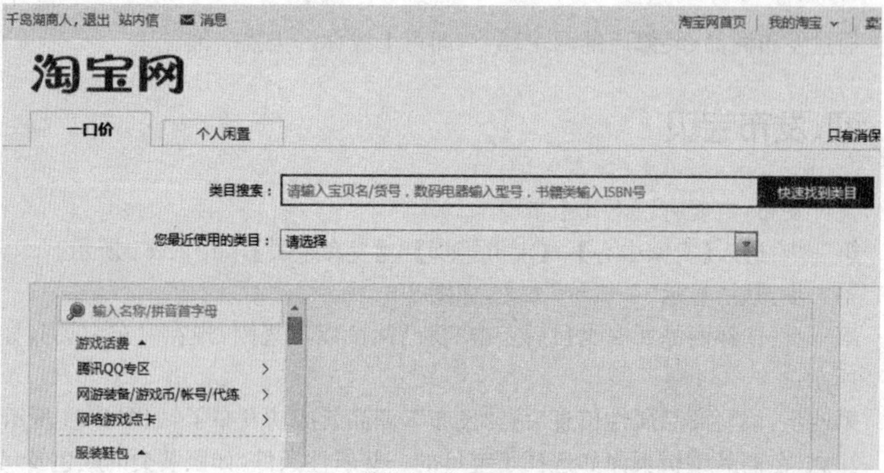

图 2-62 一口价发布方式

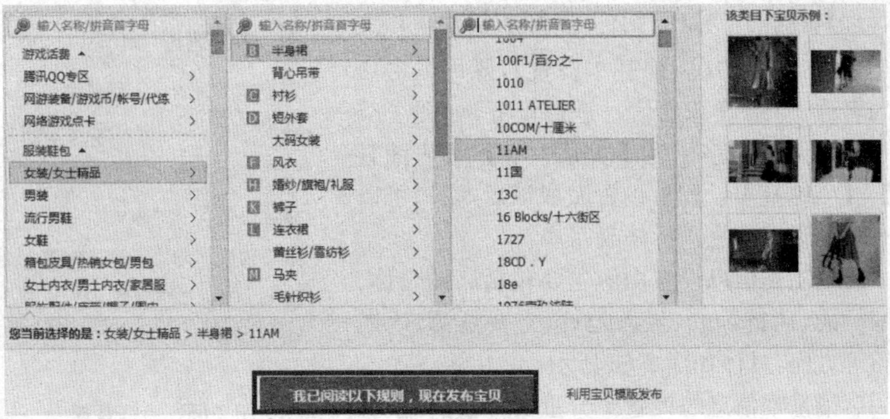

图 2-63 选择商品类目

图 2-64 发布宝贝

第三节 店铺设置

一、店铺基础设置

店铺基础设置主要指淘宝店铺基本信息的设置，此处以淘宝个人网店为例，进行简单描述。

登录淘宝网之后，点击首页【卖家中心】，进入卖家中心，点击左侧菜单栏中【店铺管理】右侧的“ ”图标，展开店铺管理相关信息，点击其中的【店铺基本设置】，既可以对店铺的名称、介绍等基础信息进行设置，如图 2-65 所示。具体操作路径为：【卖家中心】—【店铺管理】—【店铺基本设置】，设置完成以后，卖家可以随时对已设置信息进行修改完善。

店铺基本信息设置内容主要包括店铺名称、店铺标志、店铺简介、经营地址、主要货源、店铺介绍等方面，具体如图 2-66 所示。

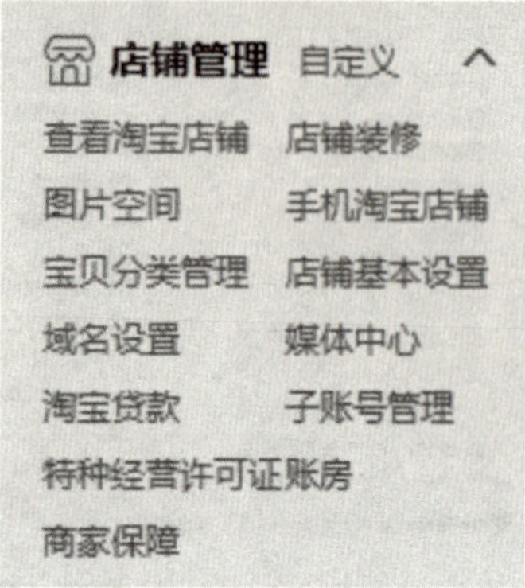

图 2-65　店铺管理

店铺基本信息的设置十分重要，因此在设置时应根据自己的情况、目标受众、网店特点、平台

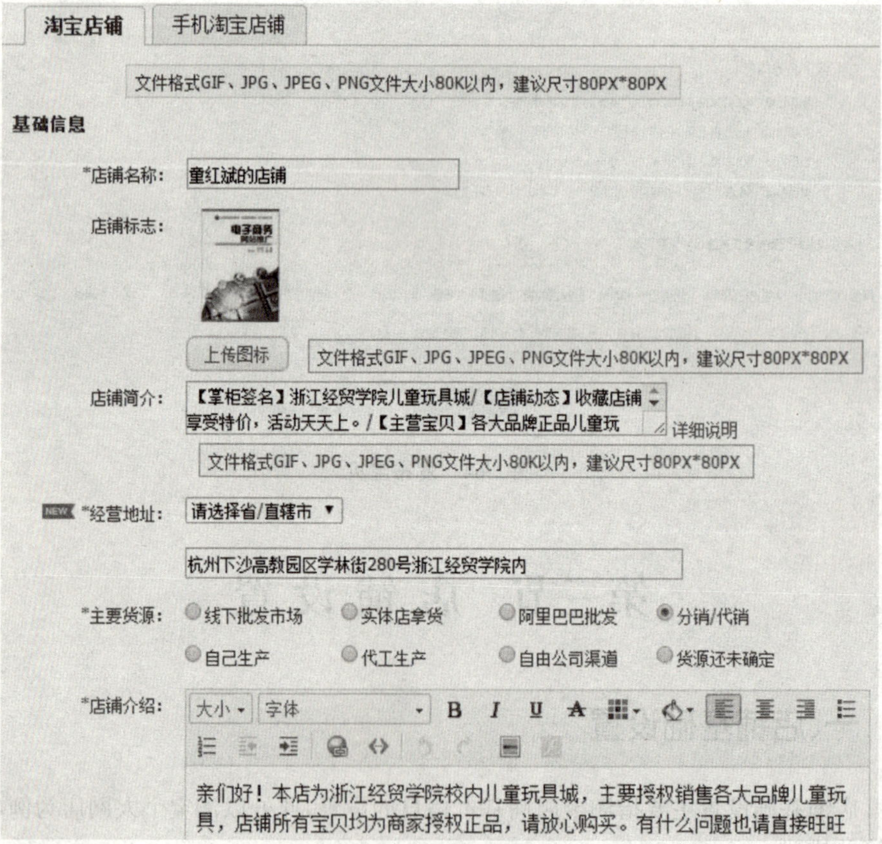

图 2-66　店铺基础信息设置

要求等方面，进行精心的设计。你可以通过点击该页面相关说明连接，进入相关设置的详细说明，以确保你的设计是符合各方面需求的，是有利于店铺产品销售的。

二、物流设置

通过卖家中心左侧菜单栏中的【物流管理】，可以对网店经营过程中的物流业务进行相关设置，以方便网上交易活动的开展。进入其中的【物流工具】，则可以对服务商、运费模板等重要信息进行设置。

(一)服务商的设置

服务商的设置如图 2-67 所示。指定快递是交易约定服务中的一种类型，卖家就商品配送快递向消费者做出承诺。指卖家向买家提供的、按照买家指定的快递公司发货的一种增值物流服务。如卖家未按订单指定的快递公司发货，则需向买家支付与该订单买家实际支付运费等值的违约金，最少不低于 5 元/单，最高不超过 30 元/单(同一支付宝交易号订单)。

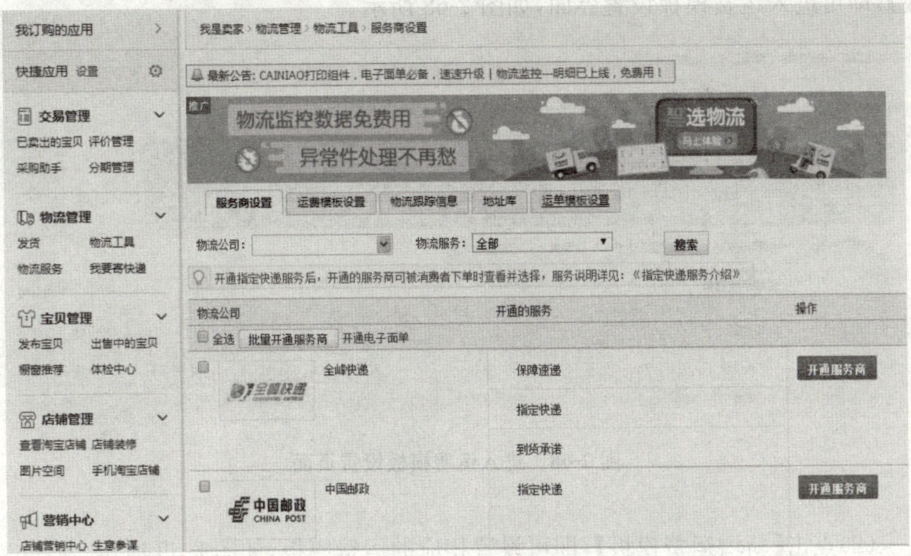

图 2-67　服务商设置

指定快递服务是第一次将选择商品配送快递的权利交还给买家。通过买家的选择和反馈反推快递公司提升服务质量和配送速度，同时提升买家购物体验。

在制定快递服务中,卖家承担以下义务:

(1)卖家在订购指定快递服务时,需如实开通日常合作的快递公司,并在运费模板中配置快递运费和地域,供买家下单时选择;

(2)卖家应按照订单指定的快递公司发货,可在卖家中心—已卖出宝贝—查看订单快递公司或在发货时查看指定的快递公司;

(3)如买家发起"承诺的没做到—物流"投诉,卖家需及时主动解决,若卖家未按指定的快递发货,则需赔付买家实际支付运费等值的违约金,最少不低于 5 元/单,最高不超过 30 元/单(同一支付宝交易号订单),避免客服小二介入处罚扣分;

(4)如买家指定的快递公司无法配送时,需及时联系买家沟通情况,避免后续纠纷投诉。

(二)运费模板的设置

下面以设置一个名称为"部分包邮运费模版"的运费模板为例,详细讲解一下运费模板的设置过程。

(1)点击【物流工具】中的【运费模板】,或者在宝贝发布界面,点击【新建运费模板】,即可进入运费模板设置界面,如图 2-68 所示。

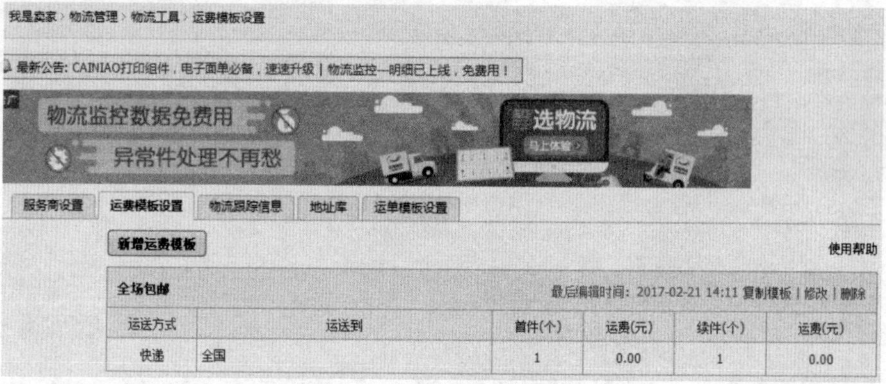

图 2-68　进入运费模板设置页面

(2)点击【新增运费模板】,即可设置相应的运费模板,如图 2-69 所示。

(3)设置"模板名称""宝贝地址""发货时间""是否包邮""计价方式""运送方式",都是必填写,不能为空,如图 2-70 所示。

要实现个性化的运费展示,可以点击"为指定地区城市设置运费",选择您包邮或者特定运费的城市,如图 2-71 所示。

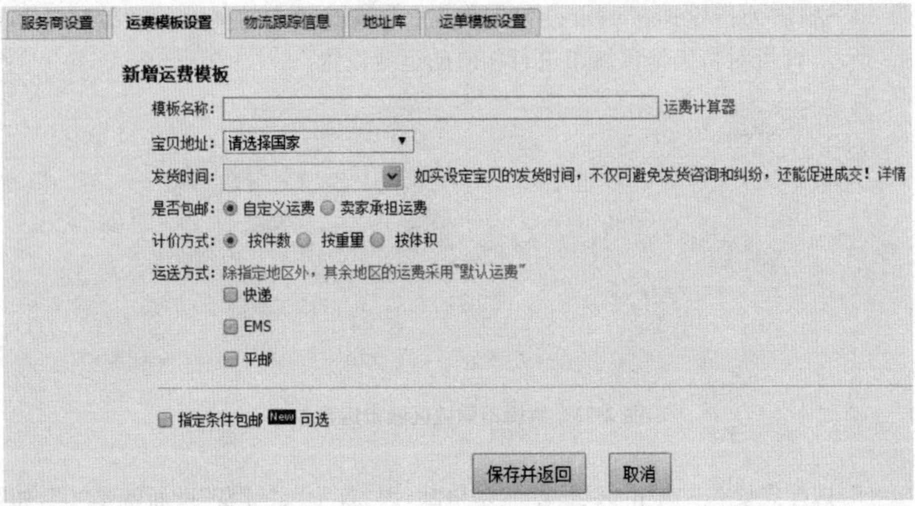
服务商设置
运费模板设置
物流跟踪信息
地址库
运单模板设置
新增运费模板
模板名称：
运费计算器
宝贝地址：请选择国家
发货时间：
如实设定宝贝的发货时间，不仅可避免发货咨询和纠纷，还能促进成交！详情
是否包邮：自定义运费 卖家承担运费
计价方式：按件数 按重量 按体积
运送方式：除指定地区外，其余地区的运费采用"默认运费"
快递
EMS
平邮
指定条件包邮 New 可选
保存并返回
取消

图 2-69　新增运费模板

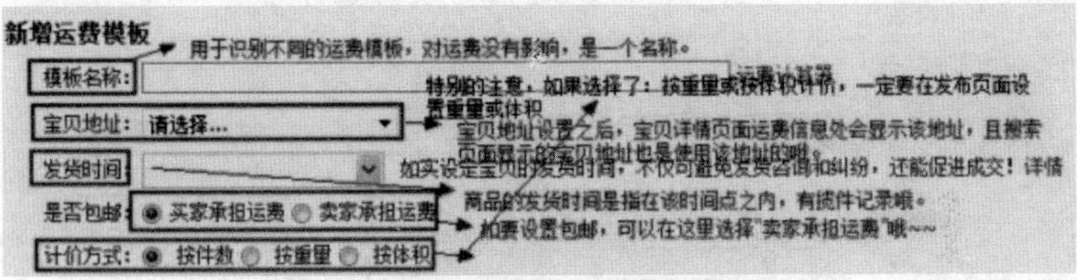
新增运费模板
用于识别不同的运费模板，对运费没有影响，是一个名称。
模板名称：
特别的注意，如果选择了：按重量或按体积计价，一定要在发布页面设置重量或体积
宝贝地址：请选择...
宝贝地址设置之后，宝贝详情页面运费信息处会显示该地址，且搜索页面显示的宝贝地址也是使用该地址的哦。
发货时间：
如实设定宝贝的发货时间，不仅可避免发货咨询和纠纷，还能促进成交！详情
商品的发货时间是指在该时间点之内，有揽件记录哦。
是否包邮：买家承担运费 卖家承担运费
如要设置包邮，可以在这里选择"卖家承担运费"哦~~
计价方式：按件数 按重量 按体积

图 2-70　设置运费模板相关内容

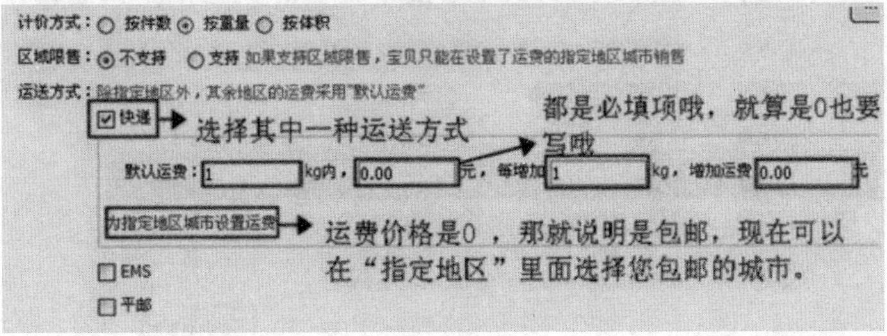
计价方式：按件数 按重量 按体积
区域限售：不支持 支持 如果支持区域限售，宝贝只能在设置了运费的指定地区城市销售
运送方式：除指定地区外，其余地区的运费采用"默认运费"
快递
选择其中一种运送方式
都是必填项哦，就算是0也要写哦
默认运费：1 kg内，0.00 元，每增加 1 kg，增加运费 0.00 元
为指定地区城市设置运费
运费价格是0，那就说明是包邮，现在可以在"指定地区"里面选择您包邮的城市。
EMS
平邮

图 2-71　"为指定地区城市设置运费"入口

(4)选择"为指定地区城市设置运费"进入编辑城市的页面,点"编辑",如图 2-72 所示,即可对特定地区城市进行相应的运费设置。

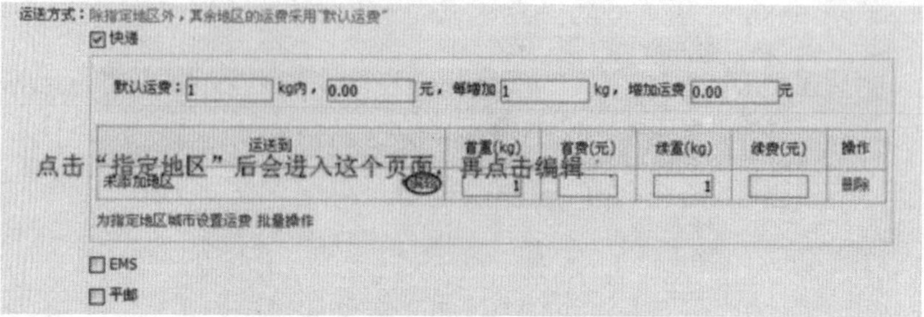
点击"指定地区"后会进入这个页面,再点击编辑

图 2-72　编辑不同地区城市运费入口

(5)选择您要包邮城市区域,既然是包邮,那"首费"、"续费"里面就是"0",如图 2-73 所示。

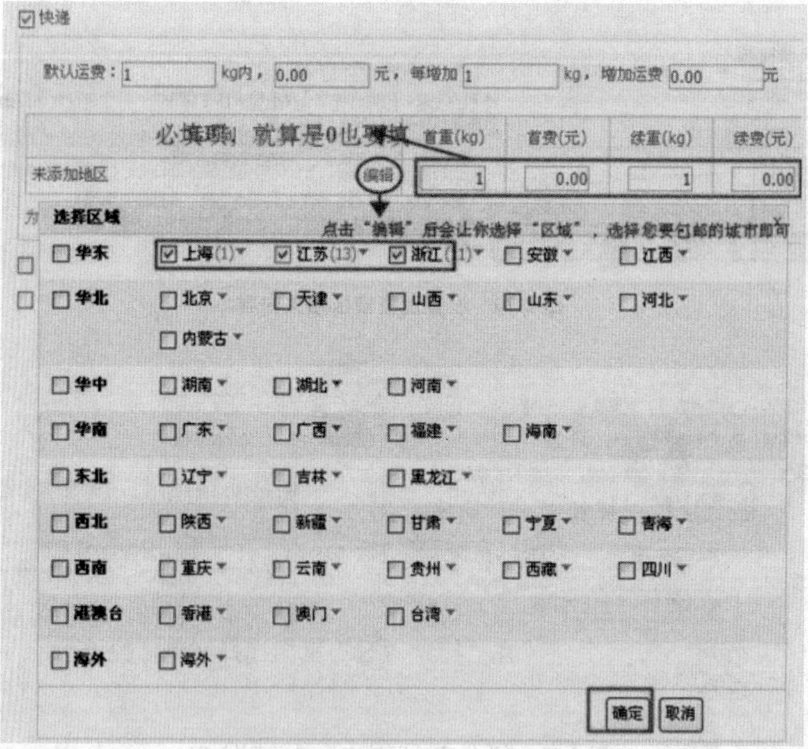
必填项,就算是0也要填
点击"编辑"后会让你选择"区域",选择您要包邮的城市即可

图 2-73　为特定地区设置包邮的操作

(6)包邮的城市选择后,可以再增加不包邮的城市区域,如图 2-74 所示。

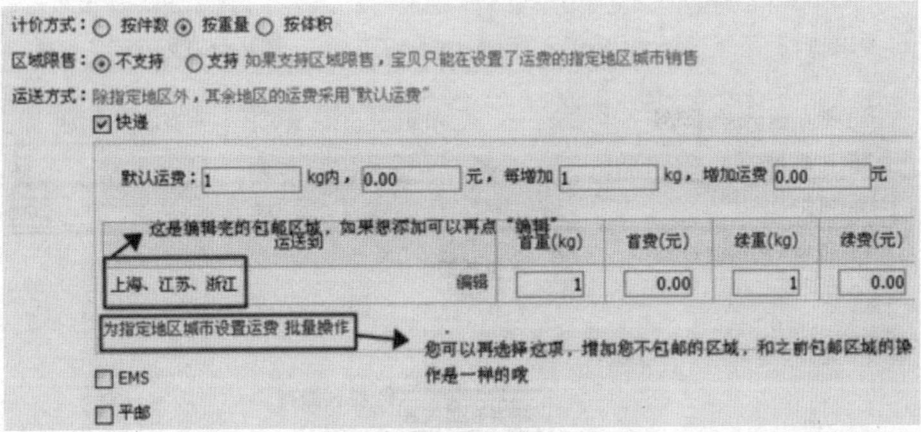

图 2-74　设置不包邮的城市入口

(7)既然是设置不包邮,“首费”“续费”是要填写相应运费的,续重是指每增加 1 千克需要加多少钱,也可以不设置这个值,表示多于 1 千克商品仍按照默认运费收取,如图 2-75 所示。

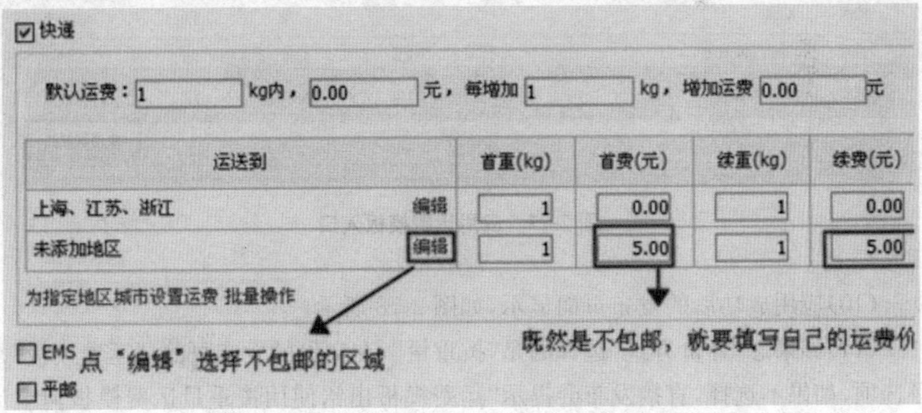

图 2-75　设置不包邮的运费方法

(8)部分包邮的模板设置完之后,点保存,如图 2-76 所示。

(9)“部分包邮运费模板”这是自己设置的模板名称,保存模板后,点击“应用模板”即可,如图 2-77 所示。

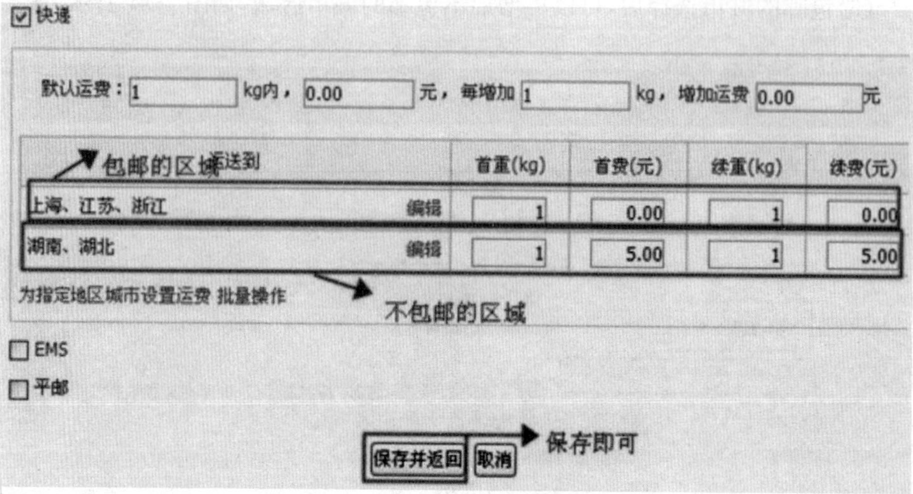

图 2-76　保存运费模板

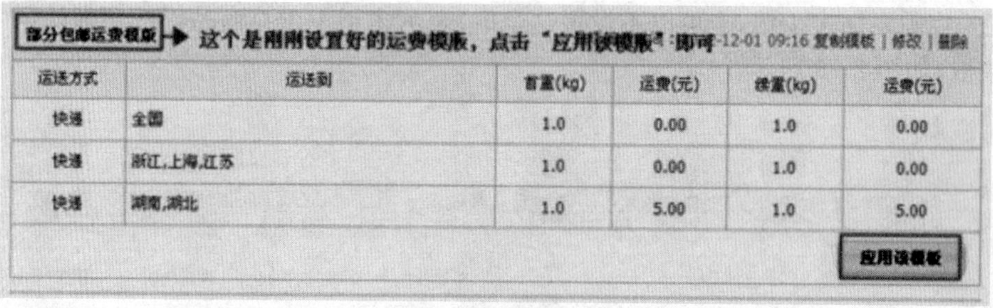

图 2-77　应用运费模板入口

(10)应用成功后的发布页面显示，如图 2-78 所示。

(11)如果您"计价方式"选择的是"按重量"，在宝贝的发布页面，"运费模板"是必选项，如果不选择，直接发布会提示"运费模板出错使用按重量运费模板但宝贝没有重量(含包装)属性"，就算是 0，也可以，不要空置，建议重量参考运费模板设置重量属性，如图 2-79 所示。

设置了运费模板之后，买家在不同地区看到的运费价格是根据其地区来显示的，如图 2-80 所示，同一款宝贝，江苏的买家看到的是包邮，而湖南的买家看到的运费则是 25 元。

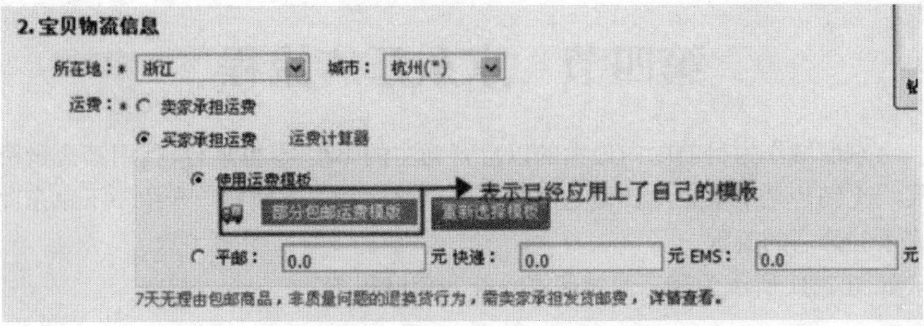

图 2-78　应用了运费模板的效果

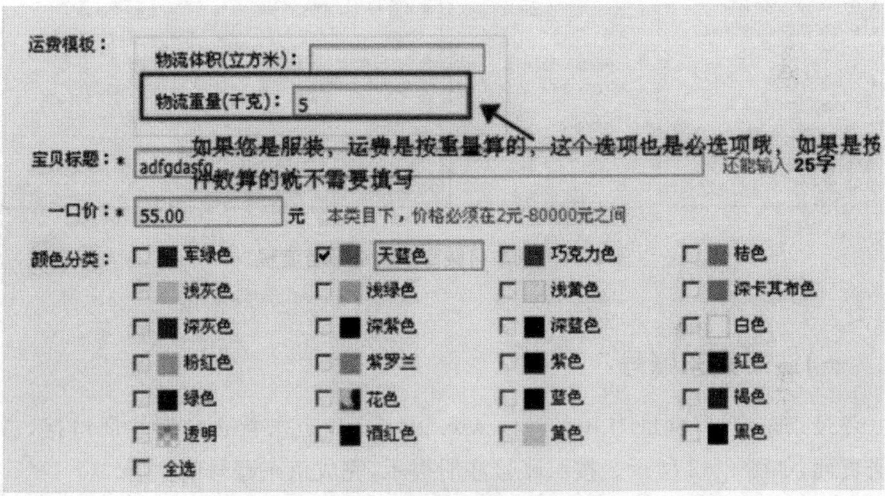

图 2-79　依据重量计运费的设置

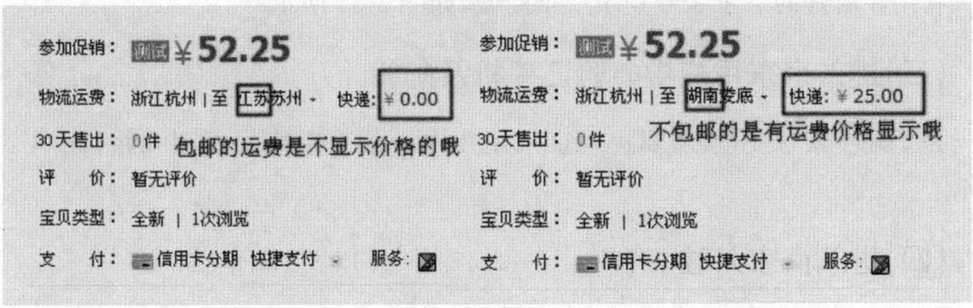

图 2-80　买家端显示不同的运费价格

第四节 京东开店流程

京东商城作为目前国内最大的以自营为主的 B2C 零售平台，利用其流量资源开展线上销售是中小企业转型电商的一条重要途径。下面简单介绍一下京东商城商家入驻开店的流程。

如图 2-81 所示为京东商城商家入驻开店流程图。

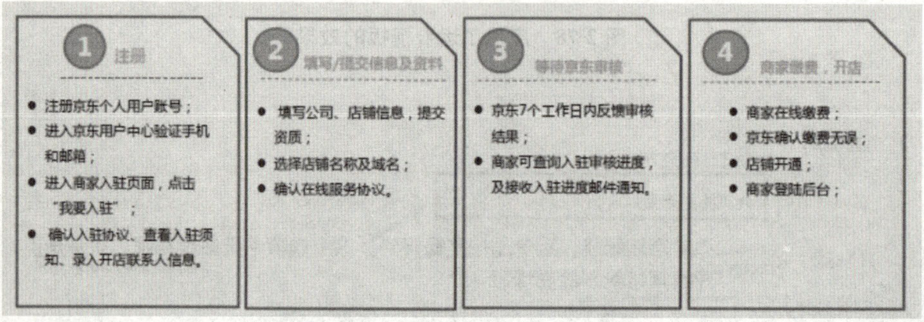
1
注册
注册京东个人用户账号；
进入京东用户中心验证手机和邮箱；
进入商家入驻页面，点击"我要入驻"；
确认入驻协议、查看入驻须知、录入开店联系人信息。
2
填写/提交信息及资料
填写公司、店铺信息，提交资质；
选择店铺名称及域名；
确认在线服务协议。
3
等待京东审核
京东7个工作日内反馈审核结果；
商家可查询入驻审核进度，及接收入驻进度邮件通知。
4
商家缴费，开店
商家在线缴费；
京东确认缴费无误；
店铺开通；
商家登陆后台；

图 2-81 京东商城商家入驻开店流程

(一)注册京东账号

登录京东商城(网址为 http://www.jd.com)，点击首页免费注册链接，进入注册页面，如图 2-82 所示。按照账号注册提示，完成京东账号的注册。

(二)登录京东网站

利用注册好的京东账号登录京东商城，如图 2-83 所示。

(三)进入京东用户中心验证手机及邮箱

为了确保账号安全，需要进入京东用户中心验证手机号码和邮箱，如图 2-84 所示。

(四)进入商家入驻

登录商家入驻网页(http://sale.jd.com/act/wQTpIm7GnXE.html)，在页面上点击“我要入驻”，如图 2-85 所示。

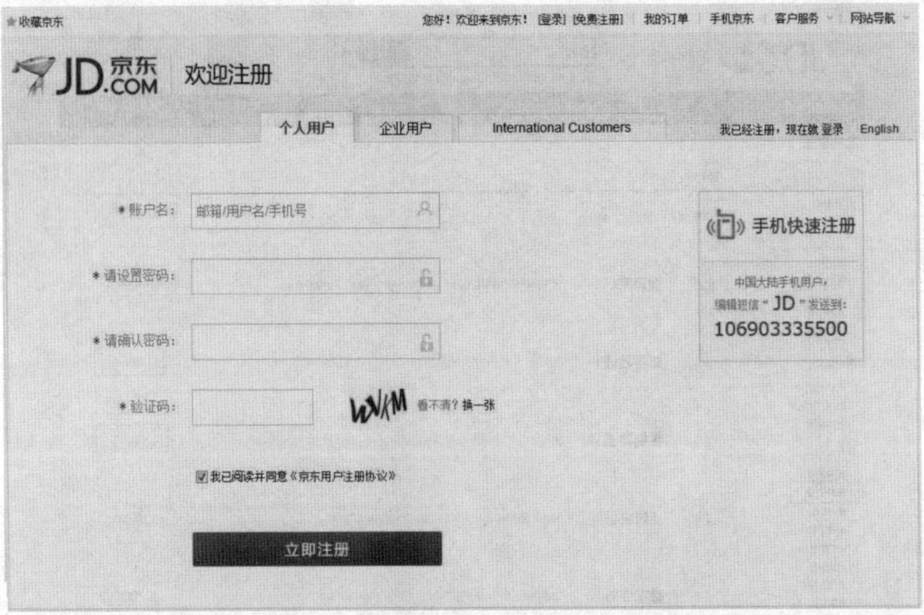

图 2-82 注册页面

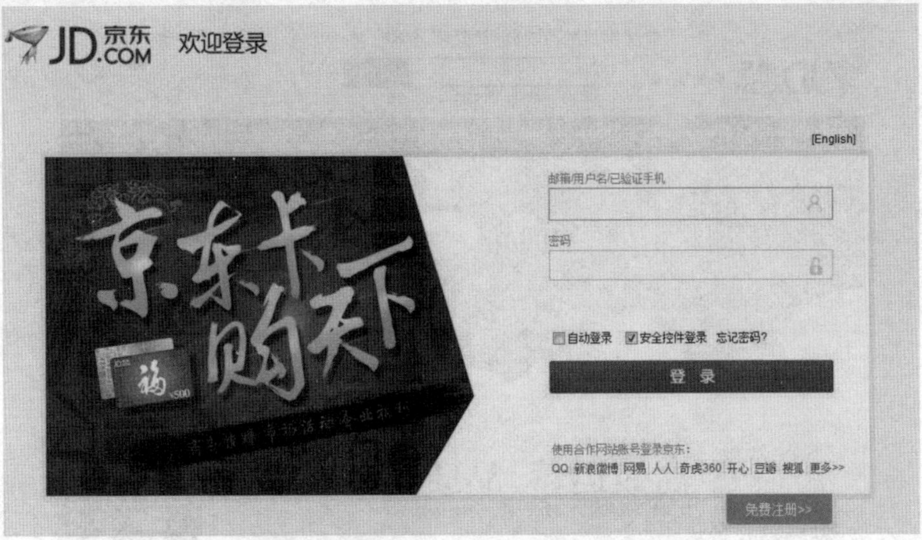

图 2-83 登录京东商城

图 2-84　验证手机和邮箱

图 2-85　商家入驻入口

(五)了解协议和填写信息

商家入驻过程中,需要确认入驻协议,查看入驻须知,然后录入开店联系人信息,包括联系人姓名、手机和电子邮箱等,如图 2-86 所示。

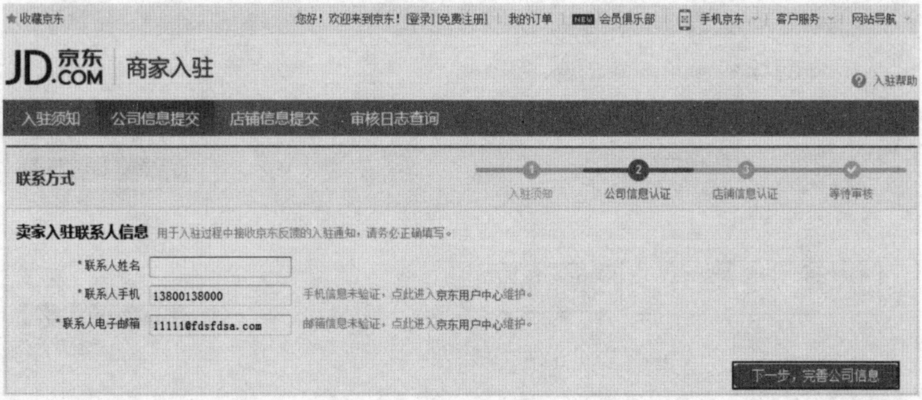

图 2-86　录入开店联系人信息

(六)完善公司信息

完善公司营业执照相关信息、组织机构代码验证信息,同时上传相应的电子版信息,需要加盖彩色企业公章,如图 2-87 所示。完成录入后,点击"下一步,完善税务及财务信息"。

(七)完善税务及财务信息

完善公司税务登记证信息、结算银行账户信息,同时上传相应的电子版信息,需要加盖彩色企业公章,如图 2-88 所示。完成录入后,点击"下一步,完善店铺信息"。

(八)完善店铺信息

录入卖家基本经验信息、是否受到其他商家推荐、是否收到京东垂直网站要求,如未收到邀请,请勿选择,如图 2-89 所示。完成信息录入后,点击"下一步,完善类目及资质"。

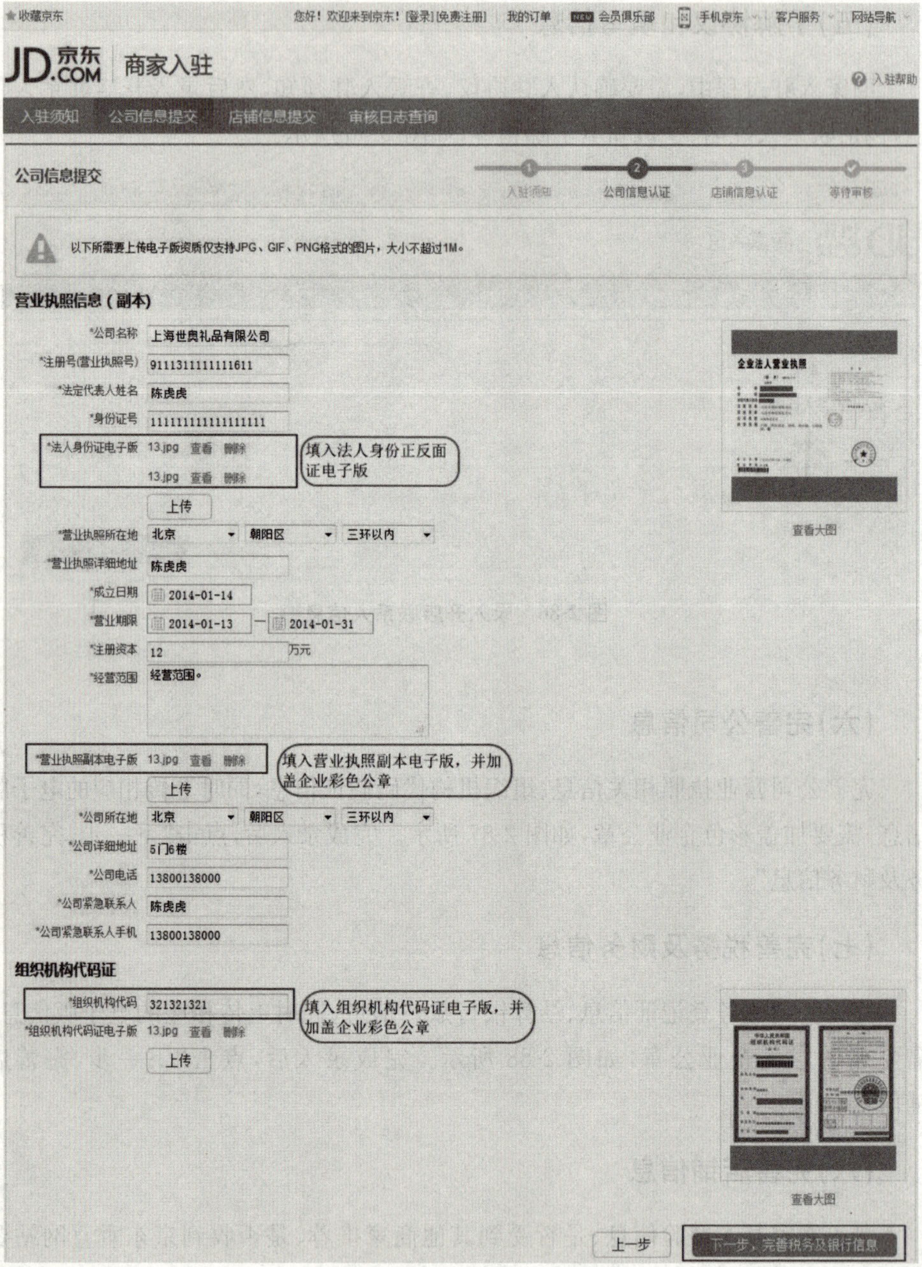
收藏京东
您好！欢迎来到京东！[登录] [免费注册]
我的订单
会员俱乐部
手机京东
客户服务
网站导航
JD.京东.COM
商家入驻
入驻帮助
入驻须知
公司信息提交
店铺信息提交
审核日志查询
公司信息提交
入驻须知
公司信息认证
店铺信息认证
等待审核
以下所需要上传电子版资质仅支持JPG、GIF、PNG格式的图片，大小不超过1M。
营业执照信息（副本）
*公司名称 上海世奥礼品有限公司
*注册号(营业执照号) 9111311111111611
*法定代表人姓名 陈虎虎
*身份证号 111111111111111111
*法人身份证电子版 13.jpg 查看 删除 13.jpg 查看 删除
填入法人身份正反面证电子版
上传
*营业执照所在地 北京 朝阳区 三环以内
*营业执照详细地址 陈虎虎
*成立日期 2014-01-14
*营业期限 2014-01-13 — 2014-01-31
*注册资本 12 万元
*经营范围 经营范围。
*营业执照副本电子版 13.jpg 查看 删除
填入营业执照副本电子版，并加盖企业彩色公章
上传
*公司所在地 北京 朝阳区 三环以内
*公司详细地址 5门6楼
*公司电话 13800138000
*公司紧急联系人 陈虎虎
*公司紧急联系人手机 13800138000
组织机构代码证
*组织机构代码 321321321
*组织机构代码证电子版 13.jpg 查看 删除
填入组织机构代码证电子版，并加盖企业彩色公章
上传
企业法人营业执照
查看大图
查看大图
上一步
下一步，完善税务及银行信息

图 2-87　完善公司信息

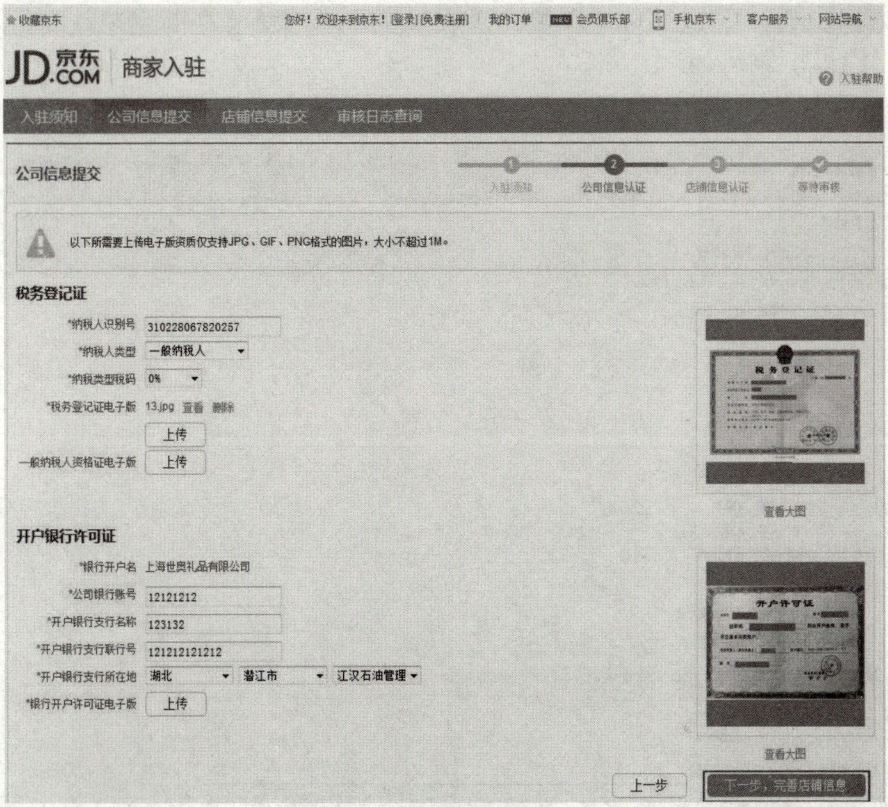

图 2-88 完善税务和财务信息

(九)完善类目及资质

选择期望店铺类型、期望经营的类目及对应的资质电子版，所有电子版均需要加盖彩色企业公章，如图 2-90 所示。完成录入后，点击“下一步，添加品牌”。

(十)添加品牌

点击“添加品牌”，卖家可以添加自己期望经营的品牌信息。当店铺不存在品牌信息时，可以选择“无品牌信息”，如图 2-91 所示，点击“下一步，店铺命名”。

(十一)店铺命名

根据所选的店铺类型完成店铺命名，请按照提示的规范完成店铺命名，不符合规范

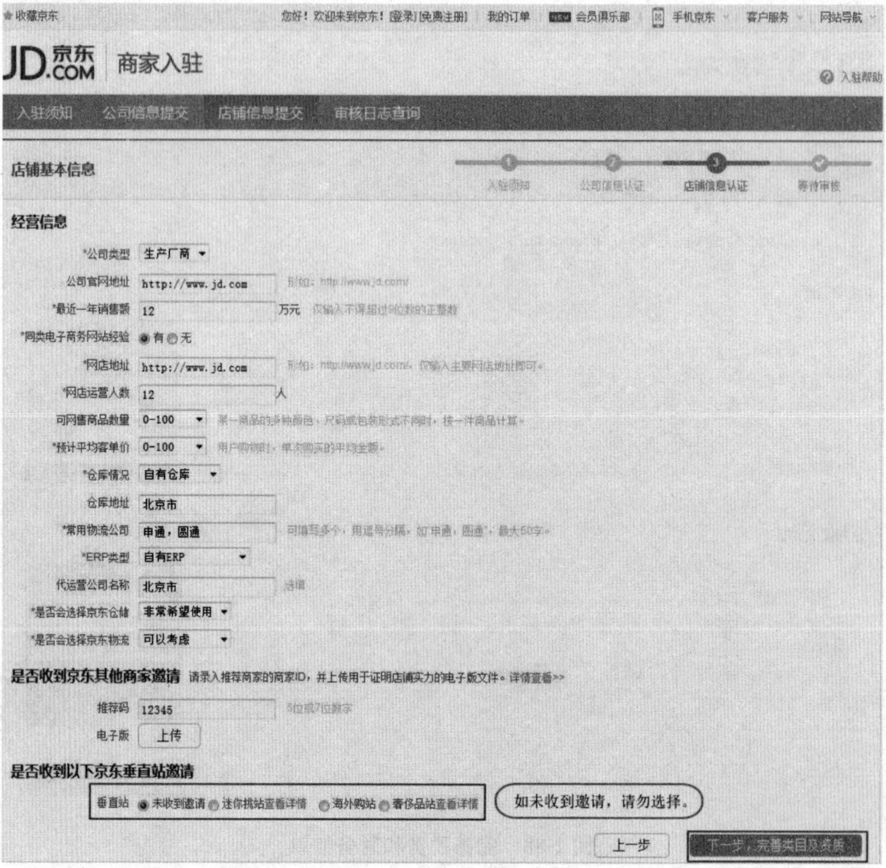

图 2-89 完善店铺信息

将被驳回，如图 2-92 所示。完成店铺命名后，点击“下一步，确认在线服务协议”。

（十二）确认在线服务协议

请仔细阅读《“京东 JD. COM”开放平台在线服务协议》，如无异议，勾选“我已仔细阅读并同意协议”后，点击“提交入驻申请”，如图 2-93 所示。

（十三）入驻进度查询及通知

提交入驻申请后，卖家可以通过入驻申请页面登录查看入驻申请申请的进度，同时京东也会在入驻过程中通过邮件实时通知，开店完成后，店铺登录相关信息会通过邮件形式通知商家。进度查询页面如图 2-94 所示。

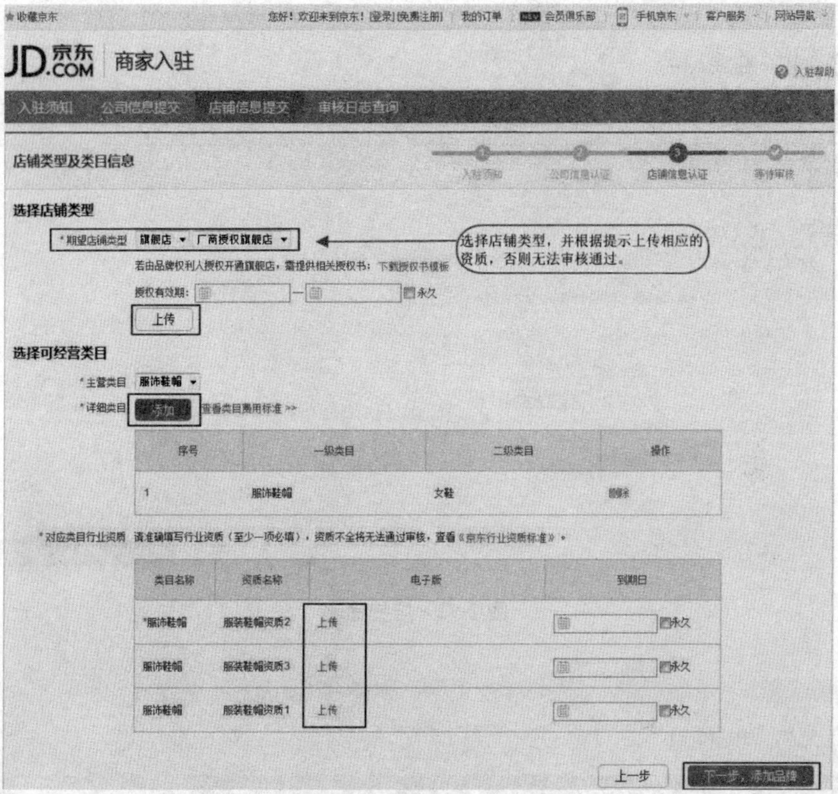

图 2-90　完善类目及资质

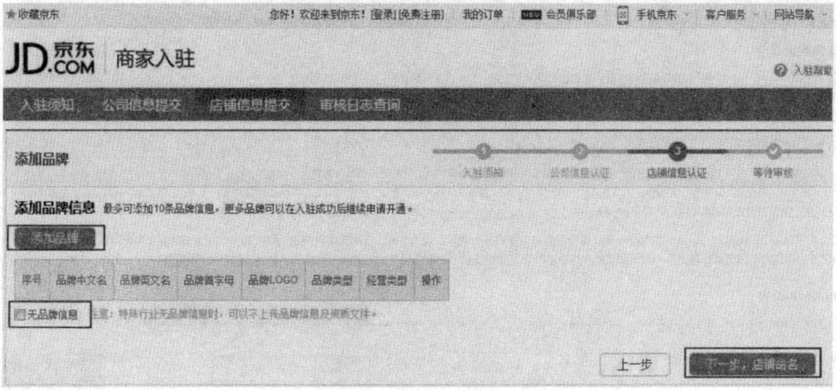

图 2-91　添加品牌

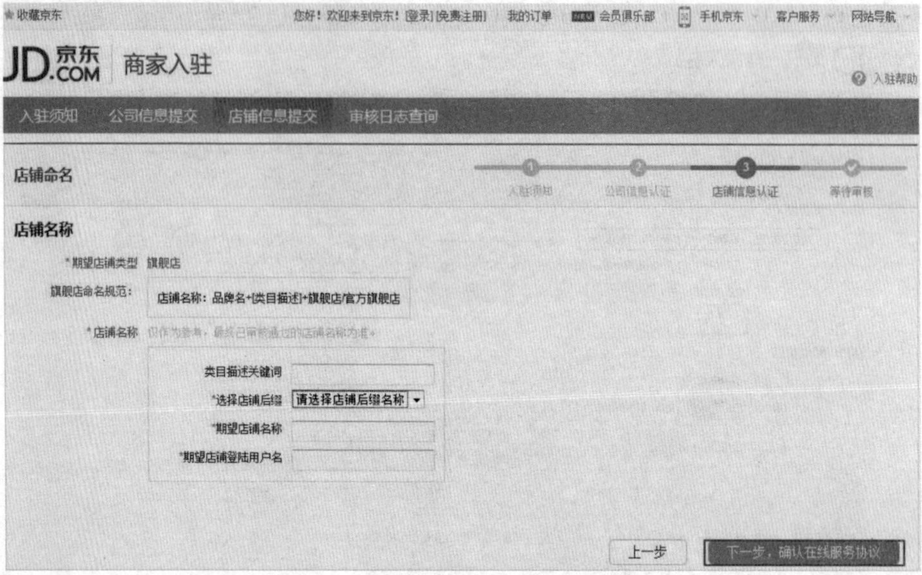
收藏京东
您好！欢迎来到京东！[登录] [免费注册]
我的订单
会员俱乐部
手机京东
客户服务
网站导航
JD.COM 京东
商家入驻
入驻帮助
入驻须知
公司信息提交
店铺信息提交
审核日志查询
店铺命名
入驻须知
公司信息认证
店铺信息认证
等待审核
店铺名称
*期望店铺类型 旗舰店
旗舰店命名规范：
店铺名称：品牌名+[类目描述]+旗舰店/官方旗舰店
*店铺名称
类目描述关键词
*选择店铺后缀
请选择店铺后缀名称
*期望店铺名称
*期望店铺登陆用户名
上一步
下一步，确认在线服务协议

图 2-92　店铺命名

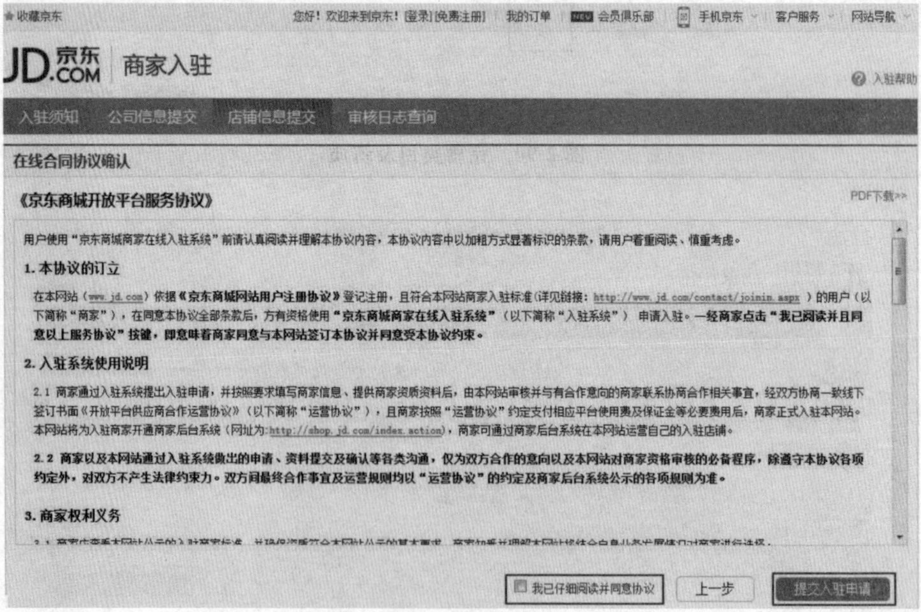
收藏京东
您好！欢迎来到京东！[登录] [免费注册]
我的订单
会员俱乐部
手机京东
客户服务
网站导航
JD.COM 京东
商家入驻
入驻帮助
入驻须知
公司信息提交
店铺信息提交
审核日志查询
在线合同协议确认
《京东商城开放平台服务协议》
PDF下载>>
用户使用“京东商城商家在线入驻系统”前请认真阅读并理解本协议内容，本协议内容中以加粗方式显著标识的条款，请用户着重阅读、慎重考虑。
1. 本协议的订立
在本网站（www.jd.com）依据《京东商城网站用户注册协议》登记注册，且符合本网站商家入驻标准(详见链接：http://www.jd.com/contact/joinin.aspx ）的用户（以下简称“商家”），在同意本协议全部条款后，方有资格使用“京东商城商家在线入驻系统”（以下简称“入驻系统”） 申请入驻。一经商家点击“我已阅读并且同意以上服务协议”按键，即意味着商家同意与本网站签订本协议并同意受本协议约束。
2. 入驻系统使用说明
2.1 商家通过入驻系统提出入驻申请，并按照要求填写商家信息、提供商家资质资料后，由本网站审核并与有合作意向的商家联系协商合作相关事宜，经双方协商一致线下签订书面《开放平台供应商合作运营协议》（以下简称“运营协议”），且商家按照“运营协议”约定支付相应平台使用费及保证金等必要费用后，商家正式入驻本网站。本网站将为入驻商家开通商家后台系统（网址为:http://shop.jd.com/index.action)，商家可通过商家后台系统在本网站运营自己的入驻店铺。
2.2 商家以及本网站通过入驻系统做出的申请、资料提交及确认等各类沟通，仅为双方合作的意向以及本网站对商家资格审核的必备程序，除遵守本协议各项约定外，对双方不产生法律约束力。双方间最终合作事宜及运营规则均以“运营协议”的约定及商家后台系统公示的各项规则为准。
3. 商家权利义务
我已仔细阅读并同意协议
上一步
提交入驻申请

图 2-93　确认在线服务协议并提交

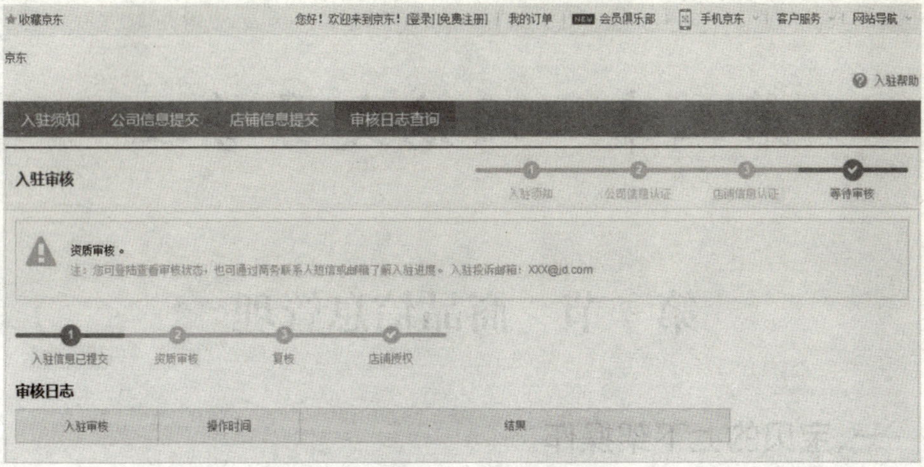
收藏京东
您好！欢迎来到京东！[登录] [免费注册]
我的订单
会员俱乐部
手机京东
客户服务
网站导航
京东
入驻帮助
入驻须知
公司信息提交
店铺信息提交
审核日志查询
入驻审核
入驻须知
公司信息认证
店铺信息认证
等待审核
资质审核。
注：您可登陆查看审核状态，也可通过商务联系人短信或邮箱了解入驻进度。入驻投诉邮箱：XXX@jd.com
入驻信息已提交
资质审核
复核
店铺授权
审核日志
入驻审核
操作时间
结果

图 2-94　入驻进度查询

第三章　网店交易管理

第一节　商品信息管理

一、宝贝的上下架操作

“上架”操作指仓库中的宝贝为“下架”的商品，若将仓库中的宝贝放至“出售中的宝贝”的动作，即为操作“上架”。同时若在宝贝发布编辑中设置了宝贝上架时间，则在指定的时间点，商品将自动上架至店铺。

“下架”操作指出售中的宝贝为“上架”的商品，若将出售中的宝贝放至仓库中的动作，即为操作“下架”。同时若在售商品库存已售完，商品将自动下架至仓库中。

店铺宝贝上下架管理是网店经营管理中的重要一环，是关乎整个淘宝网店运营及销量的一个重要组成部分。合理地进行宝贝的上下架操作，可以更好地调整不同宝贝在店铺销售中的表现，特别是对于上下架时间的优化，有助于宝贝在用户搜索结果页面的排名，从而影响宝贝的展现、店铺流量和最终的销售结果。如何掌握宝贝上下架操作技巧，最终提高店铺流量和销量，意义重大。

卖家通过【卖家中心】的【宝贝管理】发布宝贝，发布的宝贝在上架方式上将有3种选择，一是【立刻上架】，二是【定时上架】，三是【放入仓库】，如图3-1所示。

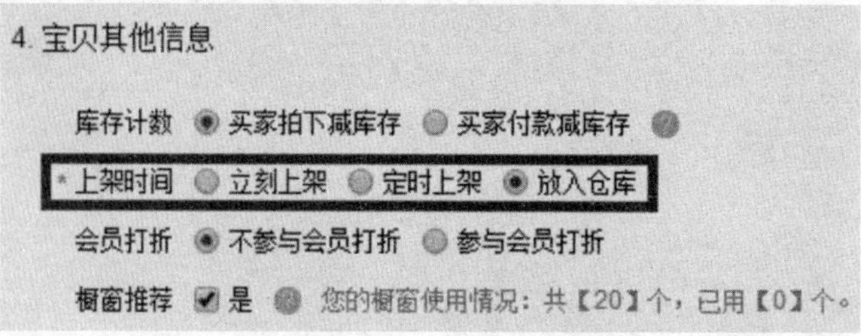

图3-1　宝贝上架方式

勾选【立刻上架】，宝贝在点击【发布】以后，就会直接上架，我们可以在【宝贝管理】中的【出售中的宝贝】中进行查看和编辑，如图 3-2 所示。

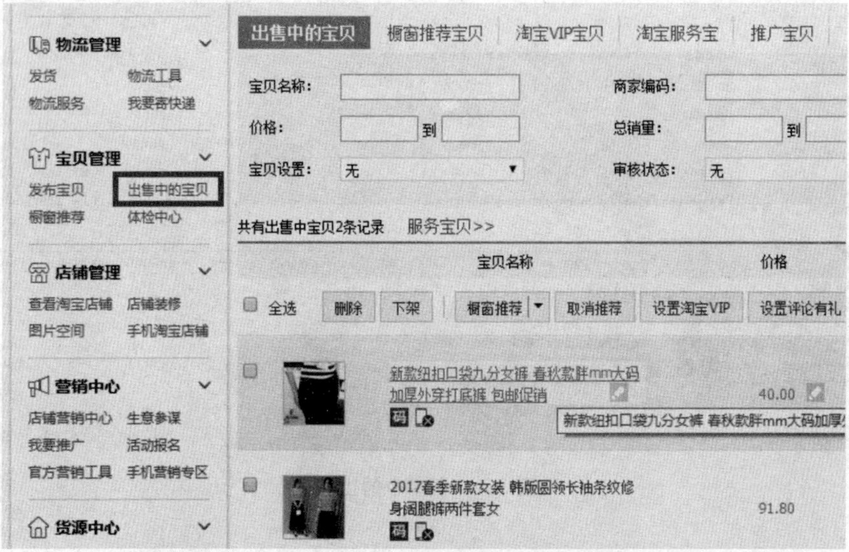

图 3-2 出售中的宝贝

勾选【定时上架】，系统会弹出上架时间设置窗口，如图 3-3 所示。设置好上架时间之后，宝贝就会按照你设定的时间自动上架。

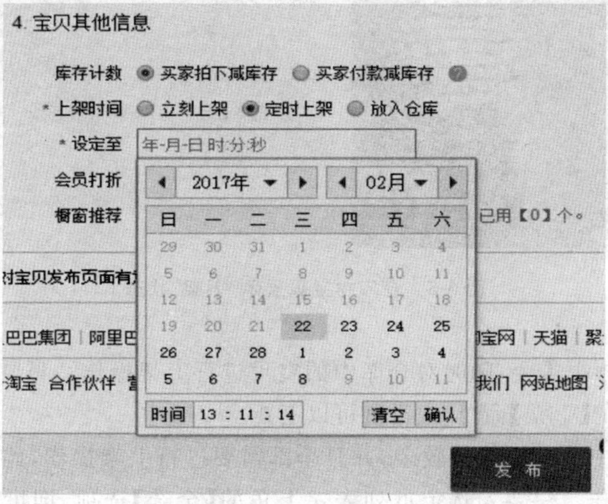

图 3-3 设置定时上架

勾选【放入仓库】，宝贝在点击发布之后其实并没有上架，而是放到了网店仓库，我们可以在【宝贝管理】中的【仓库中的宝贝】中进行查看和编辑，如图 3-4 所示。

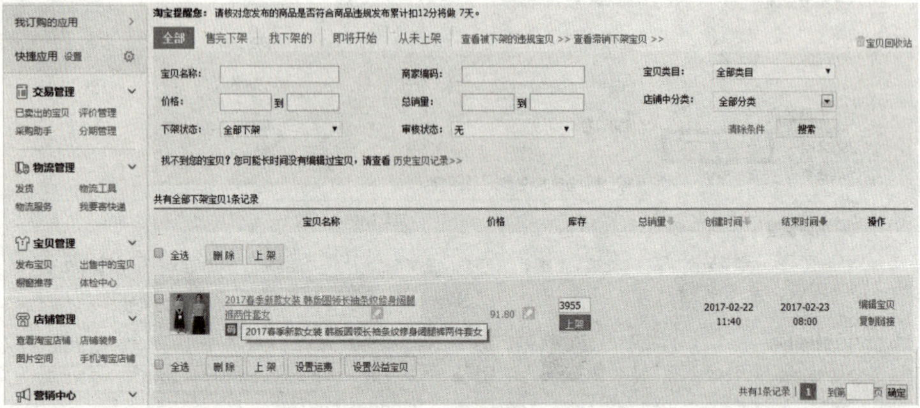

图 3-4　仓库中的宝贝

此时宝贝的状态显示为“下架”，如图 3-5 所示。

图 3-5　仓库中宝贝显示“下架”状态

我们可以根据需要，随时对仓库中的宝贝进行上架操作。只要点击相应宝贝库存数量下面的【上架】命令，宝贝既可以上架。

如果仓库中的宝贝数量较多，并且全部需要进行上架操作，此时我们可以进行批量上架操作。只要勾选宝贝列表左上角的【全选】选项，即可以选定所有仓库中的宝贝，然后点击其后面的【上架】命令，即可以批量上架所有仓库中的宝贝，如图 3-6 所示。

图 3-6　批量上架仓库中的宝贝

当我们的宝贝由于缺货，或者其他原因需要进行下架处理，则可以进入【宝贝管理】中的【出售中的宝贝】进行相应的下架操作。如图 3-7 所示，勾选需要下架的宝贝，然后点击【下架】命令，则宝贝即被下架并放入仓库，你可以在【仓库中的宝贝】查看到该宝贝。

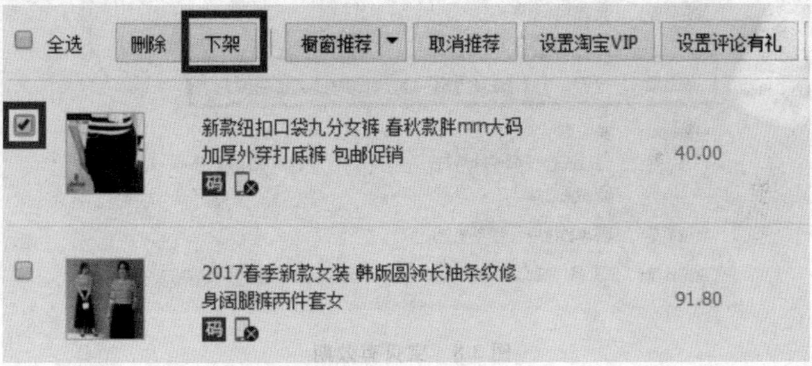

图 3-7　宝贝下架操作

二、宝贝上下架时间的管理与优化

（一）上下架的作用

众所周知，在淘宝搜索排名中，上下架时间是搜索规则中重要的因素之一，而在新规出来后，上下架排名更显得尤为重要。淘宝付费流量的成本越来越贵，很多小卖家都不敢踏入，只能争夺这些有限的免费流量。

(二)上下架与搜索排名的关系

宝贝上下架时间与淘宝的搜索排名规则有着十分重要的联系。在淘宝搜索的时候,同款宝贝每页只展示 4 个,同一个卖家的宝贝只展示 2 个。如果我们能够合理地优化好宝贝上下架,可以让自己的宝贝排名靠前,就有可能获取更多的免费流量。所以我们就要通过把宝贝分不同的时间上下架,来获取更好的排名和流量(注意,C 店有橱窗推荐的宝贝会被优先选择)。

(三)商品上下架周期

在发布宝贝的时候,以前的版本,淘宝会给卖家一个商品有效期(即商品上架周期)的选择,包括 7 天和 14 天两种有效期。后来淘宝对全网一口价宝贝的有效期进行了统一,全部设定为 7 天,如图 3-8 所示。

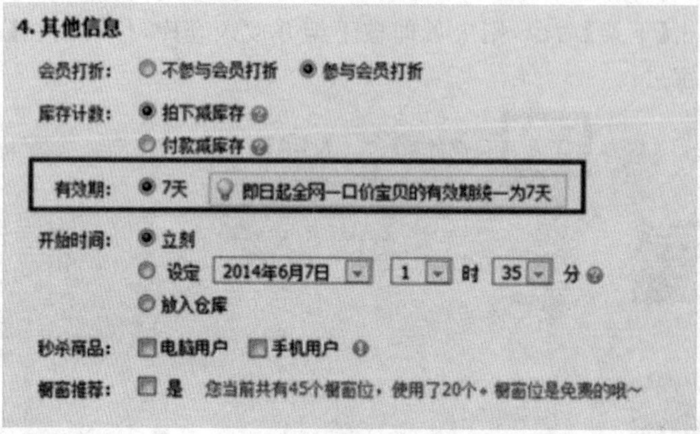

图 3-8 宝贝有效期

这个有效期 7 天的意思就是指:如果您是在今天中午 12 点发布的宝贝,那么 7 天后,您的宝贝就会在中午 12 点这个时刻下架。值得一提的是,这个下架操作是一瞬间的,不会把你的宝贝放到仓库的,而是进行重新上架处理。现在淘宝直接删去了对于淘宝一口价商品有效期的设定。然而需要明白的是,不同的宝贝上架时间,对于淘宝的搜索排名和展现还是有着特殊的作用。

(四)宝贝上下架操作方法

虽然淘宝一口价发布的宝贝已经没有有效期这一概念,但是以下宝贝上下架的操作方法还是值得卖家们进行尝试。

1. 行业上下架

下面我就以儿童帽子为例，用到的工具是“生意参谋”。通过生意参谋找到相应的行业，找到相应的类目，如图 3-9 所示。

图 3-9　找到相应类目

接下去我们分别以一周和一天的时间维度，来查看该行业该类目的交易数据。如图 3-10 所示，我们可以看到，在一周内，周一和周二，是销售最好的 2 天，周末是最差的。

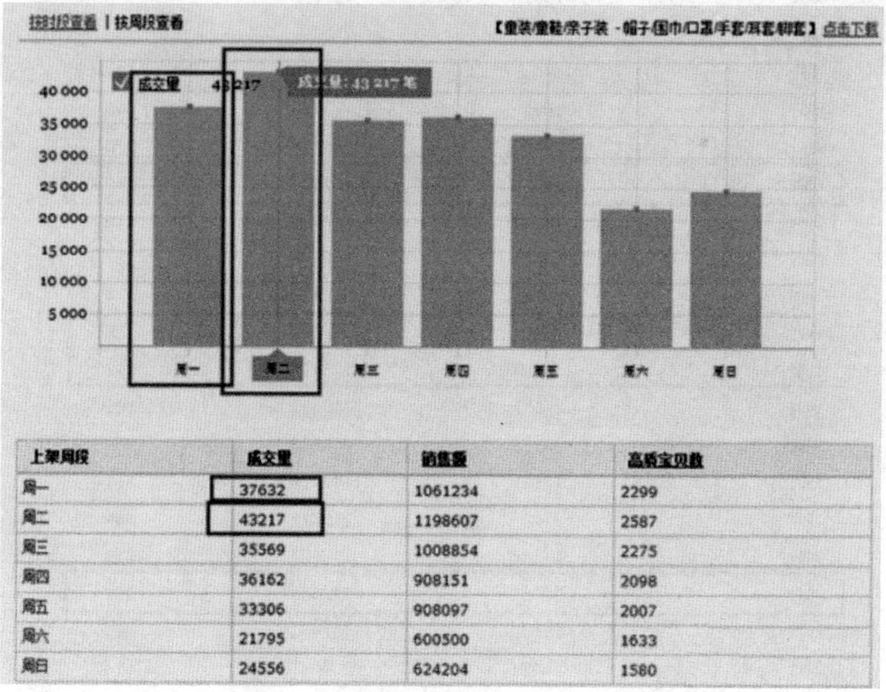

上架周段	成交量	销售额	高销宝贝数
周一	37632	1061234	2299
周二	43217	1198607	2587
周三	35569	1008854	2275
周四	36162	908151	2098
周五	33306	908097	2007
周六	21795	600500	1633
周日	24556	624204	1580

图 3-10　按时间维度查看类目交易数据

如图 3-11 所示，在一天 24 小时时间段内，每天的 10 点、14 点、15 点、21 点，是这个行业销售最好的时间段。所以我们上宝贝的时候，就需要把时间段调整到周一或者周二的 10 点、14 点、15 点和 21 点这几个时间段内，我们才能获取到更多的流量。

通过行业的一周来访高峰时段和一天购买高峰时段数据来看，时间段维度的合理规划也是必不可少的。在购买高峰期上下架，将可能获取更多的展现，同时可能得到更多的销售额。但同时大家也可以看到，在高峰期阶段，竞争的宝贝数是很激烈的，竞争卖家也很多。因此，此方法适合有一定销量的大卖家。

上架时段	成交量	销售额	高质宝贝数
0时	5218	143339	363
1时	3052	52987	113
2时	742	15160	42
3时	111	1905	17
4时	467	6895	9
5时	159	4381	9
6时	166	3720	18
7时	490	12551	42
8时	3600	99272	248
9时	13509	316113	774
10时	24880	772574	1404
11时	15334	437038	1105
12时	14526	357906	737
13时	15986	400450	874
14时	17398	516167	1085
15时	17804	525432	1183
16时	16511	430472	1020
17时	10356	269725	759
18时	7774	198424	539
19时	9502	260412	640
20时	14234	341027	957
21时	16957	513348	1074
22时	15650	425671	891
23时	7803	204665	576

图 3-11　一天不同时段交易数据

2. 销量卡位上下架

新上架的宝贝，基本都是没有销量的，那么我们就去做一些基础销量。比如，我们以帽子为例，你新品的关键词是“儿童帽子大女童夏天”这个关键词，目前有100 笔基础销量，那么我们是去和谁竞争呢？

看搜索关键词后，在搜索结果中，我们可以看到，销量有几百元的，也有几十元的，如图 3-12 所示。

图 3-12　搜索结果页面

我们这个关键词的基础销量是 100 笔，如果你和销量在 600 多笔的宝贝去竞争，很明显，您什么优势都没有。如果您去和销量为 70 多笔的去竞争，那么你还会没有优势吗？所以我们在上架宝贝的时候，就去选择一些比我们销量少的宝贝，就和它排列在一起，这种方法在淘宝上下架规则来看，是非常适合的。

3. 价格卡位上下架

理解了销量卡位上下架，在理解价格卡位上下架，就很容易了。用这个方法去选择你的竞争对手。同样的道理，您的产品如果是卖 30 元，你会去选择和那个去竞争呢？答案很明显，你会选择价格比您高的去竞争，而不是选择价格比你低的来竞争。

那么，对于不同的卖家，这么多方法怎么选择呢？总结的一句话：大卖家利用行业上下架去匹配宝贝，小卖家利用销量和价格去匹配上下架。

三、宝贝信息修改

(一)宝贝信息修改的方法

如果需要编辑已发布宝贝的价格、标题、库存数量和宝贝详情等信息,则通过以下方法找到对应宝贝再进行修改。

(1)首先,进入【卖家中心】—【宝贝管理】—【出售中的宝贝】后,可以通过宝贝列表按照“发布时间”和“销售总量”搜索您需要的宝贝,或者通过销量进行搜索宝贝。

(2)找到对应宝贝后,点击小铅笔在标题当前页进行修改标题;宝贝库存数量同样点击小铅笔后可当前页修改;点击“复制链接”可以复制宝贝链接;宝贝列表右侧有“回到顶部”按钮,点击后可回到当前页顶部,如图 3-13 所示。

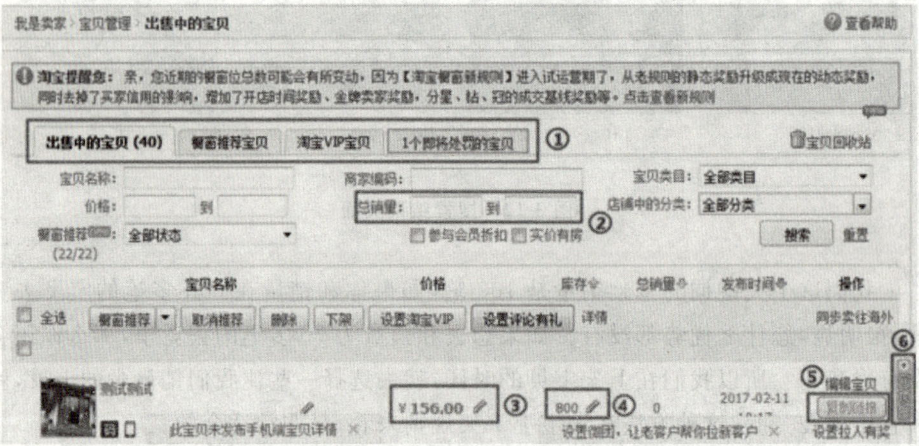

图 3-13　基本信息修改方法

(3)进入宝贝页面,点击右上角的“编辑宝贝”对宝贝详情、宝贝属性等进行修改,如图 3-14 所示。如果拍卖的宝贝已经有人出价,则无此按钮。

(4)若需要修改“仓库中的宝贝”,则需要进入【卖家中心】—【宝贝管理】—【仓库中的宝贝】页面,找到对应宝贝记录,点击“编辑宝贝”,编辑方法同上。

(5)如果该宝贝已经被买家拍下,系统已记录宝贝快照,之后对该宝贝信息的修改不会影响该笔交易信息,如果需要修改交易金额,需要在交易状态为“等待买

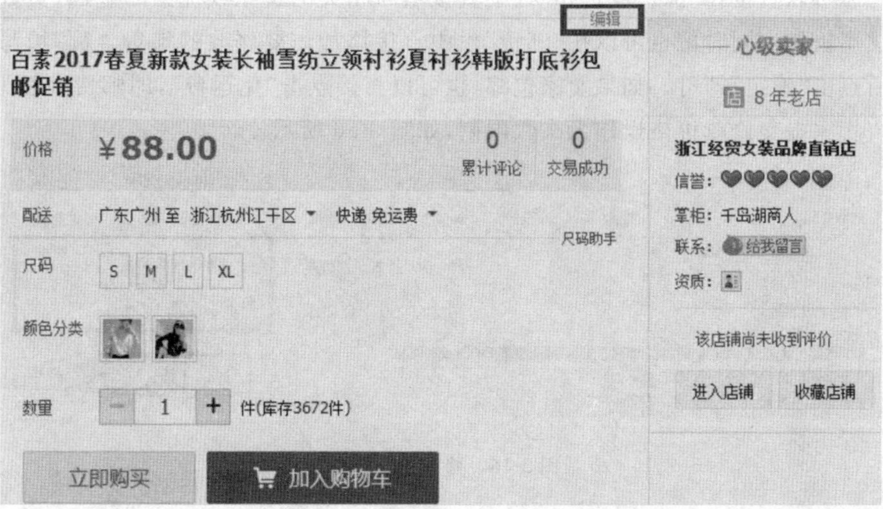

图 3-14　宝贝页面“编辑”入口

家付款”时，登录到【卖家中心】—【已卖出的宝贝】—【等待买家付款】中，找到对应的订单，点击“修改价格”，如图 3-15 所示。

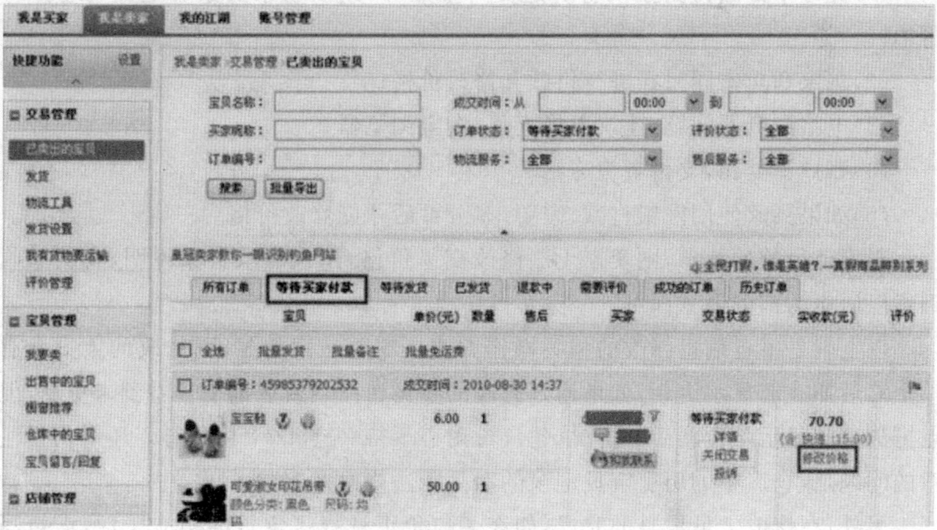

图 3-15　对“等待买家付款”订单修改价格入口

您可以直接在“涨价或折扣”栏中直接填写相关的折扣或优惠的金额(负数代表优惠折扣),同时您也可以在“邮费”栏中直接添加需要修改的邮费金额,填写完成后点击“确定”即可。如果卖家包邮,也可以直接点击“免运费”,即邮费金额为0元。卖家提交修改价格操作无次数限制,如图3-16所示。

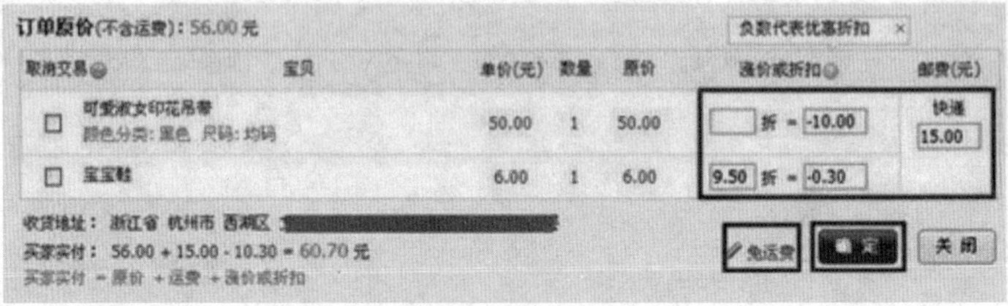

图3-16 修改价格操作

(二)无法修改价格的原因

如果交易状态是“等待买家付款”,卖家没有“修改价格”的按钮,可能的原因是:

(1)此订单是因为买家没有绑定支付宝账号,建议联系买家绑定支付宝账号再拍;

(2)买家和卖家同时在进行付款和修改价格;

(3)电脑浏览器问题,建议更换火狐/淘宝浏览器;

(4)账户被处罚,支付宝被冻结。

(5)如果买家使用网银付款,需要15分钟后才能修改价格.

买家已付款的状态,则卖家无法修改交易价格,建议联系买家说明,在买家收到货以后申请部分退款即可。

以上就是报备信息修改的相关操作方法。需要注意的是,刚修改的宝贝会有一个滞后期才能显示更新,如果遇到修改的宝贝在搜索或店铺中查看到未更新,但点击进去却显示是更新后的情况,建议可耐心等待一会儿,不用担心。还有值得注意的问题是,仓库中的历史宝贝记录的商品无法修改及删除。

另外,在修改宝贝信息的时候,如在一口价下选择了宝贝的相应属性,需填写对应的价格及数量,数量之和必须等于宝贝总数量。

第二节 交易流程及管理

交易流程及管理主要指对店铺交易整个过程各个环节的管理，由于交易是由买卖双方来完成，因此，在不同的环节，我们除了根据需要做出相应的处理外，有时还会需要对新手买家进行操作上的指导，不能因为操作上的问题导致交易无法继续进行下去。在“已卖出的宝贝”里，管理系统根据交易双方的完成情况，显示出不同的交易状态，如图 3-17 所示。

图 3-17 交易管理页面

一、等待买家付款

一旦顾客出价成功，交易状态就会显示出“等待买家付款”，此时可能会遇到的情况有两种，我们根据具体情况来进行处理。

关闭交易：因为商家缺货或者顾客的个人原因等，使交易无法继续完成，此时需要做关闭交易的操作。如果因流拍的原因导致交易关闭，但该商品还有库存，而网上的待售数量却显示为零，那么就还需要同时修改商品的数量，并重新上架销售。

修改价格：交易双方经过协商，对新的售价达成一致或是邮费重复计算，都需要在买方支付货款前先行修改成交价格。

二、等待发货

当顾客支付成功后，卖家需要选择对应的物流公司，填入该笔交易的发货单号，及时将交易状态修改为“已发货”，因为只有在此状态下，顾客才能操作确认收货，同意将货款支付给卖家。

三、退款中

一旦有顾客提出退货申请，我们就要根据他们的退货理由来进行处理，比如在支付了货款以后才发现缺货或者因为个人原因决定取消交易，也有一些顾客是在收到商品以后，以商品质量问题或者型号购买错误等理由申请退货。

买家已付款，但卖家没有发货的退款交易：像这样顾客已付款，但是卖家未发货的退款交易，只要双方经过协商，达成一致后，买家可以在交易生成的 24 小时后提出退款申请。卖家有 5 天的时间来处理退款协议，在看清退款说明和理由后，选择同意买家的退款申请协议并输入支付密码，退款即告完成，该交易关闭，相关款项也同时退还到买家的支付宝账户里。

买家已收到货但不满意，需要进行退货的交易：当买家收到了货物，但是由于商品质量问题、实物与网上描述不符，或者其他商品问题和个人原因表示需要退货，那么只要与卖家沟通协商，达成一致后，可以在交易超时前提出退货申请。

四、需要评价

交易流程结束以后还有一个重要的工作就是对该笔交易进行评价，根据淘宝网的评价规则规定，一个好评计一分，中评不计分，差评扣一分，而交易平台的信用累积对顾客的消费行为有积极的推动和影响，因此，每一笔成功的交易都要及时给予对方评价，如图 3-18 所示为淘宝信誉体系。

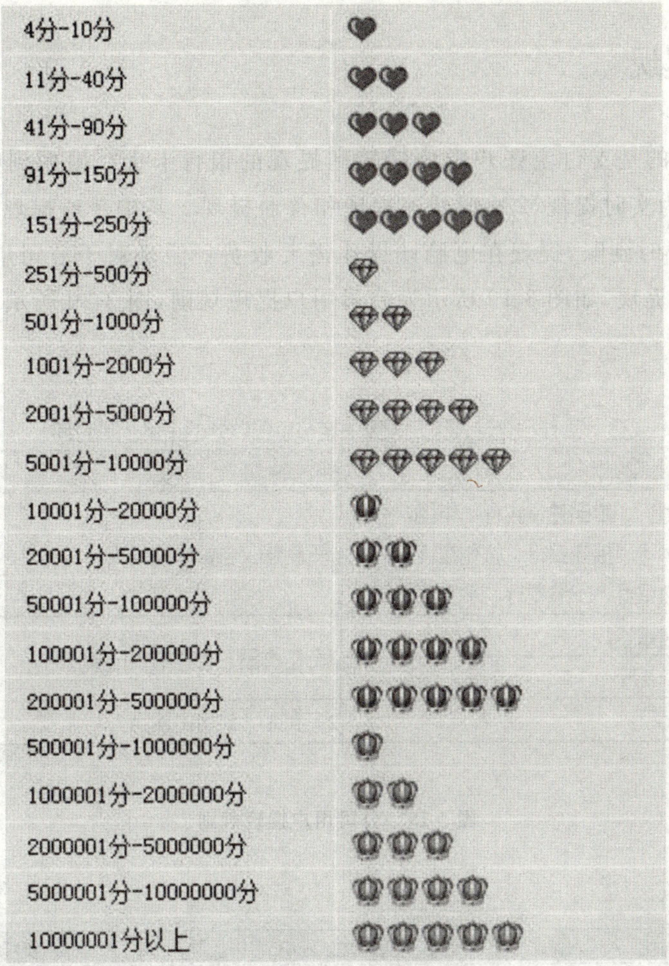

4分-10分	
11分-40分	
41分-90分	
91分-150分	
151分-250分	
251分-500分	
501分-1000分	
1001分-2000分	
2001分-5000分	
5001分-10000分	
10001分-20000分	
20001分-50000分	
50001分-100000分	
100001分-200000分	
200001分-500000分	
500001分-1000000分	
1000001分-2000000分	
2000001分-5000000分	
5000001分-10000000分	
10000001分以上	

图 3-18　淘宝信誉体系

五、关闭的订单

淘宝交易状态显示"交易关闭"是指交易已经完结,并且没有成功。交易关闭有两种情况:第一种是买家未进行付款,后续买家/卖家主动关闭了交易,或者超时买家未付款系统关闭了交易。第二种是交易买家申请未收到货或者需要退货的退款,后续退款成功,交易关闭。

六、提现

提现指的是支付宝账户中的钱转到提现的银行卡上。根据到账时间的不同，提现分为实时提现、2 小时快速提现和普通提现。其中普通提现和实时提现不收费，2 小时到账，提现在电脑端操作需要收费。但是对于公司用户来说，只能使用普通提现，如图 3-19 所示为公司用户提现规则，图 3-20 所示为提现分类及说明。

公司用户：（注：工作日是除周末及国家法定节假日以外的正常上班时间）

支持银行	处理时间
中国工商银行、中国建设银行、中国农业银行、交通银行、招商银行、杭州银行、广发银行、兴业银行、宁波银行、平安银行	2天到账（包括申请当天）
中国邮政储蓄银行	2个工作日，若遇节假日顺延
其他银行≥2万	
其他银行<2万	2天到账（包括申请当天）

图 3-19　公司用户提现规则

分类	公司类型账户	个人类型账户
普通提现额度（不收费）	1、无证书用户：最高20万/（笔·日） 2、证书用户：最高100万/（笔·日） 注：一个账户每日最高提现100万。	不高于49999元/笔； 日累积提现额不超过149997元
普通提现+实时提现+2小时到账提现合计次数（电脑端与无线端共享）	3次/天	3次/天

图 3-20　提现分类及说明

第三节　网店交易数据指标及分析

一、流量数据

（一）UV（访客数）、PV（浏览量）

宝贝页的浏览量和访客数毫无疑问对于该宝贝的成交转化起到至关重要的影响。当店铺在重点推广某个宝贝的时候，或者打造某个爆款时，那么该宝贝的浏览量和访客数就直接决定该宝贝能否有理想的成交量。

（二）访问深度＝PV/UV

指平均每个用户访问了多少个页面，往往访问深度越深代表用户的感兴趣度越高，购买可能性更大。

（三）CTR（点击率）

指用户看到某个广告素材后做了点击动作的比率，图片的设计，页面素材的选择以及文案的选择等都会影响点击率。

（四）跳失率

跳失率代表对用户的吸引力，跳失率越高说明对用户的吸引力就越低。首页作为登录页面的跳失率要尽可能控制在50％以下，毕竟店铺吸引用户的目的是让客户购买商品，完成销售。

二、交易数据

（一）成交额

成交额＝访客数×成交转化率×客单价，因此若要提高成交额，那么可以从提高访客数或者提高成交转化率着手。提高访客数就是我们常提到的流量的问题，可以通过做一些店铺活动或者参加淘宝官方活动、增加直通车、淘宝客推广等来增加到店的免费和付费流量。转化率可以通过优化宝贝的详情页、加强宝贝之前的关联营销等来提高。

(二)退款率

退款率在一定程度可以反映店铺产品或者服务的问题。每个行业的退款率都是不同的,因此要时刻关注行业水平和店铺退款率的差异,并阶段性去分析用户退款的原因并采取相应的措施来降低退款率。

三、商品数据

(一)TOP 榜

访问 TOP 榜与热销榜分别代表用户的兴趣和购买行为,若热门访问的宝贝最后并不存在热销宝贝榜中,说明该宝贝的详情或者描述存在一些问题需要重点进行优化。

(二)商品组合

通过商品组合销售可以提高用户的客单价,这也是一种常见的促销手段。

(三)滞销宝贝

要定期分析滞销宝贝的共性为宝贝选款做指导。

四、会员数据

(一)基础数据

如性别、年龄、地域、用户等级等属性来给店铺做定位,可以更好更精准为目标人群服务。

(二)会员行为

会员的活跃度、访问深度、店铺或者宝贝的停留时间、访问频率、回访率和回购率都是对店铺会员行为的一种描述。

(三)客单价

店铺成交额与客单价是成正比的,可以通过增加关联营销、打包销售等来提高客单价。

五、客服数据

(一)响应率

客服绩效最直观的体现便是网店客服每天接待客户的情况,可以通过其接待人数、用户等待时间等来判定其相应力如何。

(二)满意度

用户对客户的综合满意度是客服能力的体现,如何提高客户的满意度是客服需要不断学习的。

(三)纠纷率

当客户与客服之间无法达成一致,大多时候用户会要求淘宝的介入,而一些有经验的客服往往能够处理地更好。

第四节 农产品网上交易应注意的问题

我国是农业大国,农业发展关系到我国的经济发展,农业经济是关系到我国民生和社会发展的支柱经济,传统经营手段和区域市场拓展是当前我国农产品经营的主要销售渠道。渠道模式的落后和信息不对称使我国农产品经营存在供需失调、经营不畅等问题,转变思维模式,大力拓展农产品经营渠道途径,开展农产品的电子商务活动,促进农民的增产增收和农村的全面进步,是推动新农村建设的有效途径。

在电子商务的推动下,近年来,国家和各级政府纷纷就农业电商发展提出战略性指导建议,特别是这几年兴起的农村电商,更是让广大农民看到了未来农产品销往全世界的前景。

那么,要赶上农村电商的政策之风,把农产品搬到网上,该怎么走呢?这中间有哪些困难需要突破呢?

一、我国农产品电子商务发展存在的问题

(一)网络基础设施建设不足

改革开放以来,我国信息化建设取得了飞跃性的发展,由于农民本身的条件约束,缺乏对农产品信息建设的积极性,同时,我国目前农村网络基础建设仍然不能满足我国农产品电子商务发展的需要。目前我国农产品电子商务网站已超过 4 万多家,涉农网站超过 7 500 家以上。涉农网站和涉农电子商务网站的覆盖率依然较低。我国农产品电子商务与发达国家相比较为落后,农业信息化建设有待进一步发展。

(二)我国农业信息化建设的人才短缺

农产品电子商务的发展需要信息化的人才。目前我国农业信息化发展中技术人员的缺乏较为严重。大多数的信息化人才从事科研和教学工作,这严重地影响了我国农产品电子商务的发展。而农产品电子商务网站的开发、运营和维护等,都需要大量的专门人才。缺乏高素质的农产品电子商务人才是我国农产品市场发展的瓶颈。

(三)农产品的标准化和品牌化建设不完善

农产品受自然条件的影响较为严重,因此农用品需求具有很大的不可预知性。农产品电子商务需要网上交易的农产的产品编码化和分级标准化以及包装规格化,目的是为了交易提供便利。我国地域广阔,农产品的生产者和生产区域都相对分散,附加值较低,品类繁多,因而农产品不能大量保存,且不能统一加工,销售。这严重阻碍着我国农产品电子商务化的发展。

(四)交易主体对农产品电子商务的认识不足

目前,我国农产品电子商务化销售方面缺乏足够的认识。交易主体对电子商务的认知,直接关系到我国农产品电子商务的发展。农民对网络信息知识的缺乏,许多农民及企业没有认识到农产品电子商务的巨大发展潜力。

(五)我国农产品电子商务物流配送体系不健全

由于我国地域广阔、农业生产人员相对分散、生成规模小等因素,建设现代物

流配送体系，是我国农业电子商务发展的关键环节。目前我国农产品电子商务真正实现现代化物流配送的很少。物流配送需要大量的保鲜设备，而目前现在的设备老旧，在运输设备和人力等方面，需要进一步建设和发展。

二、促进农产品网上交易的对策

(一)加快农村信息网络基础设施建设

政府各级部门要做好农村网络基础设施的建设，提高互联网的普及率和使用率，为进一步开展电子商务创造有力的基础条件。继续加强农村信息服务建设，加强对农民进行电子商务知识的普及和宣传。带头开展和建设多媒体信息化服务。解决农村信息化建设投入上的不足。鼓励社会企业积极参与农产品电子商务的建设中来，构建安全、稳定、开放的网络体系。有针对性和目的性地鼓励和帮助农民开展各类商务活动。

(二)培养和引进农业信息化建设的人才

首先，展农业电子商务需要具有现代农产品知识、电子商务知识和网络信息技术的复合型人才。政府应发挥指导作用，鼓励各级教育机构开设农业信息化或电子商务相关专业，培养高素质、多层次的农业信息化人才。重视我国各高校开设"电子商务专业方向"，或者在"农业"相关专业开设电子商务课程，鼓励优秀人才从事农产品电子商务的工作。然后，开展信息化知识的培训及讲座，以提高广大农业人员的信息能力，培养和储备人才。最后，开展远程技术支持，提高劳动者素质，强化农民信息意识，培养高素质的新型农民。

(三)加强农产品标准化与品牌化建设

政府应加强农产品电子商务的质量认证与管理。采取一些优惠措施鼓励有关组织或企业进行品牌申报和产品认证。大力推进农产品名牌战略，加快实施农产品包装化、商标化销售策略。重点抓好五大方面的建设：一是培育大的流通企业，提高农产品流通的组织化程度，通过加强企业内部管理、打破地区封锁等多种方式，促进企业做大做强；二是发展多式联运，在发展公路运输的同时，积极发展海运，降低物流成本，提高物流效率；三是提高农产品流通的信息化水平，实现农产品全过程的控制，解决农产品追溯、信息准确等问题；四是积极推进农产品标准化和品牌化建设；五是采取措施促进农产品流通公益性和市场化的结合。

另外,行业协调机构应引导广大农民和涉农企业执行国家的有关农产品质量重量标准、等级标准、包装规格等,为实现农产品的电子交易奠定基础。

(四)对参与者进行引导和培训,强化电子商务意识

提高人们对农产品电子商务的意识,政府的鼓励和支持是前提。我国农产品电子商务的发展,必须要转变农民的思想观念。更新广大农民对农产品电子商务的认识,企业和政府要积极引导和鼓励网络信息化人才,推广网络信息化应用水平,广大农民朋友只有近距离地接触网络、运用网络、才能了解到农产品电子商务的优势和利益所在。

(五)加强农产品物流体系建设

合理布局,统一规划农产品物流系统,大力提升农产品物流行业的建设。将农产品市场网络覆盖到各个区域中心城市。重点培育一批有实力和潜力的农产品物流企业,加大物流设备、物流技术和人才的引进等方面的资助和指导,将它们发展成为我国农产品物流行业的支柱企业。扎实地建设和培育一批产区大型重点专业市场,在此基础上发展较大的农产品电子交易中心。

在世界信息化和网络化蓬勃发展的大背景下,发展电子商务是大势所趋。作为农业大省的黑龙江要坚定发展农业电子商务的信念,总结借鉴其他地方的先进经验,努力探索创新,借助电子商务这个现代化工具掀起一场农业革命将指日可待。

第四章　网店简单装修

第一节　店标、店招及分类导航的设计

在实体店，消费者可以用五官去感知实物，他们可以看、尝、摸、闻、听等，而在网上买东西，我们的买家就只能通过眼睛去看卖家做的图片和文字，或者去看我们拍的视频。所以，如何让我们的店铺能够在众多店铺中，吸引住买家的眼球，店铺的装修就显得异常重要了。网店首页的布局往往包含头部（店招、店标）、导航、海报（banner）、自定义分类及产品展示区等组成部分，如图 4-1 所示。

一、店铺 LOGO 设计

店铺 LOGO 也称店标，一个网店的店标可作为一个店铺的形象参考，给人的感觉是最直观和最直接的。店标代表着该店铺的风格，店主的品位，产品的特性，也可起到宣传的作用。不同设计的店标对消费者的吸引力是不同的，这会很大程度上决定流量的去向。因此，设计好店标对提升整个店铺的转化也是必要的，图 4-2 为天猫原创品牌 LOGO。

为了更好地设计店标，我们先了解下店标会在哪些位置展现。店标一般会在以下两个位置展现：一是店铺搜索页和品牌展现区，如图 4-3 所示，即当消费者直接搜索店铺关键词的时候所展示的页面；二是淘宝品牌展示区，如图 4-4 所示。

网店店标的设计原则为简洁明了，适当加入抽象的图案或者文字。一般根据店标的组成可以分为纯文字（中文、英文或者中英文结合）、图形及多要素结合 3 种不同类型的网店店标。

图 4-1 店铺首页布局

图 4-2 天猫原创品牌 LOGO

图 4-3　店铺搜索页

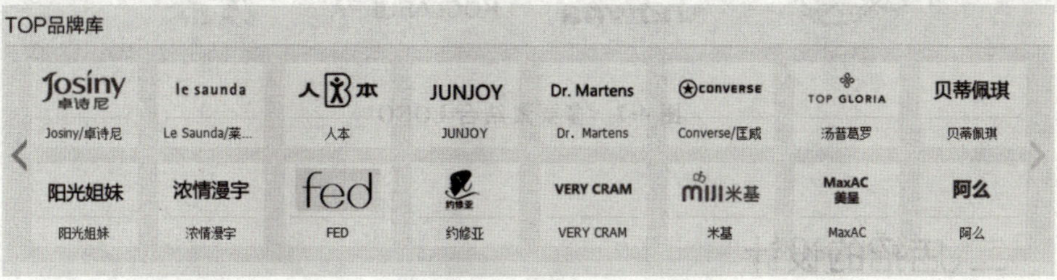

图 4-4　品牌展示区

(一)纯文字

图 4-5 为纯文字 LOGO，对于纯文字的 LOGO 设计往往在于对字体的选择，已经对具体笔画的变化。除此之外，还可以对字体颜色的改变。例如，“秀观唐”是一家主打时尚中国风的女装店铺，所以不论在字体的选择上(隶书＋繁体字)还是对字笔画的变化(加入吉祥云)都凸显了中国风的元素。

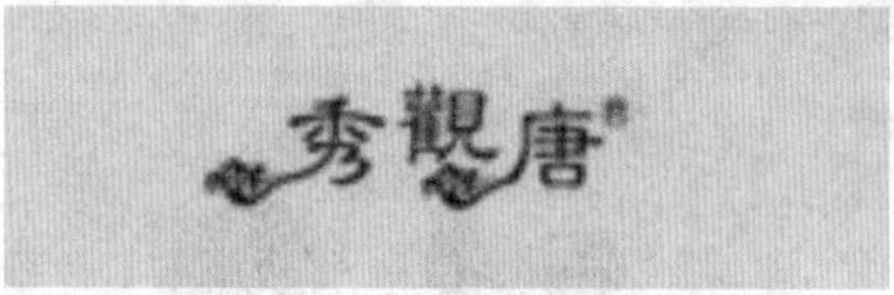

图 4-5　纯文字 LOGO

(二)图形

图 4-6　图形 LOGO

有些网店会用抽象的图形作为店铺 LOGO,所采用的图形简洁明了,辨识度高,能够传达网店的定位,图 4-6 为图形 LOGO。

(三)多要素结合

淘宝网店中最多的一类 LOGO 就是采用图文结合的方式,不仅仅有中文,有英文还有图案,有些中英文会加入图形的元素进行变形,从而能够更好地传达店铺的形象,更便于消费者记忆,图 4-7 为多要素结合 LOGO。

图 4-7　多要素结合 LOGO

二、店招的设计

网店店招一般均由文字和图像素材构成。店招的文字基本可由店名(LOGO)、主营业务、资质、广告宣传语、特色这几种类型构成。图像素材则主要由修饰文字部分的图片和商品图片来构成。

图 4-8 为 HOW. R. U 店铺店招,该店招的设计左侧为网店的 LOGO,边上是网店宣传语,表明了网店的定位和愿景。右侧则是用相应的商品图片和修饰素材来点缀,另外放置了收藏文字,可以通过店招来收藏店铺,也便于通过店招来做推广。

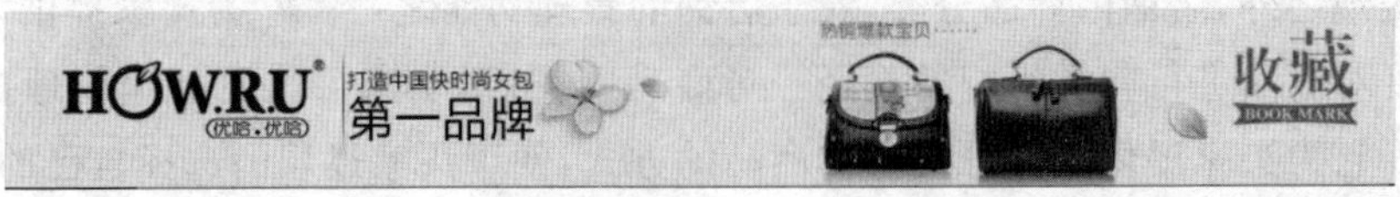

图 4-8 HOW. R. U 店铺店招

现阶段店招设计时，更注重突出店铺 LOGO 和宣传内容，而点缀的修饰图像素材则相应的减少，图 4-9 为代表的店招，更多是说明了自己店铺的名称 LOGO 以及体现主营风格的宣传语以及优惠券活动。

图 4-9 云上生活店铺店招

有些更是采用单一干净的背景居中突出店铺介绍，或者再放置店铺最新的活动和热销产品，如图 4-10 所示。

图 4-10 扣扣家店招

三、类目导航的设计

（一）前台展现

在店铺类目中，不仅可以很方便地用各种图片来展示商品分类，还可以通过图片及图片上的文字来表达想表达的任何内容（例如：欢迎光临、营业时间等）。在店铺中显示更直观更具吸引力，很好地配合了店铺装修和凸显卖家个性。店铺分类的颜色、图案和文字最好是与店招有一定的呼应，这样整体会有一种连续性和协调感。一般情况下，在分类的最下边还会加上联系方式、营业时间、计数器的图片。

除了美观之外，店铺内商品分类，属于店铺的管理功能之一。它为卖家提供了以各种纬度对商品进行归类组织的途径。对商品归类后，卖家可以更好地管理自己的商品。它为买家提供了按分类查询商品的方式，便于买家逐层的选择自己的商品。合理的宝贝分类能够让顾客更快找到想要的宝贝，图 4-11 为某服装店铺的网店分类导航的前台展现。

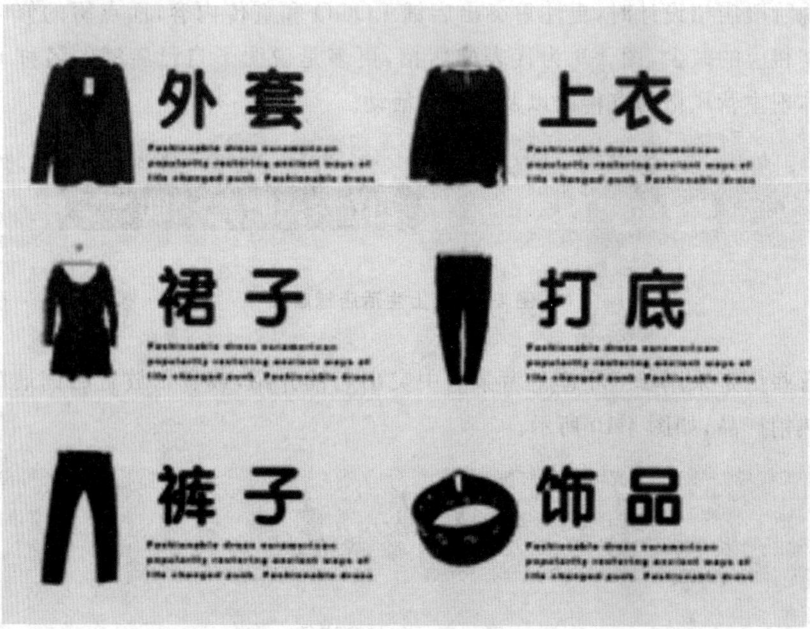

图 4-11　网店分类导航

（二）后台操作

店铺分类分为一级类目和二级类目，这样的设置非常合理，可以方便商家在品牌下面再添加商品属性分类，引导顾客尽快找到他们需要的商品。通过我是卖家→店铺管理→宝贝分类管理即可进行相应的宝贝分类设置，点击“添加图片”为该类目选择前台展现的图片即可。图 4-12 为分类添加图片的后台操作。需要注意的是添加的图片需要已经上传到图片空间，不支持外链。

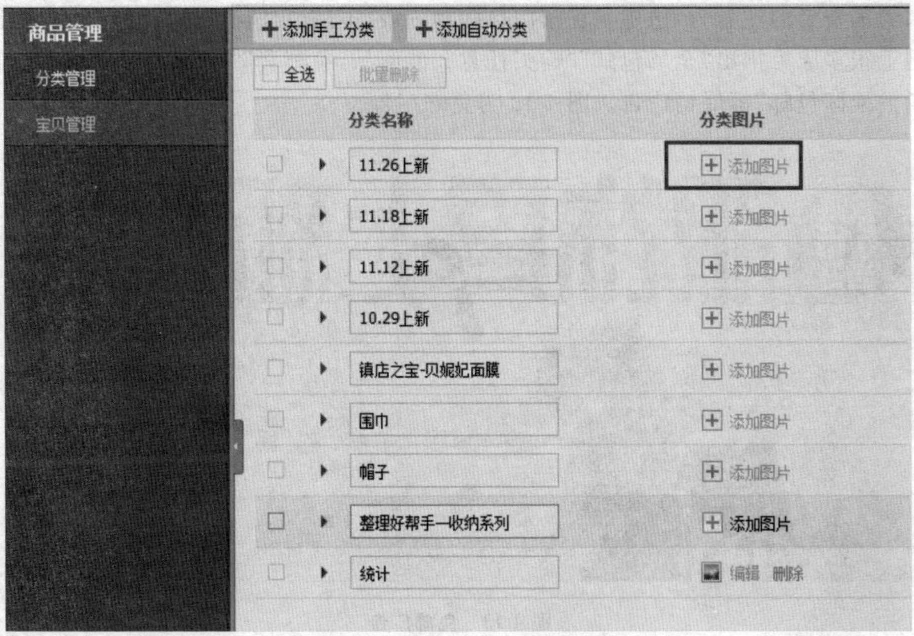

图 4-12 分类添加图片后台操作

第二节 网店促销海报的设计

一、促销海报的分类

网店促销海报根据不同的维度有不同的分类，不同类别的海报在表现上游不同的技巧。

(一)根据促销的利益点划分

根据促销的利益点可以分为免邮广告、折扣广告、临界价格广告、买赠广告、返现广告、秒杀广告、抽奖广告、团购广告等。

1. 免邮广告

免邮广告一般突出关键字“免邮”，买家选中商品购买前主要考虑邮费，于是很多买家，要求店家降低邮费，于是网店店主抓住消费者这一心理，推出免邮广告，吸引力消费者的注意力，仿佛是在家门口购物一般，不需要任何额外费用支出。淘宝网上很多店家推出“全场包邮”“购买任意 3 件商品，免邮费”“全场满 88 包邮”、“江浙沪地区包邮”等促销广告。图 4-13 为免邮广告。

图 4-13　免邮广告

2. 折扣广告

折扣广告一般突出的关键字折扣中的数字，折扣广告强调的是商品的原价值，打折销售，让买家觉得花了更少的钱，买到了更超值的商品，运用这种折扣广告进行促销是直接让利于消费者的，让买家感受到的是实实在在的优惠。虽然利润下降，但是销售量会提高，也就是薄利多销，当然增加了网店的人气，拥有更多顾客，对推动销售起着一定的作用，图 4-14 为折扣广告。

图 4-14　折扣广告

3. 临界广告

临界广告重在消费者对数字的敏感性，比如对“99 元”和“100 元”，是对消费者心理的分析，99 元的产品并超出 100 元时，在视觉上和感觉是总觉得有一定的价格差距，99 元并不显贵，100 元已经是三位数字了，消费者就会有所考虑。这种临界价格广告在实体店中对消费者有着较大的影响，同样在网购上的影响也是不可忽视的，图 4-15 为临界价格。

图 4-15　临界价格

4. 买赠广告

买赠广告突出消费者能得到产品的同时得到一些同类品牌的商品，这样既有了促销的力度更能使得我自己的产品能够被推广出去。如今同一商品在很多的网店销售竞争激烈，在价格又不相上下的情况下，所以卖家往往从人们会贪图一些小利小惠的心理出发，这时赠品就发挥着巨大的推动作用。图 4-16 为买赠广告。

图 4-16　买赠广告

5.返现广告

返现广告,大多数已满多少立减多少的形式出现,或者以红包形式出现。买家往往会为了获得返现的利益而购买商品到一定的金额,卖家提高了销售量,而买家也以更少的钱买到了更多的商品。如淘宝很多店家推出了“满 98 返 10”“满 198 直降 20”等广告,图 4-17 为返现广告。

图 4-17 返现广告

6.其他广告

秒杀广告是让消费者在规定的时间内抢购商品,这一类的广告能够给网店在短时间内带来人气提升和很多顾客。

抽奖广告以抽奖次数的来吸引消费者,让其产生购买欲望,如“满××元,能抽奖 1 次”,“收藏本店,能有 1 次抽奖机会”等。

团购广告是以一种低价策略,利用当前团购热潮中的低价来吸引消费者,如“团购价 39 元”等,图 4-18 为团购广告。

图 4-18 团购广告

(二)根据时间的维度划分

根据时间的维度可以分为日常海报、节日海报和大促海报。

1. 日常促销海报

日常促销海报指的就是在日常的店铺运营时,为了提升转化而组织的较小的活动,例如购物满200包邮等小型促销活动。这类海报主要突出的产品以及店铺的品牌风格。

2. 节日促销海报

节日促销海报是指在节日期间推出的促销海报,例如劳动节、妇女节等相关的节日,这个时候可以根据节日的特性推出活动,例如情人节买即送玫瑰花等。这类海报主要的特色就是海报氛围较为靠近节日气息,例如圣诞节的海报上面就会有雪人、铃铛等相关素材。

3. 大促海报

大促海报是指店铺活动力度较大,也或者是平台有相关的大促活动,例如双十一、双十二,这个时候推出来的店铺促销海报,大促海报带有浓厚的大促气息,暖色系为主要色系。海报的视觉冲击也是比较大的。

二、促销海报三要素

网店促销海报三元素即图形、文字、色彩。这3种元素构成了促销海报所有的表现力。

(一)图形

海报设计,可以通过多种设计手法来表现海报的特殊效果。图形应该包括海报所配插图与起辅助和美化作用的辅助图形。插图应该更多地考虑文字和大小,辅助图形应该考虑衬托、美化的作用。

(二)文字

一个海报设计要是没有文字,那是多么的枯燥乏味。海报设计通过特殊的艺术的字体表现出来时,必然会以一定的方式来展现表达事物的价值。经过精心设计的标准字体与普通印刷字体的差异性在于,除了外观造型不同外,更重要的是它是根据店铺而设计的,对策划的形态、粗细、字间的连接与配置,通过设计者把字体艺术化成立体形式,统一的造型等,都做了细致严谨的规划,比普通字体相比更美观,更具特色。

(三)色彩

一个海报设计效果的好坏,最终是由色彩来体现的。首先要处理好单个色彩与整个画面的关系,应整个面的连续展示效果,以及远近距离上的视觉效果。还要考虑“事物在人们眼中的冲击力”“造成与众不同”印象。构成一幅主色调的画面一般主导色约占75%,衬托色约占20%,点缀色约占5%。用色要尽可能做到明快、简洁;纯色相比混色,其对比较强,显得有冲击力,套色少比套色多更醒目,以减少造成视觉混合的不良后果;能用二色时则无须用三色,这样的用色决不意味着单调和贫乏,而是更经深思熟虑、深刻提炼,能做到言简意深,百看不厌,给人留下深刻的印象。

三、促销海报设计流程

在对网站促销海报设计时,首先考虑网店的产品,然后结合活动主题寻找相关的素材并学习和参考一些大型网店的海报设计,具体如下。

(一)确认活动主题

根据活动的主题确认海报的主要设计方向,比如圣诞节送礼,海报的整体就要突出圣诞节的特性,方便寻找海报素材。或者例如“双十一”活动大促,那么就要先确认活动的主题,如果海报的主题确认为:“双十一”购物狂欢节,那么海报的整体设计风格就要往大促方向走。

(二)确认活动促销信息

活动促销信息的确认是为了方便海报制作的大体风格,如果促销力度较大,那么海报就要做得较为狂野,突出活动的力度。例如日常促销活动的包邮,那么页面的促销风格就较为简单。如果促销活动有满减有包邮,那么就促销气息就需要比较浓重。

(三)确认海报大致框架

确认海报的大致框架以及海报所需的大小,例如模特在左边还是在右边,文案是相对靠上还是靠下,文案的排版方式应该是怎样的等。也可以在海报之前用纸与笔打一下海报的大致框架，以及文案的排版方式。

（四）收集素材

当确认要做的内容的时候，就可以开始寻找需要的素材，例如，选择包包较多的素材图还是选择模特图之类的。素材的选择往往决定海报的质量，同样的素材对象，例如一颗星星，那么就有很多的表现方式。例如较小的星星可以用来点缀背景，较大并且亮度较高的星星可以给文案锦上添花。

（五）制作并保存

当以上步骤都准备齐全的时候就可以开始制作海报了，海报的制作过程需要不断地进行调整，以及不断地进行其他的优化。在制作的过程中如果遇见什么问题的话可以跟运营组以及设计组进行讨论。在制作的过程中要养成保存源文件的好习惯，以方便后期进行优化。

第三节　宝贝详情页设计

宝贝详情页最重要的就是对宝贝的描述，宝贝描述模板就是可以套用在其中的页面版式，发布每个宝贝都可以使用。宝贝描述模板一般设计好后提供给大家使用的是一大篇代码，也就是 html 代码，通过发布宝贝中的 html 编辑器的转换，显示在页面中就是图片和文字了。其中的图片是连的其他网站空间或网络相册的图片。漂亮美观的页面，不仅仅为宝贝描述页面增色不少，而且一定程度上提高了顾客的浏览时间，无形中会多一些生意。宝贝详情除了介绍宝贝信息之外，还可加入店铺活动或者其他宝贝的推荐来提高店铺客单价。

一、宝贝详情构成

宝贝详情是指对您的宝贝的详细介绍，对于宝贝的品牌、款式、尺寸等属性进行具体的选择，使用文字、图片、视频、flash 等对宝贝进行进一步的描述以此丰富您的宝贝介绍，从而让买家对您的商品有更全面的了解。

（一）构成要素

宝贝详情的描述往往由宝贝基本信息、产品全景图、细节图、模特图、店铺或其他说明等构成，如图 4-19 所示。

宝贝介绍
产品全景图
细节图
模特图
店铺或者购物说明等

图 4-19 宝贝详情构成

1. 宝贝介绍

客户要的是产品带来的变化，而不是你的产品多特别。我们要想到客户买了产品，其实是为的改变，怎么样的改变才是客户最关心的。就好像文案上来说，一件衣服说了很多，那还是一件衣服。一件衣服，是什么风格，穿上了可以怎么样。你给他做王婆卖瓜的销售，不如让他憧憬一下未来到底有多美好。

2. 清晰的产品全景图

全景产品可让顾客一览无余，对产品有个全面的印象。按照总-分-总的逻辑，因为这时候，顾客最急最想看到的是产品。把你的产品最好的一面展现出来，最怕的是翻好几屏，还没看到产品，看半天没明白咋回事，这时候有的顾客就直接闪人了。

3. 通过细节图、模特图来做卖点透视

其实这部分是点题的作用。能够一眼看到总体和细节的位置，比较直观地让顾客清晰各个部位的特点。根据不同类目的宝贝可以做。

4. 店铺或者购物说明

除了对店铺一些购物政策，如包邮、配送等的说明外，不同类目的产品说明的点有所不同，比如女装需要给出尺码说明以及不同身材的模特试穿数据来帮助消费者选码。

(二)详情设计注意点

1. 描述做成信息图样式

眼睛是大脑接受信息最主要的来源，人类大脑有 50％的功能用于视觉信息处理，而 90％的大脑处理的信息都是视觉的。我们见的信息里，99％被大脑自动过滤，只有1%大脑会处理，对于淘宝网来说，65%的买家都是视觉驱动转化的，大脑对文字记住20%，而对图片100%印象，可见信息图式的宝贝描述才是宝贝营销的最有力方式。

描述中商品色彩的精彩呈现：消费者在购买特定商品时，会将色彩作为首要考虑因素，色彩具有吸引特定消费群体，改变其消费行为的独体能力，图4-20为不同色彩对消费者的影响。

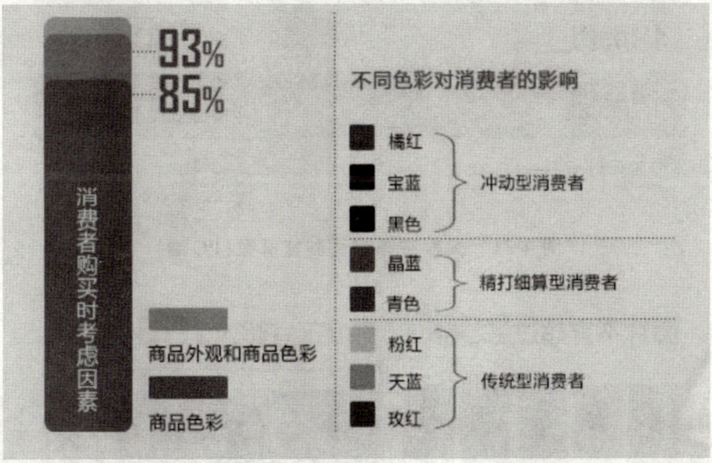

图4-20 不同色彩对消费者的影响

2. 完善的整体色彩设计搭配

对于大多数淘宝买家来说，宝贝描述整体色彩搭配设计不够美观，非人性化的信息堆砌，是造成他们关掉页面的主要原因，42%的买家将宝贝描述的整体设计作为唯一的购物考量标准，因整体页缺乏美感而拒绝二次购买的买家高达52%。

3. 描述页面中内容不宜臃肿

速度和效率是消费者选择将淘宝作为购物途径的众多原因之一，页面打开过慢或者长时间等待加载对于客户来说是无法忍受的。64%的买家会以为页面打开过慢而直接关掉页面，页面内容载入的时间每增加100毫秒，就会导致销量下降1%，图4-21为买家在详情页浏览屏数(PC端)，图4-22为详情页图片使用建议。

浏览屏数	pv占比
2屏以上	48.02%
4屏以上	34.91%
8屏以上	20.31%
13屏以上	10.73%
19屏以上	5.23%
35屏以上	1%

图 4-21　买家在详情页浏览屏数(PC 端)

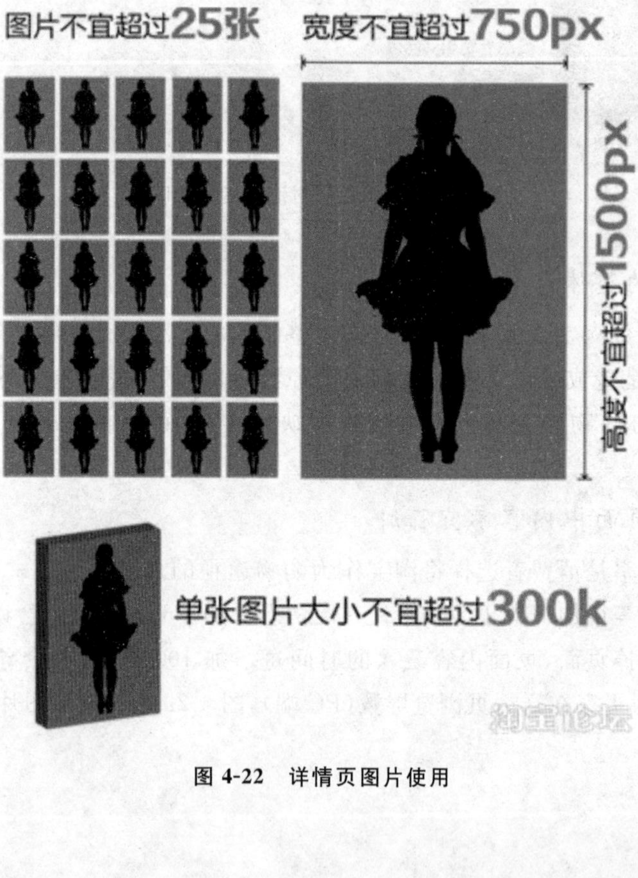
图片不宜超过25张
宽度不宜超过750px
高度不宜超过1500px
单张图片大小不宜超过300k

图 4-22　详情页图片使用

4.要有简单有利的广告语和标识

网店十分依赖广告术语唤起消费者共鸣的能力、准确、精简而有力的广告语可以将买家牢牢地拴在某个店铺中。52%的买家更倾向于打出标识的店铺，65%更乐于购买制作了“品质保障”标识的商品。

5.要有商品的买家口碑信息

买家口碑可以将你的宝贝页面描述浏览转化率带上一个新的高度，所以口碑信息的展现是非常重要的。48%历史买家对于商品质量的肯定，促使48%的新买家下定决心进行购买。历史买家对于店铺服务的肯定，促使25%的新买家下定决心进行购买，历史买家对于商品价位的肯定，促使27%的新买家下决心购买。

6.完善的服务规则展示

完善的服务规划师买家购物时重要的考虑因素，74%的买家喜欢免运费和运费优惠，7%的买家喜欢多种快递渠道选择，清晰的退换货规则和便捷的退换机制收到68%买家的喜爱，79%的买家喜欢发货信息及时跟进服务。

二、关联营销

关联营销有时候也叫绑缚营销，是指一个宝贝页同时放了其他同类、同品牌可搭配的等有关联宝贝。由此达到让客户多看，以便提高成交率。

(一)常用的4种关联营销手段

1.互补产品搭配套餐

互补品是指两种商品之间存在着某种消费依存关系，即一种商品的消费必须与另一种商品的消费相配套。比如手机的详情页中会搭载贴膜、手机壳以及充电宝等产品供消费者选择。图4-23为互补产品搭配套餐。

2.推荐关联购买

当一个店铺通过引流款引入流量，往往希望能够提高用户的客单价往往会在引流款的详情页中加入店铺的利润款作为推荐，或者在新品详情页中加入店铺爆款来促成消费者购买，图4-24为店铺推荐关联购买。

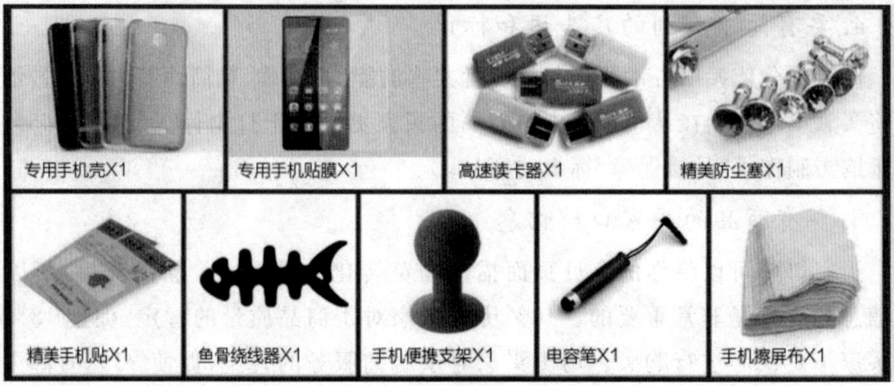

图 4-23　互补产品搭配套餐

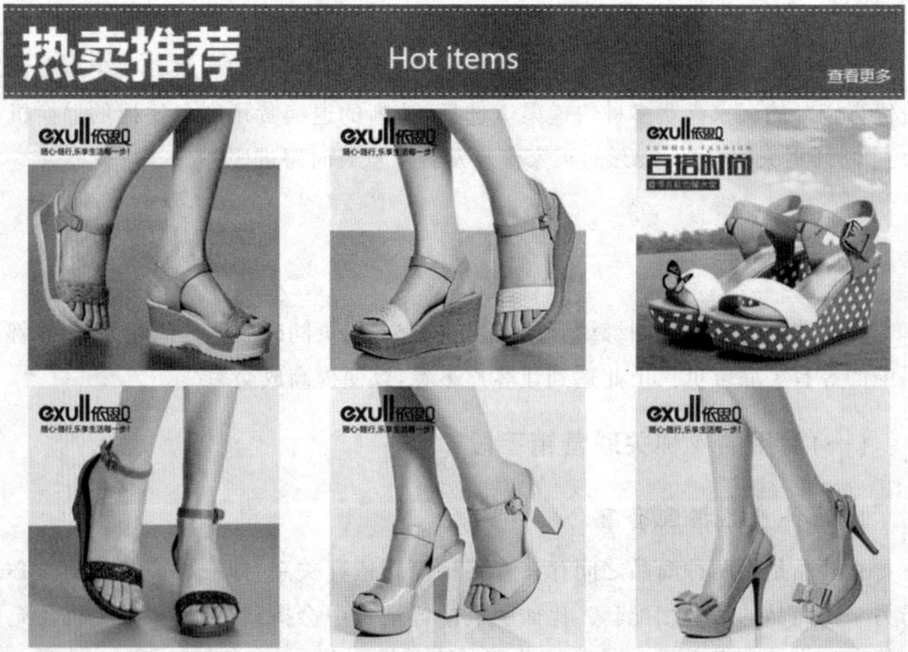

图 4-24　店铺推荐

3. 同质产品多选一

当一个宝贝的转化率比较低时，为了充分利用进入到该宝贝详情页的流量，使得这部分流量不被流失最常见的一个做法就是在该详情页中加入多款同质产品供消费者选择，图 4-25 为防晒衣详情页中加入 N 款不同的防晒衣。

图 4-25　同质产品多选一

4. 羊群效应

羊群效应亦称从众成交法，它是指行销员巧妙地应用客户的从众心理，促使客户消除疑虑，进而快速决策。通常通过“已有×××人购买”或者“热销×××件”来吸引消费者抢购。

(二)关联营销注意点

(1)搭配活动要多层次。

(2)搭配活动一般不超过 3 层。

(3)活动之间要有差异化。

(4)各层次之间的活动形式不重复。

(5)活动中用搭配商品做关联营销要控制好推荐数量。

很多商家想在活动中通过关联推荐来提高转化率和客单价，于是，在活动页面上堆砌大量的推荐商品，但是往往展现越多效果反而越差，这说明盲目推荐只会适得其反。当关联营销的模块里设置 2～4 个产品的时候，效果最为明显。这说明当只有一个选择时，客户需要更多的选择参考；当有很多参考因素时，客户反而会因内耗性比较，变得不耐，甚至失去判断能力，表 4-1 为不同关联活动效果对比。

表 4-1 关联活动效果对比

效果好	效果中	效果差
功能相关产品搭配减价	相似产品或加价升级版	店内热卖商品互相推荐
搭配高单价产品的低单价商品	店铺满减、满赠商品	大量堆砌的关联商品
比客单价多消费 20～30 元的满包邮	数据分析出来的关联商品	完全不相关的商品
低价包邮产品，同单购买不另付邮费	店铺入门级价格带产品	
买二送一产品		

第四节 淘宝店铺装修解决方案

一、淘宝旺铺

旺铺是淘宝的一套专业店铺系统，能管理和装修展示店铺和产品。通过对应的旺铺版本，便可拥有相关店铺装修资格。通过对模块的自主设计和搭配，个性化展示店铺宝贝。卖家还可以通过装修市场，选购适合自己的旺铺整体装修风格，一键完成各种复杂装修。

（一）基础版（所有用户免费使用）

开店成功后默认使用的是旺铺基础版。可以对店铺首页、店内搜索页、默认宝贝详情页进行设置，但是装修效果比较局限，适合小型店铺使用，如图 4-26 所示。

图 4-26 基础版旺铺装修后台

(二)专业版(50 元/月)

可以用 CSS 来实现导航的不同效果,列表页子频道可装修,不同页面可以呈现不同的页面背景,有悬浮旺旺模块等,如图 4-27 所示。

图 4-27　专业版店铺首页展示

(三)行业店铺(600 元/年)

行业店铺是针对不同行业特征专门定制的店铺系统,能个性化展现自身行业优势,含旺铺 2012 年装修功能及行业特定模块,目前可订购的行业店铺有:生态农业店铺、淘宝理财店铺，仅限生态农业店铺、淘宝理财店铺卖家订购，如图 4-28 所示。

图 4-28　青品尚生态农业店铺展示

(四)旺铺 CSS(600 元/季度)

仅供旺铺专业版或者天猫新旺铺用户单独订购。提供多种个性店铺皮肤样式，丰富的模块效果，如图 4-29 所示。功能使用路径点击进入新旺铺店铺后台→装修→样式编辑→背景设置→自定义 CSS。

图 4-29　CSS 效果展示

二、装修市场

装修市场(http://zxn.taobao.com/index.htm)是一个由第三方设计师为淘宝店铺设计各类装修模板的平台，卖家对市场上心仪的模板都可以进行免费试用。因为有些卖家开店初期没有大量的精力花在店铺装修上，这时候可以通过淘宝装修市场来快速进行店铺装修，而中小卖家可以实现个性化装修，大卖家可以实现品牌化装修的诉求，图 4-30 为装修市场首页。

图 4-30 装修市场首页

(一)购买及使用模板

(1)在装修市场选择模板并购买。

(2)在我的淘宝→我是卖家→店铺装修→“我购买的模板”中便可查询已购买的模板，如图 4-31 所示。

(3)点击要应用的模板的图片→应用→直接应用，如图 4-32 所示，即可应用购买的模板。

(4)点击应用后会进入装修界面，装修完成后，点击预览查看效果，点击发布，装修生效。只有点击发布，才能使装修效果生效，如图 4-33 所示。

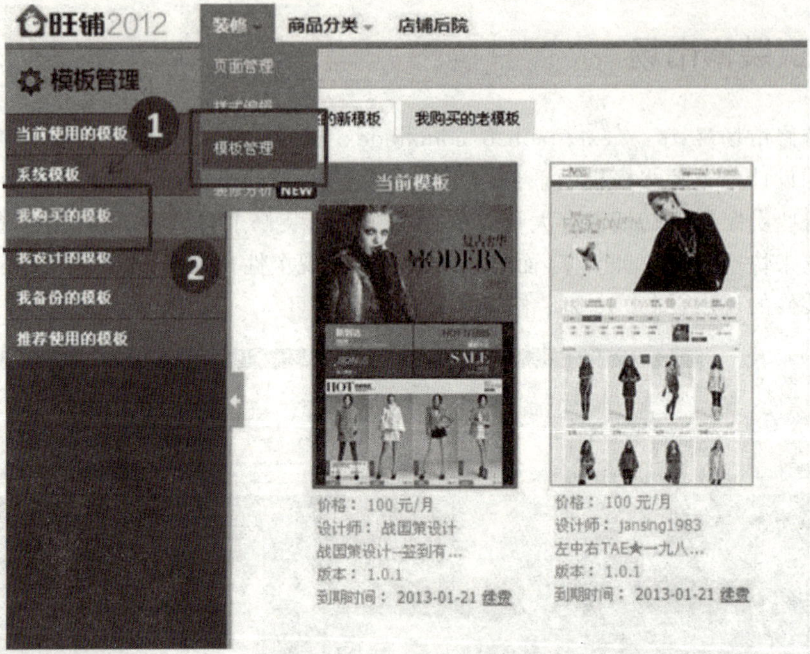

图 4-31　查看已购买的模板

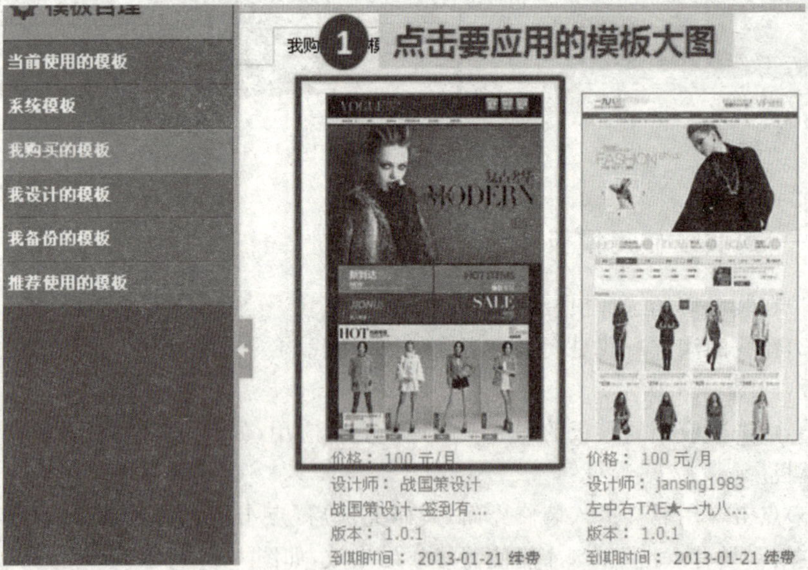

图 4-32　模板的应用步骤

图 4-33　模板发布

(二)模板类型

1. 简易模板

卖家在旺铺装修系统后台设计后加入一键安装功能之后的模板，相对高级模板来说简易模板实现的功能和效果展示不如高级模板丰富。对卖家来说编辑模块时，需要修改代码，不小心删除或者代码修改错误时，系统无法自动恢复，需要重置代码，重新编辑。加载速度慢。简易模板是在原有的基础模块上进行皮肤美化，一套模板最多有 3 种风格。

2. 高级模板

设计师在 SKD(本地软件开发包)上设计出来的模板，布局灵活，页面更美观，可以设计成多种促销模块，操作更简单。采用可视化编辑操作界面，只需要输入商品链接自动加载宝贝相关信息，不需要手动逐项添加。删除后通过系统添加模块完成，加载速度快。高级模板除美化皮肤以外，增加了很多设计师功能模块，一套模板最多有 20 个设计师模块

3. JS 特效模板

JS 即 Javascript，是一种 Web 开发的脚本语言，常用于 Html 页面添加动态效果和功能，因此 JS 特效模板就是应用了 JS 技术的模板。JS 特效模板比高级模板拥有更炫更丰富的特效展示，可以制作更多动画效果如图片轮播、跑马灯、放大镜以及增加人机互动等，图 4-34 为利用 JS 实现切换栏目的效果。

图 4-34　通过 JS 实现切换栏目

第五章　网店营销推广

第一节　淘宝排名规则

一、淘宝电脑端搜索排名规则

(一)淘宝搜索排名的大致规则

淘宝的搜索排名规则一致在调整和改进，以做到合理、规范，同时也是为了避免部分卖家针对淘宝搜索排名规则做的一些优化行为影响淘宝的买家搜索体验，促进淘宝自身持续发展。因此，作为卖家应时刻关注淘宝给出的搜索排名新规，并做出及时的店铺、宝贝优化措施，使店铺和宝贝排名靠前。

同时，我们也应该注意到，虽然淘宝搜索排名规则一直在优化调整，但是期大致的规则变化其实不会很大，主要包括以下一些因素：动态评分，收藏人气，发货速度，销量，转化率，是否橱窗推荐，浏览量，下架时间，公益宝贝，价格，消费保障等。在进行淘宝搜索排名优化的时候，应注意对这些因素的优化。

(1)所有因素形成一个综合人气，即淘宝搜索排名的默认综合排名。默认综合排名＝人气＋销量＋信誉＋价格，其中人气＝浏览量＋收藏量。

(2)标题检索时主要扫描宝贝的相关度，类目，属性等，多填写相关度差的关键词，不一定会被买家搜索到，反而排名也不会太靠前。

(3)新品排名靠前这就不用多说了，淘宝一直很注重，新品就是不存在同款并且第一次上架的产品。

(4)公益宝贝占排名权重，没设置公益宝贝的去设置一下，设置好有一定的排名提升。

(5)橱窗推荐产品排名靠前，这个大家都知道。

(6)越到下架时间的产品排名靠前，但是这个因素今年权重有所降低，但是依然有一定的影响，选择合适的时间，避开大卖家的商品的下架时间。

(7)收藏人气高,浏览高的产品排名靠前,首先是这些收藏和浏览产生的是真实的,软件刷的淘宝是知道的。

(8)转化高的产品排名靠前,转化高说明产品受欢迎,淘宝系统自动默认靠前,转化率可以人工控制的,避免过度操作,导致宝贝降权。

(9)信誉不影响排名,信誉高低不影响排名,不管星店还是金冠店这点排名是公平的。

(10)新店排名靠前,在其他因素几乎差不多情况下,淘宝每个新开店都是有扶持的。

(二)淘宝搜索排名规则未来可能的优化趋势

1.基础商品准确性与规范性

从我们官方来讲,目前是在几个主要的方向在做工作,简单地讲,是从商品的角度,我们现在大力推进的就是商品的规范性和商品信息的准确性,大家都知道搜索的核心就是商品和用户的匹配,淘宝现在大量的商品信息准确性是不够的,用户会在标题写很多的信息,而有的信息是互相矛盾的,跟商品的实际情况并不符合,比如说类目属性啊等等很多东西都是写错的或者是没有填写的,这样呢就会给我们的消费者以及搜索引擎带来很大问题,也会影响消费者的体验,所以说呢从2015—2016年我们第一个方向就是希望能够提升商品的规范性和准确性。商品类目属性等填写规范准确以及主图详情页全部为真实可靠的商品将会在搜索时获得更多的流量。

2.商品品质

就商品品质而言,一方面我们都知道淘宝是一个很大的商品市场,这里面很多商品品质相对来说是比较好的,是比较靠谱的;另一方面也的确是有些商品的品质是不太好的,所以呢从今年开始我们希望通过个性化的一些方式把那种品质好的,对消费者体验更好的商品让它有更多的机会浮现出来。当然我们提升品质并不是说以后只有品质好的商品才能浮现出来,实际上品质背后有一个性价比的问题,就像我刚才讲的我们是希望通过个性化的办法实现这个效果,我们会加大对高性价比以及中高端的商品相匹配的用户的扶持。

3.推进个性化

我们大力的推进个性化,我们都知道淘宝是个很大的市场,无论是从买家还是卖家的角度,我们都说是万能的淘宝,实际各种各样的商品,无论是还是商品的特点还是刚才说的不同商品的品质,以至于不同卖家的服务能力等,这些东西都可以给不同类型的消费者带来不一样的体验，或者说我们精准的匹配就可以带来最有的体验。这一点即使我们在过去的一两年一直到将来都会去大力推进的。

（三）淘宝搜索排名应注意的分项规则

1.类目不匹配对搜索的影响

（1）销量排序、价格排序搜索不到。

（2）销量下排序，有销量宝贝排序会在无销量排序的后面。

（3）类目匹配度对综合排序和人气排序会有间接影响。

（4）放置一级类目为：其他，比如：其他>>定金，其他>>邮费，淘宝网首页搜索是默认不展示的。不是此类商品，不要发布这个类目下。

2.销量排序

淘宝网首页输入关键词搜索，销量下排序显示确认收货人数，首先和大家说明计算的逻辑，销量下确认收货人数是：统计最近 30 天交易成功的数量，去除重复购买，去除退货退款，去除不计算销量活动，汇总进行计算。系统设置好计算逻辑，全网宝贝销量统一计算。

销量排序搜索展示如图 5-1 所示，确认收货人数依次降低。

图 5-1　销量排序搜索展示

3. 价格排序

价格排序是指依据商品价格依次排序，针对价格排序可以从两个维度分析。

(1)普通商品价格排序。分为价格从低到高，价格从高到低，总价从低到高，总价从高到低。总价是包含邮费的价格。

(2)涉及商品重量的商品价格排序，分为单价从低到高，单价从高到低，价格从低到高，价格从高到低。单价排序是系统自动换算每 500 克商品的价格，进行排序，如图 5-2 所示。

图 5-2 单价排序搜索展示

价格从低到高，卖家自己设置发布宝贝的价格，依次从低到高排序，不包含邮费的价格，如图 5-3 所示。

4. 商品属性对搜索排名的影响

为什么我搜索关键词，展现的结果中标题里面没有这个关键词，却可以搜索到呢？询问是否淘宝系统出现问题了呢？我的宝贝能不能也出现在里面增加一些展现机会呢？下面我们简单介绍一下其中的缘由。

图 5-3 价格排序搜索展示

(1)搜索展示说明。首先和大家展示一下搜索结果,搜索关键词,标题里面没有关键词,但能搜索展示出来对应的商品。如图 5-4 所示,当我们搜索关键词“短袖 T 恤”,在出现的结果中,并不全是含有关键词“短袖 T 恤”的。从截图可以看到,搜索结果中第一个、第三个宝贝只有 T 恤,没有短袖这个词,其他两个宝贝都是有短袖 T 恤的关键词。

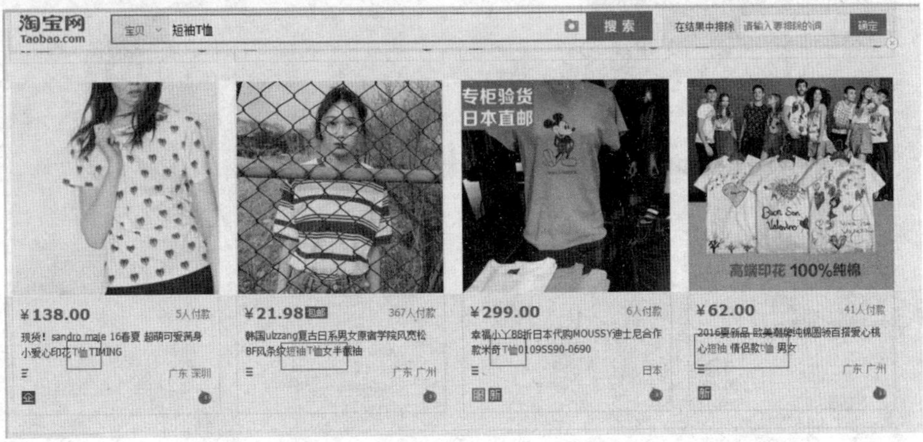

图 5-4 关键词“短袖 T 恤”搜索结果

再如图 5-5 所示，当我们搜索关键词“三防机”时，搜索结果发现，第二个宝贝没有出现“三防”这个关键词，但是也能出现在搜索结果中。

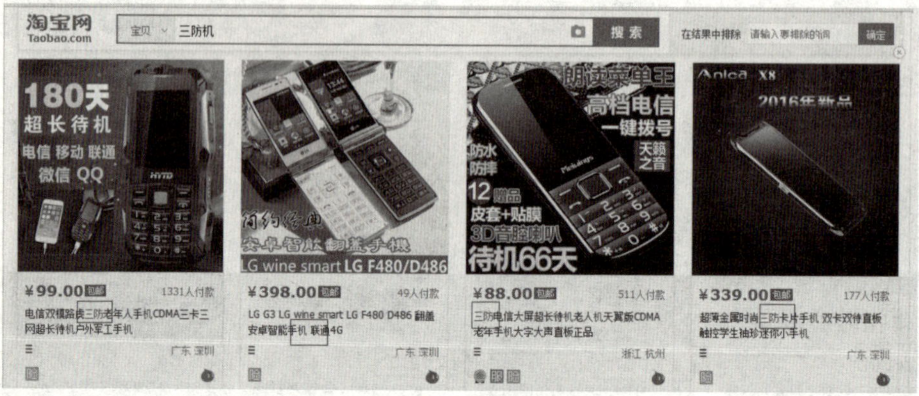

图 5-5 关键词“三防机”搜索结果

(2)搜索展现的原因。根据分析发现，出现这种搜索结果的原因是系统去抓取宝贝的属性，识别到宝贝有相关的属性描述和功能等因素。属性方面包含很多的属性内容，下面主要从以下几个方面进行分析。

①商品详情属性。如图 5-6 所示，商品详情属性有描述相关的词。

图 5-6 商品属性包含关键词

②详情页描述有相关关键词。商品发布时，关于商品本身有相关说明这个商品，系统去检测也是更加有利于搜索的。比如图 5-7 所示，这个宝贝标题中并没有关键词“三防机”，但在详情页有描述说明，但也能搜索展示出来。

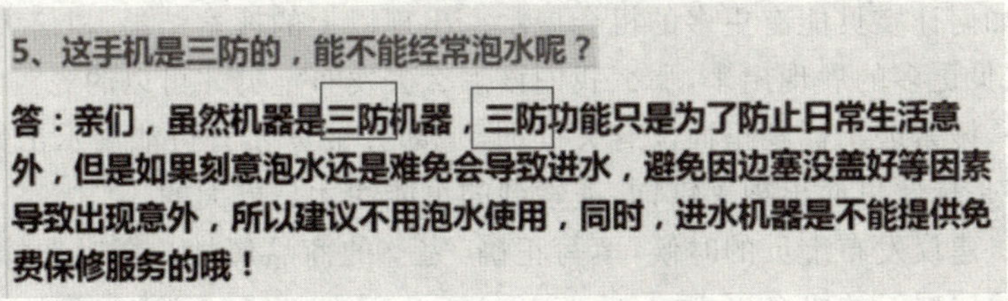

图 5-7　详情页描述有相关关键词

③商品类目。商品在发布时，标题里没有相关的关键词，但是所在类目是正确的，能反馈商品的实际属性，也是有机会能展示出来的。

类目推荐建议是通过卖家中心—宝贝管理—发布宝贝，这个入口进行测试核实，发布到正确的类目下面，如图 5-8 所示。

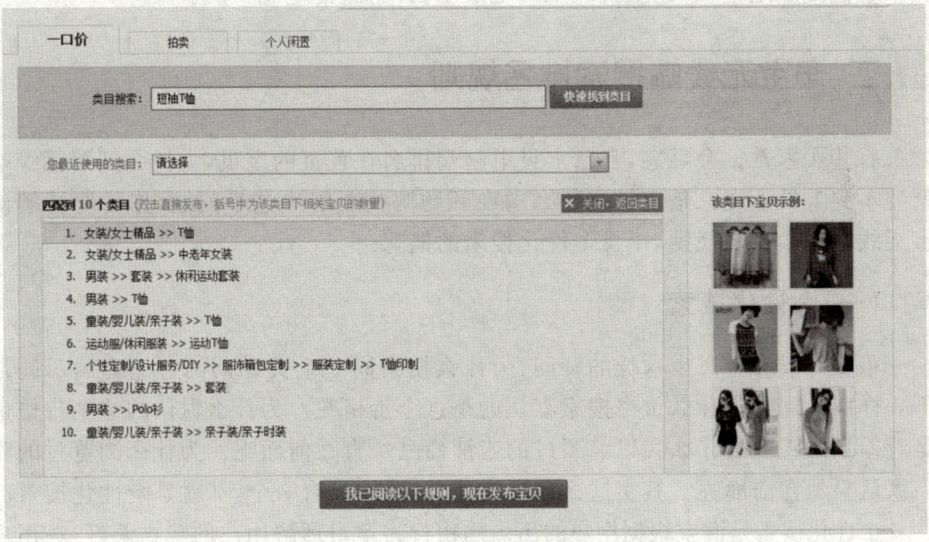

图 5-8　类目检测与推荐

④商品本身功能和用途。对于一些商品有固定型号，标题里面不一定有说明相关的功能，但是对于该商品固定型号默认有相关功能，搜索时标题里面没有相关关键词，也是会有机会能展示出来的。对于电子产品，比如手机、电脑、家电等这些

是更多的。

宝贝本身包含很多的内容，副标题、主图等相关属性也是多注意，这里主要从商品属性、详情描述、商品类目、商品本身功能和用途 4 个方面进行分析。

(3)如何让宝贝能有更多的机会展示。出现以上的搜索结果，相信大家都是希望能让宝贝更多的展现出来，那么我们该怎么去发布宝贝才可以的呢？

第一，搜索展示标题里面没有关键词，是部分宝贝才有可能展示出来的，建议卖家最好是标题里面出现关键词，搜索到的可能性才是更大的。

第二，建议发布宝贝的时候，填写正确、完整的商品属性。同时选择正确的类目，系统检测展示的机会更大。

第三，建议亲们在经营过程中，店铺的售后退款、动态评分、转化率等能及时处理好，对宝贝的综合排名更加有帮助。

当然搜索结果也是会有变动更新的，属性描述完善的宝贝展现的机会更大，搜索结果也不是一直不变的，亲们做好以上三点是会更加有机会展示的。属性一直是商品的重要组成部分，淘宝对于商品的属性准确描述一直也是非常的重视，希望卖家也能更加地重视，让宝贝能更好地展示出来，店铺生意兴隆。

二、淘宝无线端搜索排名规则

有些卖家常常会疑惑，自己宝贝电脑端排名在首页的宝贝，为什么到了无线端就搜不到宝贝了呢？是宝贝有什么潜在问题吗？要解决这个问题，你需要了解淘宝无线端搜索排名规则，以及个性化搜索的概念。

(一)个性化搜索

很多时候你会产生这样的疑问：为什么搜索同一个关键词两台电脑展示的是不一样商品呢？为什么价格搜索默认的是这个价格呢？为什么默认的这个价格也是有差别的呢？为什么我以前买过的店铺商品一直在前面呢？为什么浏览过的商品默认显示在前面呢？其实这么多的为什么，原因只有一个，那就是个性化搜索。

个性化搜索是淘宝根据用户的历史购物行为学习理解用户的购物偏好，在用户搜索的过程中融入用户的个性化偏好信息，将符合用户偏好的商品、店铺优先展示。

个性化前后对比

举例 1：以搜索“连衣裙”。

(1)个性化排序之前。没有做个性化排序前，所有用户看到的结果都是如下图 5-9 所示方式进行排序。

图 5-9 个性化排序前的搜索结果页面

(2)个性化排序之后。在进行个性化排序之后，每个用户看到的结果可能是完全不一样的，如图 5-10 所示，喜欢森系的用户看到的结果是这样的。

图 5-10 喜欢森系的用户的搜索结果

喜欢民族风的用户看到的搜索结果页面则是如图 5-11 所示。

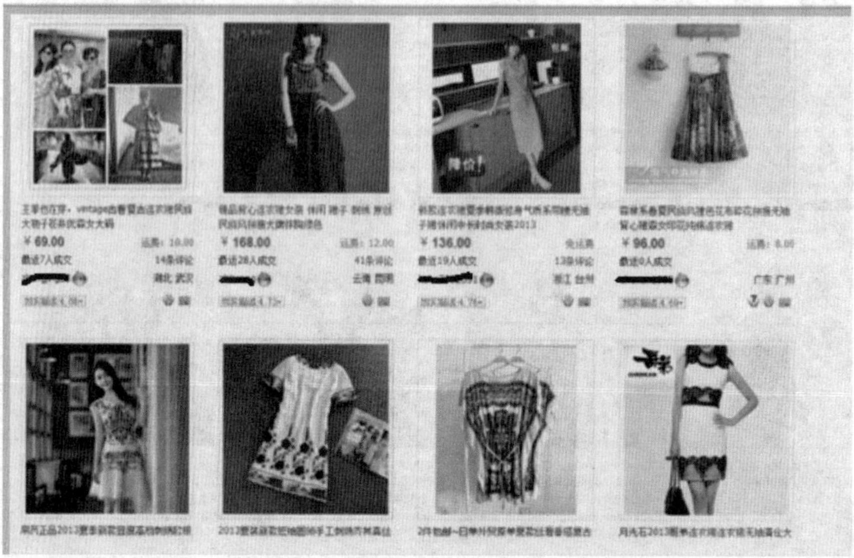

图 5-11　喜欢民族风的用户的搜索结果

喜欢高品质的用户看到的搜索结果页面如图 5-12 所示。

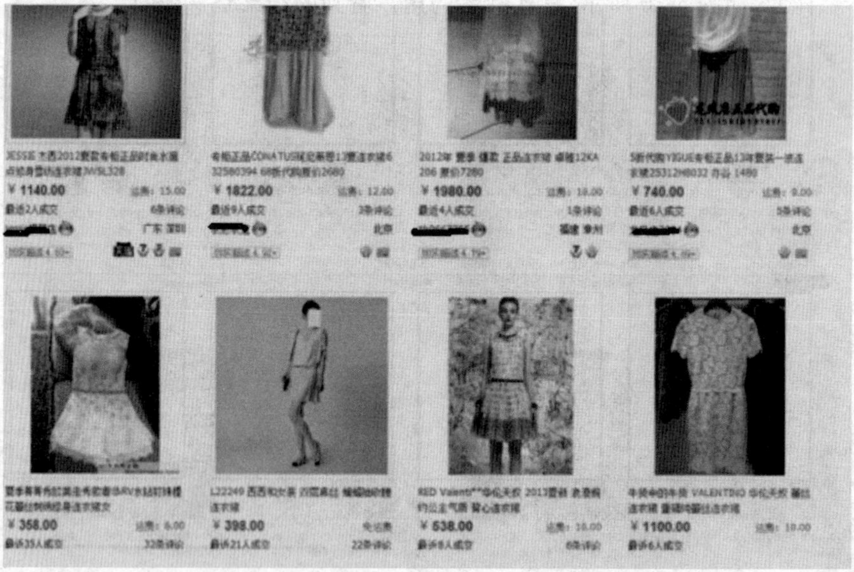

图 5-12　喜欢高品质的用户的搜索结果

举例 2:无线端个性化推荐,搜索同样的关键词搜索结果也是不同的(手机直通车的除外)。男生和女生搜索出来的结果展示如图 5-13 所示。

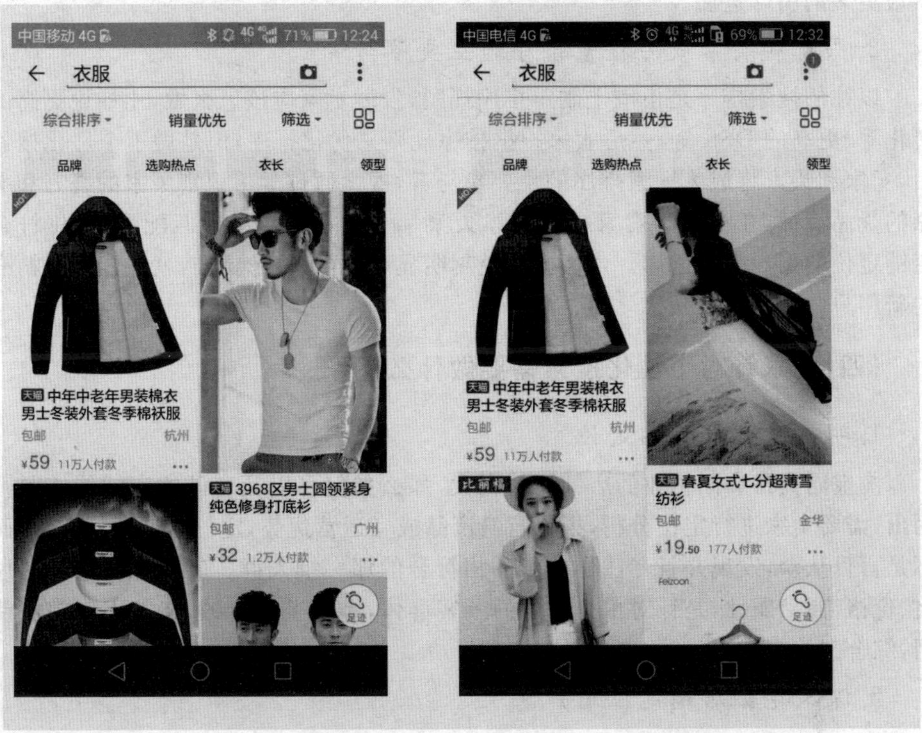

图 5-13　男生搜索结果(左)和女生搜索结果(右)

(二)个性化的维度有哪些

目前,淘宝搜索排序中引入的用户偏好维度包括:性别,购买力,店铺,浏览记录、搜索习惯等。未来还将继续扩展维度,逐渐丰富对用户偏好的刻画,从而让用户更加高效的选购,给商家更加精准的流量。

(三)个性化搜索对卖家的价值

1. 进店用户更加精准

通过对消费者历史行为的喜好识别和卖家货品的识别,淘宝搜索将符合店铺定位的人群引导进店,这部分流量相比以前非个性化的流量购买转化效率更高;例如，一家店铺的定位是欧美风高端女性服装，以往通过搜索进店的用户可能什么样的用户都会有，做了个性化之后带有“女性，高购买力，喜好欧美风”的用户通过搜索被更多的引导进店。

2. 买家和卖家成为搜索排序的主要参与者

以往的搜索排序是由淘宝制定排序规则，告诉卖家应该怎么做，比如说更高的转化率、更高的 DSR 等，然后卖家根据排序规则来优化排序，但是做了个性化搜索后，卖家和买家将成为搜索排序的主要参与者，搜索通过学习识别买家的喜好和卖家的货品特征，在买家和卖家之间搭建买家-商品、买家-店铺的匹配平台，将符合店铺定位的用户引导进店。当卖家特色越明显，人群定位越精准，就越能获得精准的新用户。

（四）卖家针对个性化搜索需要做什么工作

1. 明确店铺和商品定位

淘宝同类目和同行业的店铺比较庞大，那么如何可以让自己的店铺能够脱颖而出，需要卖家进行定位分析，根据自身产品或者运营优势，定位店铺目标人群，而不是盲目从众，发现并且专注你的产品相符合的那一批人群。店铺定位商品的风格、价格、商品属性，是针对单一维度的顾客群体，小而美的店铺，还是大家都能使用，综合型的店铺，建议前期先做好定位。

2. 深入挖掘店铺定位用户需求

个性化意味着你需要比以前花更多的将精力在你的用户身上，深入去挖掘用户的需求，知道用户喜欢什么样的产品，什么样的价格，进行深耕细作。

3. 精准服务定位用户

通过数据分析以及会员营销等一系列方式，了解并且服务好你的定位用户，提升你的店铺和商品用户体验。

三、淘宝店铺搜索排名规则

店铺搜索是根据用户搜索的关键词，然后针对所有包含这些关键词信息的店铺汇总后，根据店铺名称关键词和系统检测后台的类目等相关因素进行排序的，并不是按照文字匹配度排序的，所以并不是输入某一卖家的店铺名称就只展示该卖家的店铺。

店铺搜索展示如图 5-14 所示。

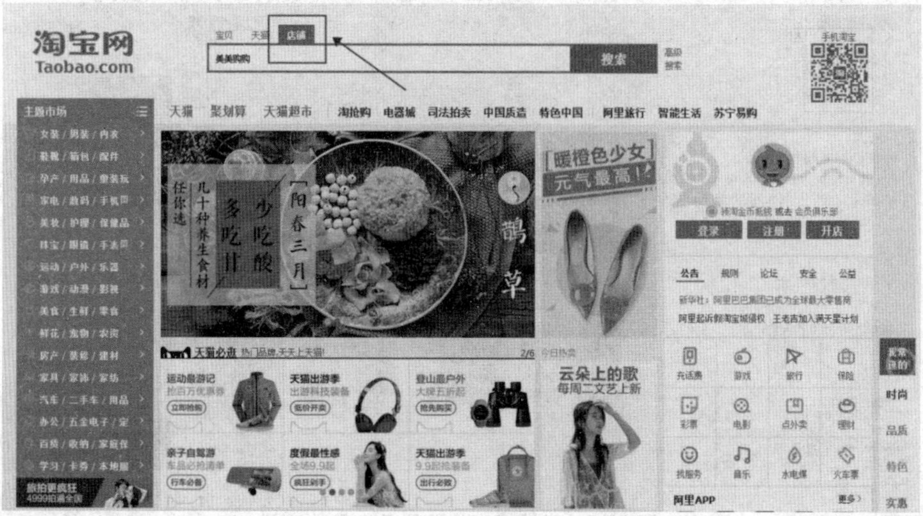

图 5-14 店铺搜索展示

店铺搜索遇到的问题总结五个方面：

(一)为什么搜索不到我的店铺

卖家会反馈搜索我店铺的全称出来的不是我的店铺，而是不相关的一些其他店铺，从头找到最后也没有自己的店铺。

(1)是否刚修改店铺名称。

(2)如果店铺名称刚刚修改，系统需要时间去同步，不要着急，建议关注 24～48 小时。

(3)开店有一段时间了，但是一直搜索不到自己的店铺。

如图 5-15 所示，搜索展示有 100 页，但是找不到自己的店铺，这个情况下，通常都是根据所有包含这些文字的店铺汇总后店铺数超过 100 页，而卖家自己的店铺综合数据不高，无法展示，这时点击店铺搜索，范围就会缩小很多，就会容易找到自己的店铺了。

所以最好的店铺名是搜出来只有 1 页的搜索结果，或者只有 1 个唯一的搜索结果，当然随着后面店铺增多，也是会有增加的趋势的。

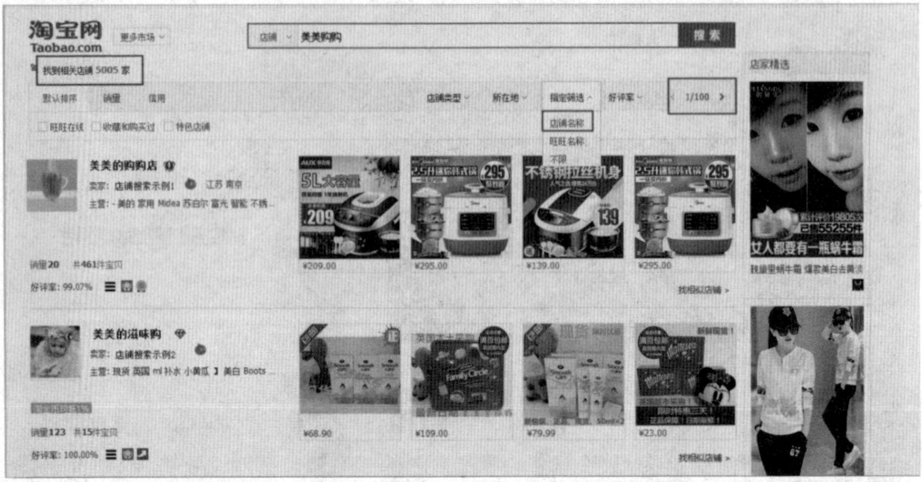

图 5-15　店铺搜索如何展示自己的店铺

(二)店铺搜索展示的销量是怎么统计的

卖家会不了解店铺搜索展示时的销量是怎么统计的，这里是统计店铺最近 30 天的确认收货的人数，去除重复购买和申请退款的人数，如图 5-16 所示。

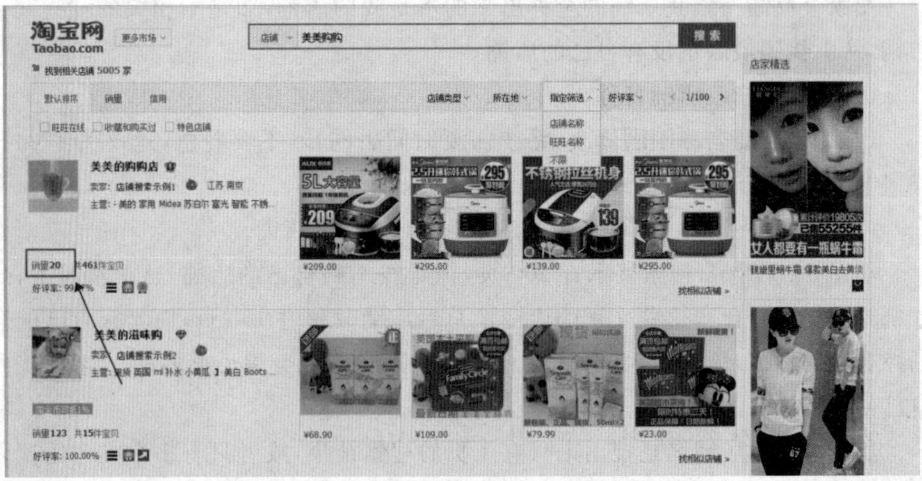

图 5-16　店铺搜索展示的销量

(三)店铺的主营怎么设置

店铺搜索的主营是结合自己设置和系统检测推荐结合,自己设置是在卖家中心-店铺管理-店铺基本设置-店铺简介,图 5-17 为店铺的主营展示情况。

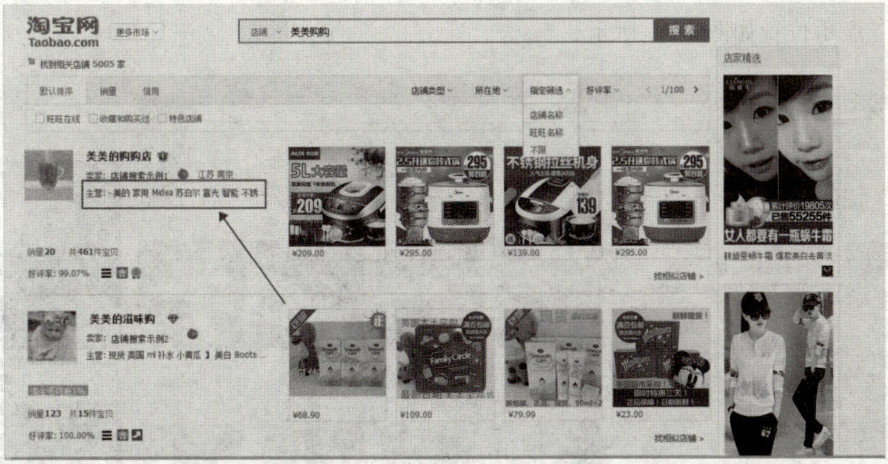

图 5-17　店铺的主营展示结果

店铺主营设置入口截图如图 5-18 所示。

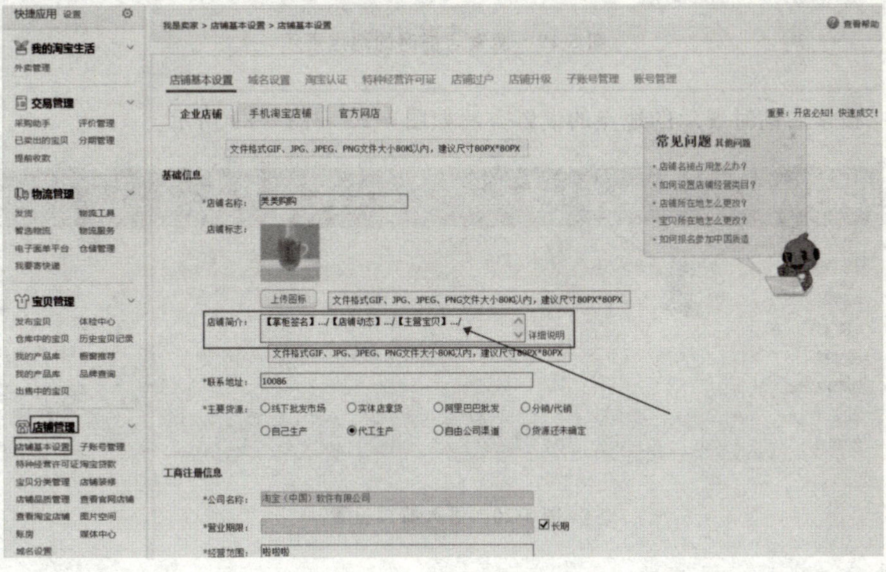

图 5-18　店铺主营设置

(四)搜索店铺时旁边展示的地点是怎么设置的

店铺搜索时，会员名旁边地点显示出店铺所在地，可以通过这个方式设置，路径：我的淘宝—账户设置—个人交易信息—个人所在地。

展示位置如图 5-19 所示。

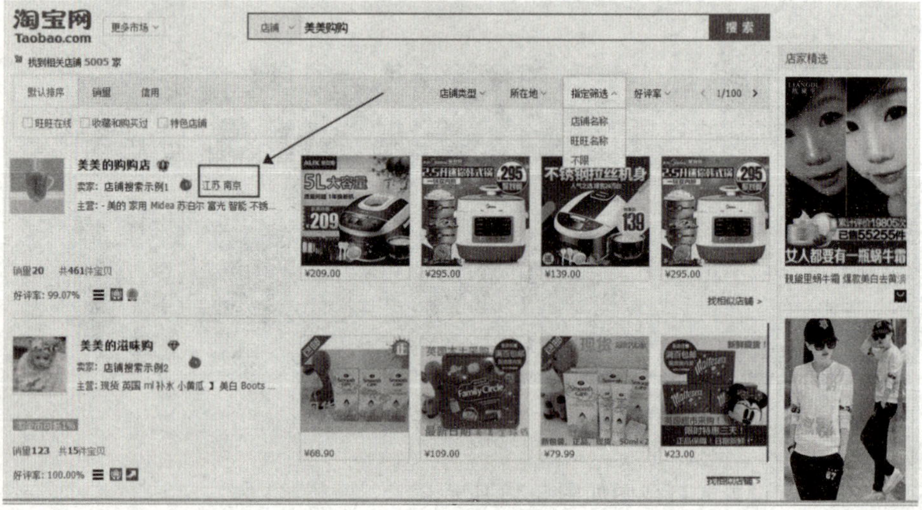

图 5-19　搜索店铺时的地点展示

搜索店铺时展示的地点的设置方法如图 5-20 和图 5-21 所示。

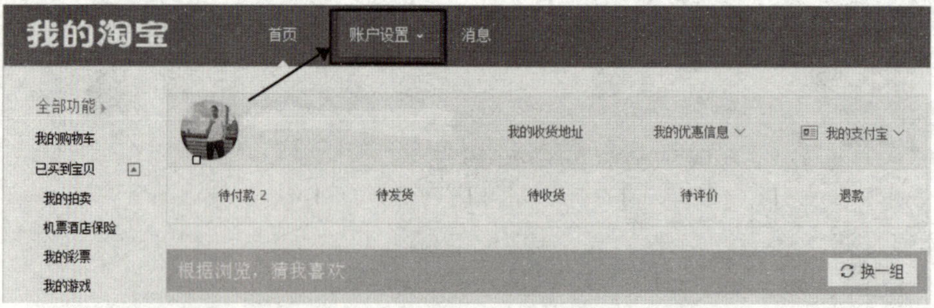

图 5-20　进入账户设置

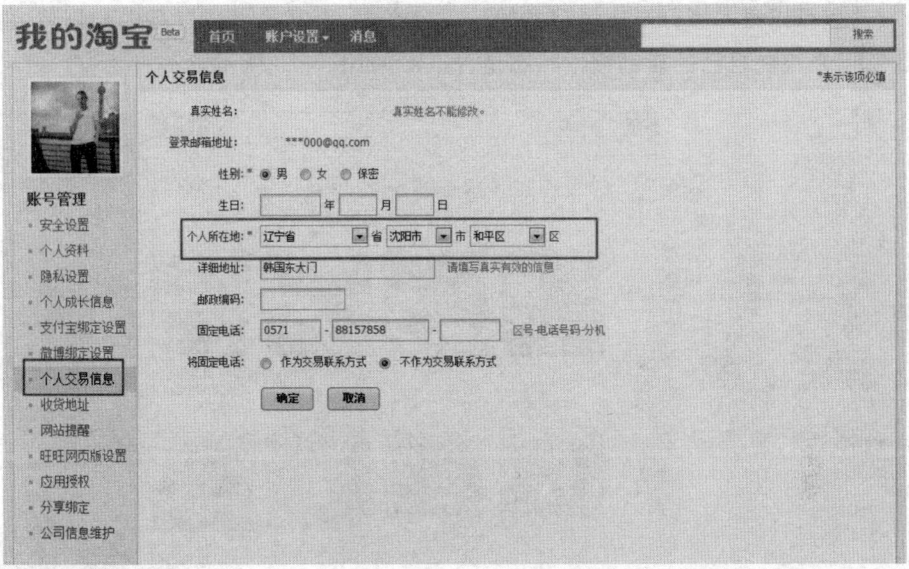

图 5-21　点击左侧个人交易信息

(五)搜索店铺时旁边展示的商品图片是怎么设置的

店铺搜索时，右侧会显示一些店铺的宝贝图片在上面展示，这个是系统根据店铺里面的热销商品情况做的展示，也是自己无法设置的，如图 5-22 所示。

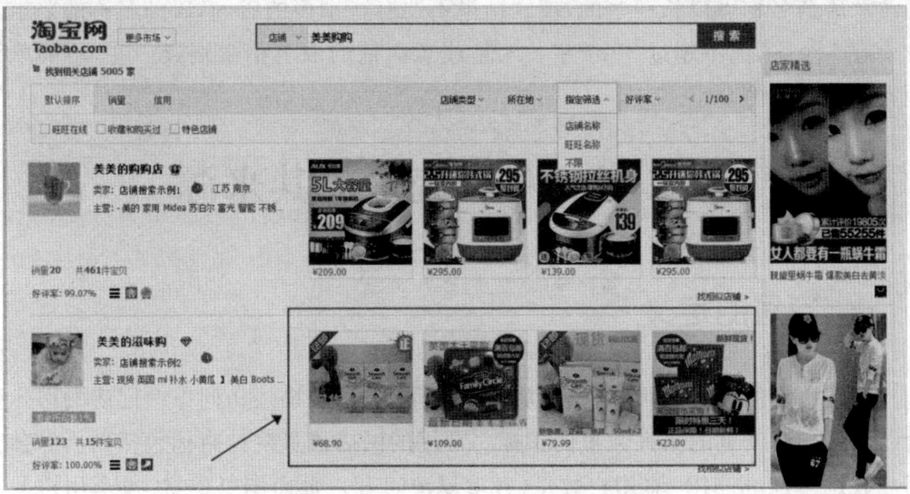

图 5-22　搜索店铺时旁边展示的商品图片

这里可以跟大家分享店铺搜索的另一个方式，卖家可以用自己的会员名去搜索一下，来检测自己的店铺搜索状态是否正常，如图 5-23 所示。

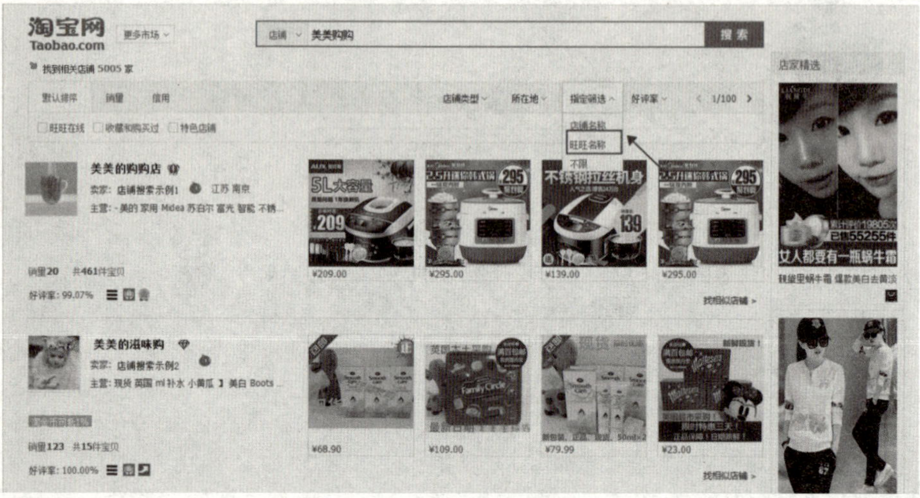

图 5-23 利用会员名搜索店铺

每个卖家的会员名(旺旺名)都是唯一的，所以可以通过旺旺名称来搜索，这样更容易了解到自己店铺的搜索情况。

最后给大家分享一下如何设置店铺名称会更加容易展示的，建议两个方面，一是注意店铺名称可以长一些的，搜索结果不要有特别多的店铺，店铺名称的要求最少要有 1 个字，但不超过 30 个字。二是注意店铺的取名稍微别致一些，不要取和大家比较类似的名字。

第二节 网店流量及其来源

一、流量的定义

通常所说的网店流量，是指网店的访问量，是用来描述访问一个网店的用户数量以及用户所浏览的页面数量的指标。常用的网店流量统计指标包括网店的独立用户数量(一般指 IP)、总用户数量(含重复访问者)、页面浏览数量、每个用户的页面浏览数量、用户在网店的平均停留时间等。这些指标有特殊的符号代表，访客数是 UV，通常和网店的独立用户数量差别不大，就是说通常一个 IP 代表一个 UV，但是从实际情况来看，电脑 IP 也会有重复的，所以这时候就会出现一个 IP 有不同的访客数，所以并不是一个 IP 就一定对应着一个 UV。

对于网店来说，访客数和停留时间，还有浏览量等，对于网店的意义重大，而且这些指标的高低多少直接影响到网站的排名，网店的健康程度都是在这 3 个指标上体现出来。对于一个健康的网店一个访客有 3 个左右浏览量是比较好的，如果低于的话说明这个网店的内容不能吸引用户进行深度访客，这样说明网店页面内容不能吸引用户，页面内容质量过低，对于网店来说，这样的页面存在是很不利于店铺排名的，如果单个页面不能留住用户，这样的页面在网店存在比较多的话，这样就会失分。搜索引擎的算法通常包含访客数的各项指标的综合数据，以停留时间来说，如果停留时间过短，这样会增加这个页面的跳出率，当跳出率在 60%以上，这样的页面存在过多现象，这样就会降低网站排名得分，从而网站无法获的排名，或者没有排名。

从另一个角度而言，因为网店成交量＝流量×成交转化率，因此流量在一定程度上都决定了整个网店的产出。

由此可见，流量是大部分卖家最关注的问题。网店推广的目的就是给网店带来流量。

二、流量的来源

网店流量的来源依据不同的划分标准有不同的分类。按照网点流量来源是否收费，可以分为免费流量和收费流量；按照网店流量来源的途径，可以分来内部流量和外部流量。

(一)免费流量和收费流量

免费流量指不需要付费获取的流量，免费流量来源往往比较分散，如搜索、收藏夹、直接访问等，若想在短时间内大幅度地提升免费来源的流量，往往比较困难。

收费流量指需要支付一定的费用获取的流量，是目前网店流量来源的主要防水。收费流量在短时间内提升的效果比较明显，以淘宝平台为例，主要的收费流量来源有直通车、淘宝客、钻石展位等。

(二)内部流量和外部流量

内部流量指平台内部获取的流量,即站内流量。以淘宝平台为例,淘宝是目前国内最大的零售平台,拥有巨大的流量资源。这些流量资源依据一定的规则被分配到淘宝平台的各个网店,成为维系一个网店生存的基本流量。内部流量的用户一般都是第三方零售平台的用户,他们主动登录第三方零售平台,并通过站内搜索、浏览等方式查找并购买商品。

外部流量指来源于网站外部的流量,是卖家通过站外营销推广的方式引入的流量。以淘宝平台为例,常见的外部流量来源如卖家利用博客、微博、微信、IM 工具、网络广告等方式从别的网店引入的流量。在目前淘宝平台流量增速放缓,卖家数量激增,竞争日趋激烈的情况下,卖家若单靠内部流量,则难以获得较高的销售预期,因此拓展外部流量成为目前大多数淘宝卖家寻求发展的一种途径。

第三节 核心推广方式

一、免费推广

网店开设初期往往需要对淘宝平台规则、自身产品及团队成员之间进行了解和磨合,因此不建议立即进行大规模的付费推广。可以在修炼店铺内功的时候配合一些小活动来推广店铺,比如收藏店铺有礼、旺旺群发、论坛发帖等。图 5-24 为网店收藏有礼活动推广。

图 5-24 收藏有礼活动

除了做一些店铺活动,创店初期如何获得较多的免费流量也是广大卖家迫切想要解决的问题。为了更多获得免费流量,需要了解淘宝搜索排名的规则。淘宝搜索综合排序下的排名影响因素有相关性、作弊、下架时间、DSR 评分。

(一)相关性

分为类目相关性、关键属性相关性和标题相关性。类目相关性是发布宝贝时选择的类目,若类目放错了,宝贝销量再高,人气再高,直接搜产品词是搜不到的。关键属性是卖家在后台发布新宝贝的时候填写的属性。标题相关性即该宝贝与发布时宝贝标题是否是一致的。

(二)作弊

堆砌关键词、邮费不符、广告商品、错放类目、恶意炒作销量、炒作信用、超低价格欺骗用户等都属于作弊,凡是作弊的宝贝会被降权处罚。

(三)下架时间

离下架时间越短的宝贝排名靠前。

(四)DSR 评分

具体是宝贝与描述相符、卖家的服务态度、卖家发货的速度,这个其实是买家对卖家服务的评价,他们的客观评价也是淘宝搜索的依据。淘宝搜索引擎一直在统计每个店的“服务质量”,所以只要你的 DSR 得分高,人气值高,那么你的宝贝就会被淘宝搜索引擎“破例”优先展示给买家

二、直通车

(一)什么是直通车

直通车是一种按点击收费(CPC,Cost per Click)的推广方式,主要通过设置与推广宝贝相关的关键词获得流量,按照获得流量的个数付费,进行宝贝的精准推广。如果想推广一件宝贝,就需要给该宝贝设置相应的关键词、类目出价及宝贝推广标题。当买家在淘宝网通过输入关键词搜索或者按照宝贝分类进行搜索时,推广中的宝贝就会出现在直通车的展示位。直通车的展示位如图 5-25 至图 5-28 所示,买家点击宝贝才收费,不点击不收费。

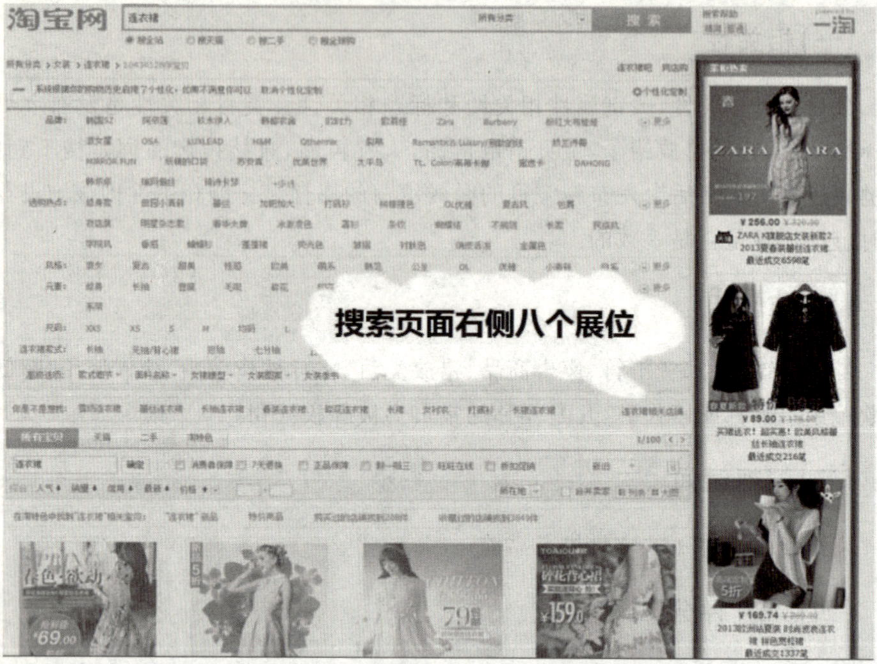

图 5-25 关键词搜索结果页面右侧“掌柜热卖”区域

图 5-26 关键词搜索结果页面下方“掌柜热卖”区域

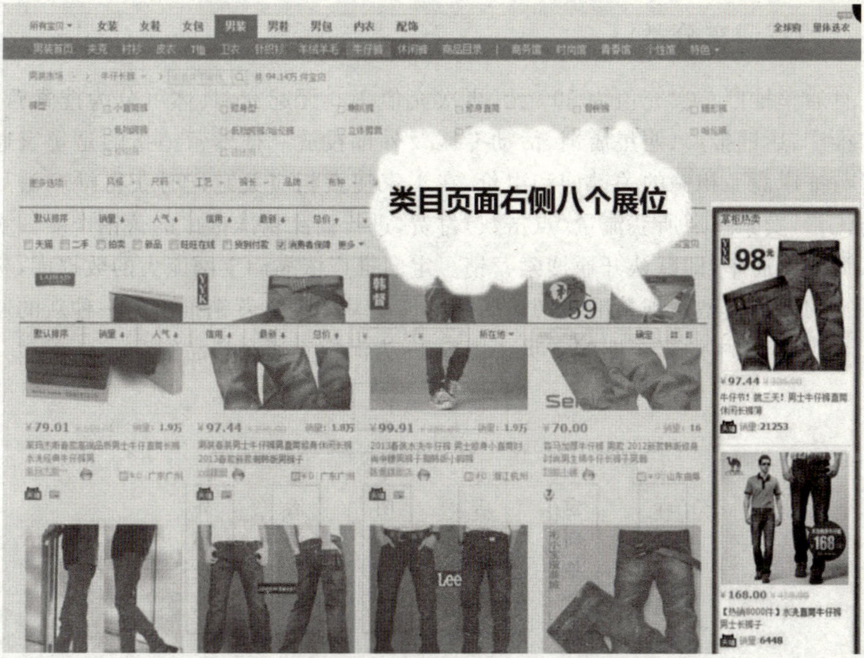

图 5-27 类目搜索结果页面右侧“掌柜热卖”区域

图 5-28 类目搜索结果页面下方“掌柜热卖”区域

(二)直通车分类

直通车推广首次充值为500元,再次充值100元起充,具体可分为搜索营销、定向推广、店铺推广、明星店铺、活动专区及外部投放。搜索营销指的是卖家通过设置与推广商品相关的关键词和出价,在买家搜索相应关键词时获得推广商品展现与流量,卖家按照所获流量(点击数)付费,进行商品精准推广的营销产品。卖家加入淘宝直通车,即默认开通搜索营销。定向推广依靠淘宝网庞大的数据库,构建出买家的兴趣模型实现精准营销。店铺推广是基于搜索营销推出的一种新的通用推广,推广店铺中的多个匹配宝贝。图5-29为淘宝直通车产品细分。

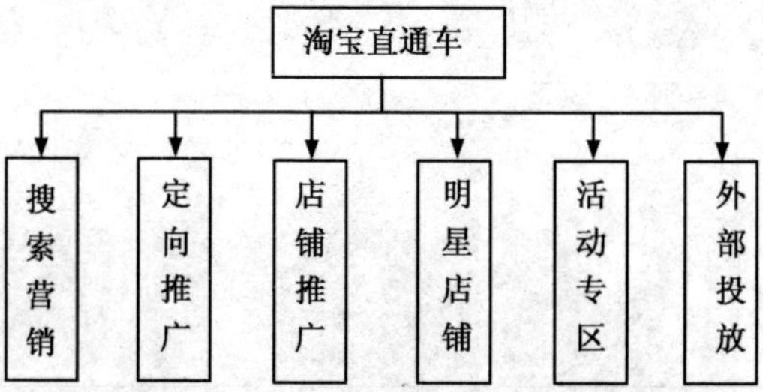

图5-29 淘宝直通车产品细分

(1)搜索营销。当买家搜索"连衣裙",您就可以通过设置"连衣裙"这个关键词,在搜索结果页的右侧或底部获得展现,并吸引买家进入到商品的页面。

(2)有一买家喜欢波西米亚蕾丝花边连衣裙,那么当此买家来到定向推广页面时,系统就会在连衣裙类目里选出具有波西米亚、蕾丝、花边特征的宝贝展现给此买家。

(3)当买家搜索"连衣裙",您就可以通过设置"连衣裙"这个关键词,在店铺推广设置的推广位展现店铺形象,并吸引买家进入到您的店铺或店铺中所有连衣裙商品的集合页面等。

(4)开通了明星店铺的卖家,通过对其推广信息设置关键词(卖家所设置关键词的核心词应与其店铺名、店铺主经营品牌相关,核心词需经审核通过)和出价,当买家在淘宝网宝贝搜索相应关键词时,其推广信息主要出现在搜索结果页首页最上方的位置以及部分淘宝站内补充流量来获得展现和流量。

(5)淘宝热卖单品也称首页热卖单品活动,是淘宝直通车的长期活动,因资源位在淘宝首页最下方而得名。

(6)直通车外投是站内推广资源的拓展和补充,把您推广的商品投放在淘宝以外的网站上,以Banner、文字链、搜索栏等形式展现,并根据我们对数据的分析,锁定人群，匹配相应的宝贝。

推广宝贝的选择对直通车推广效果至关重要，因此推广的宝贝必须是高性价比的宝贝；有一定的销量；有足够的库存或者后期供货不存在问题。

三、钻石展位

(一)什么是钻石展位

钻石展位是将淘宝网的一些广告资源位释放给卖家，以千次展现计费，适合有一定基础的中型卖家，开通钻石展位权限需要报名、考试、审核3个环节，开通权限后就可以进行展位的选择和投放了。图5-30为钻石展位推广流程。

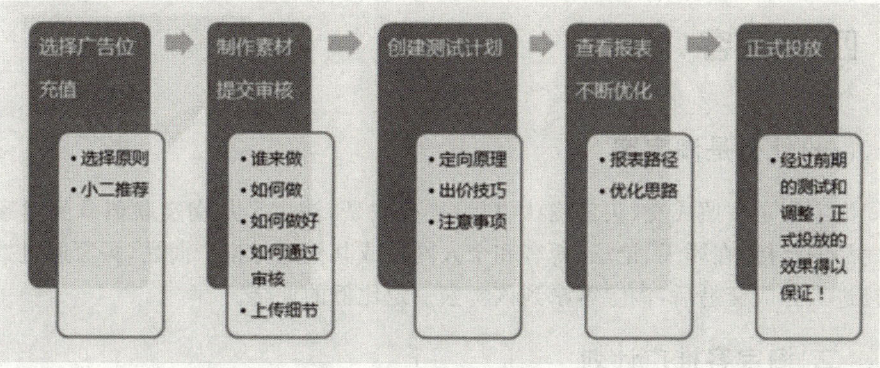

图5-30 钻石展位推广流程

(二)如何挑选钻石展位

关于展位的挑选需要考虑以下3点：

(1)选择适合自己类目的展位；

(2)将同水平CPM展位打包投放，批量操作，提高流量获取最大化和节约操作策划你成本；

(3)尝试新的展位，也许效果惊人，不断增加对自己有利的引流展位。

(三)关于钻石展位的效果监控

对于投放中的展位，我们也需要进行监测与投放后优化，力求最小的投入获得高回报。

1. 投放中效果监测

新资源位观察：避免消耗过大或长期无消耗的位置，要考虑实时调价。

定向效果观察：考虑定向溢价的实时调节，保证目标受众的覆盖。

创意效果观察：对CTR（点击率）表现明显差的创意考虑替换或删除。

2. 投放后效果优化

CTR过低的资源位，考虑剔除或调低价格。

通投比例与PPC双高的资源位，考虑剔除；PPC（平均点击花费）合理的资源位，考虑提价扩量。

定向人群与定向受众预估差异较大的资源位，考虑定向溢价调节获取更多目标受众。

四、淘宝客

（一）什么是淘宝客

淘宝客是按照成交（买家确认收货）进行收费，淘宝客从淘宝联盟拿到卖家推广商品的链接，在聊天、论坛、博客和个人网站或其他地方推广商品，买家通过推广链接进入完成交易后，淘宝客拿到该卖家一定比例的佣金。

（二）淘宝客推广计划

图5-31为淘宝客推广计划构成。

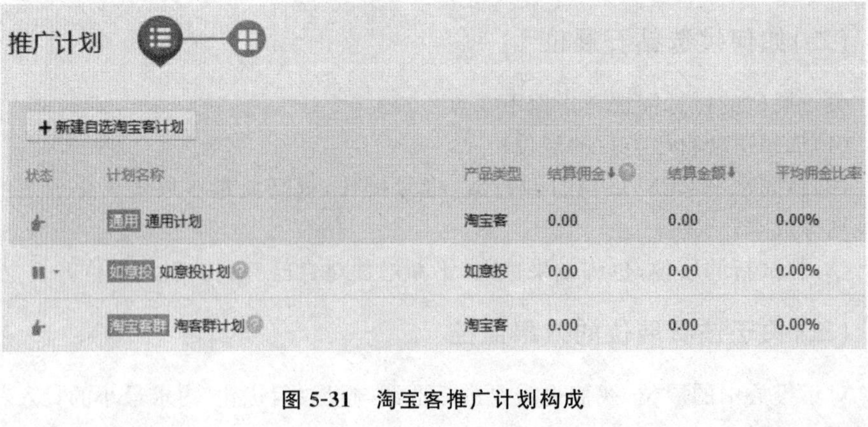

图5-31 淘宝客推广计划构成

通用计划则是由淘宝客自行选择。如意投计划是系统根据您宝贝的综合情况以及佣金比例进行匹配,由系统精准投放到一些渠道上,如:特卖频道底部的热卖推荐,或者一些网站的推广位上,无须您寻找资源投放,系统将智能进行投放。淘宝客推广最重要的就是能够找到一定能力的淘客来推广网店的产品,可以从以下3个方面来寻找淘客。

1. 招募新淘客

新淘客大多来源于站外发招募贴,所以有一份好招募贴,就能成功地吸引淘客的注意力。

2. 维护老淘客

对前期积累的推广量比较好的淘客进行管理和重点沟通。比如从联盟后台拉取了一定时间的淘客成交记录,过滤通用计划,删选出推广一定笔以上的淘客,找到他们的联系方式,传播我们要发布的信息,在得到回应的情况下,积极沟通,拉近关系的同时要求获取更多的资源。

3. 第三方资源

主动寻找相关的淘宝U站的负责人,争取一些推广资源。在一些行业论坛第三方角色做购买分析,或者店铺产品的使用心得,以软文的形式推广店铺,以增加搜索量。

第四节 活动营销

淘宝不定期策划一些活动,作为网店卖家要充分利用这些活动来增加店铺的曝光率,活动报名路径为我是卖家→营销中心→我要推广/活动报名(也可直接访问:yingxiao.taobao.com)。

一、官方活动

(一)聚划算(ju.taobao.com)

聚划算是阿里巴巴集团旗下的团购网站,卖家可报名商品团、品牌团、聚名品、聚定制、全球聚、整点聚等,每种类别报名要求件聚划算网站。图5-32为聚划算活动分类。

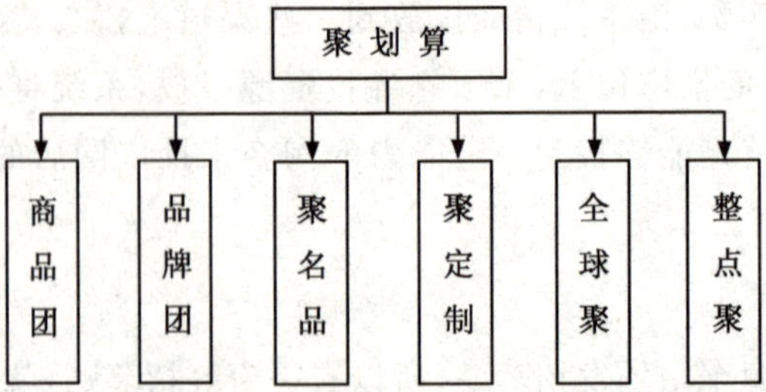

图 5-32 聚划算活动分类

聚划算由于百万级的流量会给卖家带来的巨大销量，但是并不是每家店都是适合参见聚划算的，可以从以下几个维度来评估。

成本核算：库存的准备不仅仅是包含聚划算产品的库存，还需要保证店铺活动中产品的库存量，这就有压货的风险。库存成本加上报名参加聚划算活动时需要提交跟产品等价的保证金。

软硬件配备：众所周知，聚划算带来的流量和销量都是巨大的，那么如何才能将我们的转化率最大化，从而使活动的效果最优化。首先，要保证软硬件达标，当客户数量达到一定上限的时候，不会出现死机断网等现象。

人员储备问题：聚划算活动前期需要对客服进行专业的培训，让他们彻底地了解活动相关情况，而且活动的火暴程度肯定是会超出我们的想象的，一定要非常详尽地做好快捷回复，这样才能更快地提高客服的处理能力以及处理速度，使得活动期间的转化率最大化。

(二)淘金币

淘宝币是覆盖淘宝网的虚拟货币，能在淘宝网中提供的淘金币兑换中心兑换丰富的品牌折扣商品。淘金币招商规则经过了几次改版，目前除了在卖家后台可以直接使用淘金币工具对宝贝设置相应的淘金币抵扣，正对卖家还有主题购和品牌汇招商，根据用户购物需求与类目细分规划为各种主题活动，单个主题活动支持多商家同时报名；品牌汇是淘金币面向集市品牌商家招商的活动类型，采用单品牌单商家多商品的活动方式。详情参见：http：//www.taobao.com/go/act/vip/2013/seller/brand.php。

(三)类目活动

淘宝网会定期给一些类目广告资源,类目小二需要召集一些优秀的卖家参与到活动中。比如双十二、国庆节促销等,在活动页面会有报名参加商家的商品,这类活动往往流量比较高,活动页面上的宝贝成交量也比较高。

二、联合营销

(一)什么是联合营销

2013 年 11 月,女装淘品牌茵曼、裂帛、阿卡三家联合发起“光复单身”行动,号召女性在网络上签订“光复单身合同”,并包下东方卫视全天 256 个时段广告,为双十一提前造势。这三家淘品牌在天猫双十一前期投放电视广告一方面可以扩大品牌影响力,从互联网切入主流人群的视野。同时,在促销高峰到来之前可以起到一定的引流效果。作为淘宝的中小卖家也可以学习茵曼、裂帛、阿卡的“光复单身”活动来联合相应的卖家一起做活动,其中麦麦就是淘宝推出的商家之间一起来抱团协作的平台。麦麦(maimai. taobao. com)是卖家的关系协作平台。该平台下卖家协作的形式有很多,比如联合营销、联合拍照、共同进货、分仓共仓等。图 5-33 为麦麦活动。

图 5-33　麦麦活动

(二)如何做好联合营销

如何做好联合营销可以从以下 4 点进行考虑：

(1)选择合适的搭配类目店铺。

(2)选择合适的卖家。

(3)合作前协议。

(4)友好沟通。

第六章　网店客户服务

第一节　网络客服认知

一、网络客服的定义

随着网络购物的兴起，网店经营的日益火爆，一个全新的职业——网络客服悄然兴起了。由于网购仍属于新兴行业，因此网络客服也是一个全新的职业。

要了解网络客服，首先应了解什么是客户服务，即客服。客户服务（Customer Service），是指一种以客户为导向的价值观，它整合及管理在预先设定的最优成本——服务组合中的客户界面的所有要素。广义而言，任何能提高客户满意度的内容都属于客户服务的范围之内。

网络客服，是基于互联网的一种客户服务工作，是网络购物发展到一定程度下细分出来的一个工种，与传统商店售货员具有相似的工作内容，但在工作形式上存在区别。网络客服主要是通过阿里旺旺、QQ、微信等即时聊天通信工具，在线上和买家实时交流及资料传送，完成客户答疑、促成订单、店铺推广、完成销售、售后服务等方面的工作。

二、网络客服的分类

网络客服的基本分为人工客服和电子客服，其中又可细分为文字客服、视频客服和语音客服三类。文字客服是指主要以打字聊天的形式进行的客户服务，视频客服是指主要以语音视频的形式进行客户服务，语音客服是指主要以移动电话的形式进行的客服服务。基于腾讯微信的迅猛发展，微信客服作为一种全新的客户服务方式，出现在客服市场上。微信客服依托于微信精湛的技术条件，综合了文字客服、视频客服和语音客服的全部功能，具有无可比拟的优势，因此备受市场好评。

从网络客服的流程来分，网络客服一般分为3类，即售前服务、售中服务、售后服务。售前服务一般是指企业在销售产品之前为顾客提供的一系列活动，如市场调查、产品设计、提供使用说明书、提供咨询服务等。售中服务则是指在产品交易过程中销售者向购买者提供的服务，如接待服务、商品包装服务等。售后服务是指凡与所销售产品有连带关系，并且有益于购买者购买行为的一系列服务，主要包括送货、安装、产品退换、维修、保养、使用技术培训等方面的服务。

以淘宝网为例，从事淘宝平台零售的商家，一般将网络客服分为售前客服、售中服务、售后服务、销售客服、技术客服及中评差评客服等，其中，销售客服更多地体现在售前，中差评客服则体现在售后。

三、网络客服的作用

企业通过互联网开展业务，如在网店经营过程中，网络客服在网店的推广、产品的销售，以及售后的客户维护方面均起着极其重要的作用，不可忽视。

（一）塑造店铺形象

对于一个网上店铺而言，客户看到的商品都是一张张的图片，既看不到商家本人，也看不到产品本身，无法了解各种实际情况，因此往往会产生距离感和怀疑感。这个时候，客服就显得尤为重要了。客户通过与客服在网上的交流，可以逐步的了解商家的服务和态度以及其他，客服的一个笑脸（旺旺表情符号）或者一个亲切的问候，都能让客户真实地感觉到他不是在跟冷冰冰的电脑和网络打交道，而是跟一个善解人意的人在沟通，这样会帮助客户放弃开始的戒备，从而在客户心目中逐步树立起店铺的良好形象。

（二）提高成交率

现在很多客户都会在购买之前针对不太清楚的内容询问商家，或者询问优惠措施等。客服在线能够随时回复客户的疑问，可以让客户及时了解需要的内容，从而立即达成交易。

有的时候，客户不一定对产品本身有什么疑问，仅仅是想确认一下商品是否与事实相符，这个时候一个在线的客服就可以打消客户的很多顾虑，促成交易。

同时，对于一个犹豫不决的客户，一个有着专业知识和良好的销售技巧的客服，可以帮助买家选择合适的商品，促成客户的购买行为，从而提高成交率。

有时候客户拍下商品，但是并不一定是着急要的，这个时候在线客服可以及时跟进，通过向买家询问汇款方式等督促买家及时付款。

(三)提高客户回头率

当买家在客服的良好服务下,完成了一次良好的交易后,买家不仅了解了卖家的服务态度,也对卖家的商品、物流等有了切身的体会。当买家需要再次购买同样商品的时候,就会倾向于选择他所熟悉和了解的卖家,从而提高了客户再次购买概率。

(四)更好地服务客户

如果把网店客服仅仅定位于和客户的网上交流,那么我们说这仅仅是服务客户的第一步。一个有着专业知识和良好沟通技巧的客服,可以给客户提供更多的购物建议,更完善的解答客户的疑问,更快速地对买家售后问题给予反馈,从而更好地服务于客户。只有更好地服务于客户,才能获得更多的机会。

四、网络客服从业人员的素质要求

要做一名合格的网络客服人员,应具备严谨的工作作风、热情的服务态度、熟练的业务知识、积极的学习态度,耐心地向客户解释,虚心地听取客户的意见等。下面主要从心理素质、品格素质、技能素质和综合素质具体阐述网络客服的素质要求。

(一)心理素质要求

1.要有"处变不惊"的应变力

所谓应变力,是指对一些突发事件的有效处理的能力。作为客户服务人员,每天都面对着不同的客户,很多时候客户会给你带来一些真正的挑战。例如,在宾馆、零售店、呼叫中心工作的客户服务人员,都有可能遇到一些具有挑战性的情况。有时会遇到一些蛮不讲理的客户来争吵,这个时候,作为客户服务人员,你怎么办?有些年轻的客户服务人员可能一下子就被吓哭了。从来没见过这种样子,客户怎么这么不讲理?赶快报警吧!打电话吧!而一些非常有经验的客户服务人员就能很稳妥地处理这件事情。这就需要客服人员具备一定的应变力。特别是在处理一些客户恶性投诉的时候,要处变不惊。

2.要有挫折打击的承受能力

客户服务人员有可能遭受什么样的挫折打击呢?比如说,你会不会被客户误解？联想的客户服务人员就是这样，需要上门给客户解决问题。因为整个电脑瘫痪，一个作家，写了一年的稿子存在电脑里边，一下子统统没有了。这个问题可能不是联想的问题，可能是因为他接收 E-mail 的时候接收了病毒。但是这台机器是由联想负责维修的，那么客户服务人员过来了以后，客户会怎么样？会不会迁怒于客户服务人员？因为客户遭受到了太大的打击，所以需要有一个发泄的渠道。而很多客户服务人员，每天都要面对各种各样客户的误解甚至辱骂，你需要有承受能力。更有甚者，客户越过客户服务人员直接向其上级主管投诉。有些投诉可能是夸大其词，本来这个客户服务人员没有做得那么差，但到了客户嘴里其工作就变得很恶劣，恶劣到应该马上被开除的地步。那么作为你的主管，在客户走了以后就会找你谈话。因此，你需要有承受挫折和打击的能力。

3.要有情绪的自我掌控及调节能力

情绪的自我掌控和调节能力指什么？例如，每天接待 100 个客户，可能第一个客户就把你臭骂了一顿，因此你的心情会变得很不好，情绪很低落。你也不能回家，后边 99 个客户依然在等着你。这时候，你会不会把第一个客户带给你的不愉快转移给下一个客户呢？这就需要掌控和调整自己的情绪。因为对于客户。你永远是他的第一个。特别是一些客户服务呼叫中心的在线服务人员，一天大约要受理 400 个投诉咨询。你需要对每一个客户都保持同样的热情度，只要中间有一个环节出了差错，跟客户有了不愉快的口角。你就很难用一种特别好的心态去面对后面所有的客户。因此，优秀的客户服务人员的心理素质非常重要。

4.要有满负荷情感付出的支持能力

客户服务人员需要对每一个客户都提供最好、最周到的服务，不能有所保留。而且，对待第一个客户和对待最后一个客户，同样需要付出非常饱满的热情。对每一个客户而言，客户服务人员都是第一次。客户不知道你前面已经接了 200 个电话，只知道你现在接的是我的电话，并不理解你已经很累了。每个人的这种满负荷情感的支持能力是不同的。一般来说，工作时间越长的客户服务人员，满负荷情感付出的支持能力就越强。

5.要有积极进取、永不言败的良好心态

客户服务人员在自己的工作岗位上，需要不断地去调整自己的心态。遇到困难、遇到各种挫折都不能轻言放弃。例如，24 小时呼叫中心的呼叫座席会经常收到一些骚扰性电话，这时完全是客户的责任。很多时候，有的客户服务人员就打退堂鼓了，觉得干不下去了。因此，客户服务人员需要有一个积极进取、永不言败的良好心态。这些和团队的氛围有很大关系。如果整个客户服务团队是一个积极向上的团队，员工在这种良好团队氛围当中，很多心里的不愉快就能很自然地得到化解。如果不是，那这就要靠自己去慢慢化解。

(二)品格素质要求

1. 忍耐与宽容是优秀客户服务人员的一种美德

忍耐与宽容是面对无理客户的法宝，是一种美德。客户服务人员需要有包容心，要包容和理解客户。真正的客户服务是根据客户本人的喜好使他满意。客户的性格不同，人生观、世界观、价值观也不同。即使这个客户在生活中不可能成为你的朋友，但在工作中他是你的客户，你甚至要比对待朋友还要好地去对待他，因为这就是你的工作。你要有很强的包容心，包容客户的一些无理，包容客户的一些小家子气。因为很多客户有的时候就是这样，斤斤计较、蛮不讲理、胡搅蛮缠，什么样的情况都会有。

2. 不轻易承诺，说到就要做到

对于客户服务人员，通常很多企业都有明确要求：不轻易承诺，说到就要做到。客户服务人员不要轻易地承诺，随便答应客户做什么，这样会给自己的工作造成被动。但是客户服务人员必须要兑现自己的诺言，一旦答应客户，就要尽心尽力地去做到。

3. 勇于承担责任

客户服务人员需要经常承担各种各样的责任和失误。出现问题的时候，同事之间往往会相互推卸责任。客户服务是一个企业的服务窗口，应该去化解整个企业对客户带来的所有损失而造成的矛盾。因此，在客户服务部门，不能说这是别的部门的责任，一切的责任都需要通过你把它化解，这就叫勇于承担责任。

4. 拥有博爱之心，真诚对待每一个人

这个博爱之心是指要达到“人人为我，我为人人”的那种思想境界。做到这一点的人不是很多。日本企业在对应聘客户服务人员进行面试的时候，就专门聘用有博爱之心的人。

5. 谦虚是做好客户服务工作的要素之一

拥有一颗谦虚之心是人的美德。谦虚这一点很重要。一个客户服务人员需要有很强的专业知识，什么都要做，什么都要会，就有可能不谦虚，就会认为客户说的话都是外行话。特别是对做维修的人员来说，谦虚更为重要。比如说 IT 行业的客户服务人员，多数都需要上门提供维修服务。你靠的是专业知识，靠技能提供服务。在这个领域,你可能是专家,客户可能会说出很多外行的话。如果客户服务人员不具备谦虚的态度,就会在客户面前炫耀自己的专业知识,而揭客户的短。这是客户服务中很忌讳的一点。客户服务人员要求有很高的服务技巧和专业知识,但不能去卖弄,不能把客户当成傻瓜。

6.强烈的集体荣誉感

客户服务强调的是一种团队精神。企业的客户服务人员,需要互相帮助,必须要有团队精神。人们常说某个球队特别有团结精神,特别有凝聚力,是指什么?这主要是指每一个球员在赛场上不是为自己进球,所做的一切都是为了全队获胜。客户服务人员也是一样,你所做的一切,不是为表现自己,而是为了能把整个企业客户服务工作做好。这就是团队集体荣誉感,这就是团队精神。

(三)技能素质要求

1.良好的语言表达能力

良好的语言表达能力是实现客户沟通的必要技能和技巧。

2.丰富的行业知识及经验

丰富的行业知识及经验是解决客户问题的必备武器。不管做哪个行业都需要具备专业知识和经验。不仅能跟客户沟通、向客户赔礼道歉,而且要成为掌握产品知识的专家,能够解释客户提出的相关问题。如果客户服务人员不能成为业内人士,不是专业人才,有些问题可能就解决不了。作为客户。最希望得到的就是服务人员的帮助。因此,客户服务人员要有很丰富的行业知识和经验。

3.熟练的专业技能

熟练的专业技能是客户服务人员的必修课。每个企业的客户服务人员都需要学习多方面的专业技能。

作为网络客服,一般要求打字速度达到60字/分钟以上,熟悉网店(如淘宝网店)操作流程和交易规则,熟悉电脑基础操作,熟练使用Word、Excel等办公软件,会使用聊天工具,掌握网络购物的流程。

4.优雅的形体语言表达技巧

掌握优雅的形体语言表达技巧.能体现出客户服务人员的专业素质。优雅的形体语言的表达技巧指的是一个人的气质,内在的气质会通过外在形象表现出来。举手投足、说话方式、笑容都表现你是不是一个专业的客户服务人员。

5.思维敏捷,具备对客户心理活动的洞察力

对客户心理活动的洞察力是做好客户服务工作的关键所在。所以,这方面的技巧客户服务人员都需要具备。思维要敏捷,要具备对客户的洞察力,洞察顾客的心理活动,这是对客户服务人员技能素质的起码要求。

6.具备良好的人际关系沟通能力

客户服务人员具备良好的人际关系沟通能力,跟客户之间的交往会变得更顺畅。

7.具备专业的客户服务电话接听技巧

专业的客户服务电话接听技巧是客户服务人员的另一项重要技能。客户服务人员必须掌握怎么接客户服务电话、怎么提问等方面内容。

8.良好的倾听能力

良好的倾听能力是实现客户沟通的必要保障。

(四)综合素质要求

1."客户至上"的服务观念

"客户至上"的服务观念要始终贯穿于客户服务工作中,因此,客户服务人员需要具备一种客户至上的服务观念,整体的服务观念。

2.工作的独立处理能力

优秀的客户服务人员必须能具备工作的独立处理能力。一般来说,企业都要求客户服务人员能够独当一面,也就是说,你要能自己去独立处理很多客户服务中的棘手问题.

3.各种问题的分析解决能力

优秀的客户服务人员不但需要能做好客户服务工作,还要善于思考,能够提出工作的合理化建议,有分析解决问题的能力,能够帮助客户去分析解决一些实际问题。

4.人际关系的协调能力

优秀的客户服务人员不但要能做好客户服务工作,还要善于协调同事之间的关系,以达到提高工作效率的目的。人际关系的协调能力,是指在客户服务部门中,如何和自己的员工、自己的同事协调好相互的关系。有的时候,同事之间关系紧张、不愉快,会直接影响到客户服务的工作效果。例如,有些客户服务主管经常

抱怨说，每天的工作就是协调下属之间的矛盾。很多客户服务人员都是女孩子，女孩子在一块儿，事儿特别多，一些矛盾都是由一些鸡毛蒜皮的小事情而引起，结果，客服主管每天还得去调解这些矛盾。

网络客服人员只有了解了客服人员应该具备的素质和技能，才有可能在工作中不断地提升自我，自觉地学习技能众质方面的服务技巧，从而做好网络客户服务工作。

第二节　网络客服的商品学认知

一、商品的定义

(一)商品的含义

在马克思主义政治经济学中，商品的定义是“用于交换的劳动产品”，随着经济的发展，许多自然资源以及非劳动产品也进入交换领域，因此现代经济学家在原定义的基础上对商品定义进行了扩展与外延，得出了广义的商品定义，即“商品是用于交换的使用价值”。其中特别强调“必须通过交换过程，实现使用价值的转移才叫商品”。

商品具备经济的和金融的两种意义。经济意义上的商品指专门用来交换的产品，即生产者本身并不消费，而是用来向其他生产者交换自己需要的其他产品。在社会化大生产时代，几乎所有工业产品和绝大部分农产品都属于商品。金融意义上的商品实际上是指商品期货，即标准化的商品远期合约。

(二)商品整体的概念

商品的概念是随着人们消费观念的不同而逐步改变的。根据马斯洛的需要层次理论，人们的需要分为五个层次，即：生理需要、安全需要、社交需要、尊重需要和自我实现的需要，而且，这五个层次是由低到高逐步发展的。体现这种需要的消费当然也会有不同的要求，这便形成了不同的消费观念。随着人们需要层次的不断发展和消费观念的不断更新，商品的概念也就不断地变换着内涵。商品的整体概念包括 3 个层次：商品实质层、商品实体层和商品延伸层，如图 6-1 所示。

1. 商品实质层

即商品的功能和效用。消费者购买某种商品，不仅仅是为了获得商品本身，更

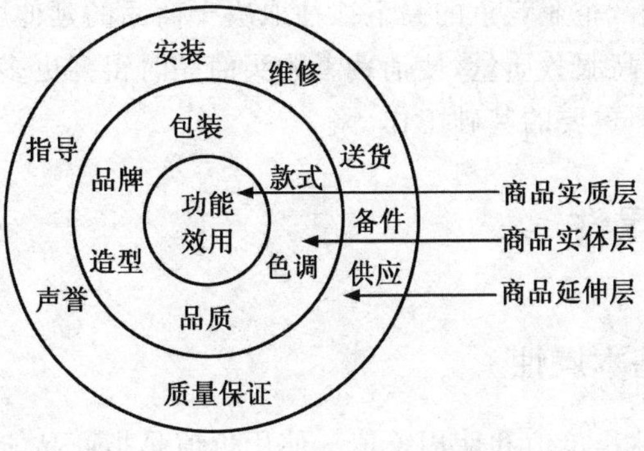

图 6-1　商品整体概念图

主要的是要获得商品给他带来的某种需求的满足。例如：消费者购买 VCD 实质上是为了满足其闲暇时休息和娱乐的需要；购买微波炉是为了自己烹饪的需求。商品的实质层是商品的效用给消费者带来的满足，缺少这一层，消费者就不会去购买这种商品。因此，企业在制定开发和营销策略时，首先要考虑到商品的实质，明确商品能够带来的功效和益处。

2. 商品实体层

商品的功能和效用总是通过一定的具体形式反映出来。商品的实体层向人们展示的是商品实质的外在特征，它包括外观形式和内在质量以及促销成分，即品质、包装、品牌、造型、款式、色调等。在消费水平不高或商品供给不足的情况下，消费者购买商品主要考虑的是功能和效用，而对商品的形式的要求层次。随着消费观念的提高和买方市场的出现，消费者的要求越来越高，选择余地也越来越大，除了考虑商品的效能外，商品的质量，造型、颜色、品牌等。外在形式在很大程度上影响着人们的消费决策。

3. 商品延伸层

它是指消费者在购买和使用商品时获得的各种附加利益的总和。这一层次包括售前的咨询服务，售中的交易条件：如赊购，提供信贷或各种担保等，以及售后的送货，维修服务等。

商品的整体概念是以消费者的基本利益为核心，强调服务是商品的组成部分，体现了现代市场营销思想。对于企业而言，同时也应认识到：伴随着商品销售提供的各种服务不但不是额外负担或可有可无的点缀，恰恰相反，对商品延伸层的精心策划和管理，是企业提高市场竞争力的保证。特别是当商品的实质层和实体层与竞争者相仿的情况下,企业竞争的高下往往取决于商品的延伸层。因此,正确认识商品的整体概念,提高服务质量,使消费者购买商品时得到更多的附加利益是商品开发和管理中的一项重要的基础工作。

二、商品的属性

(一)商品的基本属性

商品的基本属性是价值和使用价值。使用价值是指商品能够满足人们某种需要的属性,价值是指凝结在商品中的无差别的人类劳动。价值是商品的本质属性,使用价值是商品的自然属性。商品两大属性的关系是对立性和统一性。

(二)商品的固定属性

主要是指一种商品的相对不变的属性,如商品编码、商品名称、生产厂家、商品条码、商品类别等。一般情况下,这些属性不发生变化。特殊情况下有一些变化,如商品类别,同一种商品在小类划分的时候,对于不同的商场,可能有不同的归属。商品编码,一般也不会变化,但在商场的经营部门发生变化的时候,可能发生变化,这主要取决于商场现有计算机系统的商品编码规则。

零售企业的业态对商品的固定属性也有一定影响,这也取决于计算机系统的编码规则和系统设计时的设计思想。比如,对于百货业态,为防止混乱,通常都禁止重复经营,所以一种商品只隶属于一个部门。于是,商品所属部门就可以作为这个商品的固定属性之一。对于连锁店,这一规则就不成立,一种商品在连锁店中往往同时属于多家销售门店,甚至配送中心。这时,商品所属部门就成了一个变化量和不确定量,因为事先无法确定究竟连锁公司将有几家门店可以销售这种商品,连锁公司最终会发展多少家门店。这种情况,商品的部门隶属属性就成了变化属性。当然,对于百货店,这种属性也同样可以放在变化属性中进行处理,但明显感觉不合理。这时候就要考虑到系统运行性能,考虑放在哪种属性内,系统的处理更有效,编程更简洁。

固定属性还可以进一步分成经营属性和管理属性。经营属性主要是指在日常商品流转过程中涉及的种种属性,商品编码、名称、生产厂家、条码等,都属于这一属性。它们是在正常的经营过程中必不可少的。商品的管理属性是指为满足在经营过程中的进一步要求而设置的属性,如商品保质期、保修期、某些商品的最高最低库存、商品的各种损耗率等。这些属性的作用需要一定的条件,比如企业的日常经营管理应比较成熟、基础数据全面和稳定、经营管理人员对计算机系统要比较熟悉等。粗略看，一些属性属于日常经营必需，但实际上，在外部条件没有具备之前，计算机系统很难对它们进行管理。所以，尽管是日常经营必需，在系统运行早期，许多属性还是通过手工管理实现。

(三)变化属性

指在经营过程中会发生变化的属性，如商品价格、商品数量、进货人员、供货单位等。同样，对于变化属性，也有经营和管理性质之分。

(1)商品变化属性中的经营属性有：进货价格、销售价格、商品批次、进货数量、所属库房、经销代销性质、进货价格含税与否等。

(2)商品变化属性中的管理属性有：商品保本保利期、商品库存位置、商品陈列位置、商品建议进货量、商品供货周期、商品进货费用、商品建议零售价格、竞争对手商品售价等。

(四)正确处理和理解商品的其他属性

商品的经营属性是基础属性，管理属性是高级属性。管理属性依赖基础属性的正确性和系统性。商品固定属性是更加基础的属性，它又是商品变化属性的基础。可以说，商品的固定属性是最基础的部分。

另外，商品的各种属性在某些条件下可以互相转化，比如商品的隶属关系。商品的最高最低库存也有类似性质。销售波动小、不太受季节影响的商品，它的最高最低库存就可以放在固定属性内。

将商品属性进行分类，主要目的是根据这些属性的作用进行合理使用。网络客服只有理解了商品的各个属性后，才能够做好网络客服工作。

三、网络客服应具备的商品学知识

为了更好地做好网络客服工作，网络客服人员应具备一定的商品学知识，特别是充分了解从事的商品的相关知识，从而更好地服务于客户。

(一)商品的专业知识

客服应当对商品的规格、特性、种类、材质、尺寸、用途、注意事项等都有一定的了解，最好还应了解行业的有关知识。同时对商品的使用方法，洗涤方法，修理方法、保养等也要有一个基础的了解。

(二)商品的周边知识

不同的商品可能会适合部分人群,比如化妆品,有一个皮肤性质的问题,不同的皮肤性质在选择化妆品上会有很大的差别;再比如内衣,不同的年龄、不同的生活习惯都会有不同的需要;还比如玩具,有些玩具不适合太小的婴儿,有些玩具不适合太大的儿童等。这些情况都需要我们有个基本的了解。

此外对同类的其他商品也要有个基本的了解,这样在回复客户关于不同类商品的差异的时候,就可以更好地回复和解答。

下面具体阐述一下商品规格、特性、使用方法、保养和售后服务等方面的知识。

1. 商品规格

规格是指产品的物理形状,一般包括体积,长度,形状,重量等。在标准化生产的今天,通常一种产品采用一种规格衡量标准,主要是为了区分类似产品,一般品种的规格都是从小到大有序地排列。

不同类型的商品会采用不同的方式来区分规格,下面我们就来了解一些常见的规格区分方式,学会用归纳总结的方法,最快地掌握商品资料,用专业的回答来服务于顾客。

(1)按大小来区分规格:服装、鞋子、内衣、戒指等商品都是按尺码区分规格的商品,如图 6-2 所示。鞋子按脚的长短来确定尺码,一般女鞋的 35、36、37 码属于常见尺码,38、39 码属于偏大的码数;男鞋 40～42 属于常见的尺码,超出这个范围的尺码属于偏小或者偏大,人的脚有胖瘦之别,所以鞋型会有宽窄之分,通常,我们拳头的大小跟心脏大小相似,拳头的周长与脚的长度也很接近。

服装相对来说比较复杂,因为目前服装市场大约有四种尺码型号的标识法,所以很多人不是很清楚其中的区别。

第一种是按照传统的 XS、S、M、L、XL、XXL 来区分,上述尺码依次代表加小号、小号、中号、大号、加大号、加加大号。一般来讲,设计师会根据服装穿着的目标人群分析,找出其中最常见的体型来确定 M(中号)的尺码大小,即所谓的均码,在这个基础上再来缩放成其他的尺码。

第二种是用身高加胸围的形式来区分,比如 160/80A、165/85A、170/85A 等,斜线前面的数字代表“号”,是指服装的长短或人的身高,斜线后面的数字代表“型”,是指人的胸围或腰围,英文字母是体型代号,指人的体形特征,A 型表示一般体型,B 型表示微胖体型,C 型表示胖体型。

按码数来区分规格　　按罩杯来区分规格　　按手寸来区分规格

图 6-2　商品的规格描述

第三种是使用欧式型号，女式上装用数字 34～44 之间的双数来表示，男式上装用数字 44～56 的双数来表示，数字越小尺码越小，数字越大则尺码也越大。下装是由腰围尺寸来标注，计量单位是英寸，女裤从 25～32 号，男裤从 28～40 号。

第四种是采用北美型号，这一种相对来说比较少见，用 0～11 的数字表示。“1”号代表适合身高 150 厘米的人穿用，“2”号代表适合身高 155 厘米的人穿用，依此类推，每个型号之间身高差距是 5 厘米。此外还用字母来表示胸围与腰围的差值范围，如“Y”表示胸围与腰围相差 16 厘米，“YA”表示两者相差 14 厘米，“A”表示两者相差 12 厘米，“AB”表示两者相差 10 厘米，“B”表示两者相差 8 厘米，“BE”表示两者相差 4 厘米，“E”表示两者相差无几。例如，标有“B6”字样衣服，表示可供身高 175 厘米，胸围与腰围相差 8 厘米的人穿用。

(2)按重量来区分规格：固体的食品、茶叶、彩妆类商品都是用重量单位克、千克来区分规格，在商品的外包装上，区分规格的重量单位“克”经常用英文字母“g”来表示，单位“千克”用英文字母“kg”表示。比如：100 g 牛肉干、150 g 茶叶、10 kg 大米、10 g 的粉饼、30 g 的散粉、3 g 装的口红等。

(3)按容量来区分规格：液体的饮料、油、护肤类商品都是用容量单位升、毫升表示，外包装上的“mL”表示容量单位“毫升”，“L”表示容量单位“升”。例如：500 mL 的矿泉水、2 L 的花生油、100 mL 的爽肤水、30 mL 的香水等。

(4)按长度来区分规格：鱼竿、管材、布料、花边等商品是采用长度单位米、厘米来区分规格的，长度单位“米”“厘米”在外包装上通常是以“m”“cm”表示，一般长度越长价格越贵。

除此以外，商品的规格区分还有其他的计量单位，比如：地板按平方米计算价格、木料按立方米计算价格、灯泡按瓦数计算价格、电脑是按配置计算价格，更多的商品是按件数、个数为规格计算价格，甚至有的同款商品不同颜色因为热销程度不同价格也会有所不同。

从事一类商品的销售，首先就是要了解此类商品的计量单位和规格区分方式，这是了解商品的第一步，也是成为销售高手所必须具备的最基础的商品常识。

2.商品特性

商品特性是销售人员必须掌握的基本知识，因为了解商品特性是成功销售的基础，也是打动顾客和体现专业性最重要的一个努力方向。了解产品才能更好地介绍和推销产品，顾客对商品是否接受很大程度取决于销售人员介绍的水平。

我们根据掌握的难易程度和所起的成效，对商品特性的了解和运用分为 3 个阶段来逐步提升，在这 3 个阶段里，每进步到下一个阶段，销售业绩也会跟着上一个台阶。

(1)商品的性质：最低限度要了解商品的材质构成、大小规格、适用范围等，知道了这些商品特性才能回答顾客的简单提问，至少能回答顾客衣服的面料是什么、食品使用了那些基本的原材料、该商品适合什么人或什么情况下使用……

(2)商品的特点：通常，商品的特点在一定程度上代表了与同类商品相比较的优势，比如：棉质的面料更透气和吸汗，使用不含添加剂的食品更安全，商品可以两用或多用，感觉很独特、很有个性、是限量版、送礼非常有新意……

(3)商品的利益：如果商品的优势不能有效地转化为顾客的利益，那么，在销售的时候顾客就不会被轻易地打动，因为顾客购买商品是为了满足自己的某一个需求，而直接看到顾客真实的需求是一个销售高手所应该具备的专业素质和能力。

比如：透气和吸汗的服装对顾客的利益就是穿着更舒适，夏天可以避免大汗淋漓的狼狈和尴尬，可以保持更好的工作状态；食品安全对顾客来说就意味着对身体健康的保障，满足人们对长寿和健康的渴望，同时，身体健康也可以有效地降低医疗费用，好好地享受人生；商品的用途广泛表示可以节省费用，有新意的礼物更容易让收礼的人得到意外的惊喜，留下深刻的印象，而这两点都是送礼的人最希望达到的效果。

3.使用方法

对于一些复杂商品或高科技产品，网络客服应充分了解商品的使用方法，以应对买家的相关疑问。比如蓝牙耳机如何使用，汽车导航仪怎么安装和使用等。防止因为买家错误的使用方法而导致商品没有产生应有的作用，引起顾客对商品质量的怀疑，甚至因为使用不当让商品变成了废品，埋下交易纠纷的隐患。

因为人们对文字的视觉记忆远没有对图片的视觉记忆深刻，而且，很多时候用文字和语言很难说清楚的操作细节，使用图片说明商品的使用方法是一种不错的选择。

4.商品保养与售后服务

对于一些保养和使用上有特殊要求的商品，网络客服应该充分了解商品的保养要求或使用要求。如一些特殊材质衣服的洗涤要求，儿童玩具的使用注意事项等，充分了解并告知买家，以免产生不必要的售后纠纷。

通过查看产品说明书和在网上搜索相关内容都能了解到正确的保养方法，可以把这些内容放在店铺里展示，或者建立一个常见问答的文档，以供需要时随时查阅。

售后服务也是产品的生产厂家或者商家自己拟定的服务内容和交易条件，提醒顾客一旦成交即代表认可和同意了这样的交易条件，享受售后服务将照此规定办理。

第三节　网络客户类型和网络客服技巧

一、网络客户类型

了解网店客户的特点，了解网店客户的基本类型，对于提高网店客服的服务质量和服务效率具有极其重大的作用，具体如下：

(一)按客户性格特征分类及客服策略

1.友善型客户

特质：性格随和，对自己以外的人和事没有过高的要求，具备理解、宽容、真诚、信任等美德，通常是企业的忠诚客户。

策略：提供最好的服务，不因为对方的宽容和理解而放松对自己的要求。

2.独断型客户

特质：异常自信，有很强的决断力，感情强烈，不善于理解别人；对自己的任何付出一定要求回报；不能容忍欺骗、被怀疑、慢待、不被尊重等行为；对自己的想法和要求一定需要被认可，不容易接受意见和建议；通常是投诉较多的客户。

策略：小心应对，尽可能满足其要求，让其有被尊重的感觉。

3. 分析型客户

特质：情感细腻，容易被伤害，有很强的逻辑思维能力；懂道理，也讲道理。对公正的处理和合理的解释可以接受，但不愿意接受任何不公正的待遇；善于运用法律手段保护自己，但从不轻易威胁对方。

策略：真诚对待，做出合理解释，争取对方的理解。

4. 自我型客户

特质：以自我为中心，缺乏同情心，从不习惯站在他人的立场上考虑问题；绝对不能容忍自己的利益受到任何伤害；有较强的报复心理；性格敏感多疑；时常"以小人之心度君子之腹"。

策略：学会控制自己的情绪，以礼相待，对自己的过失真诚道歉。

(二)按消费者购买行为分类及应采取的相应对策

1. 交际型

有的客户很喜欢聊天，先和您聊了很久，聊得愉快了就到您的店里购买东西，成交了也成了朋友，至少很熟悉了。

对于这种类型的客户，我们要热情如火，并把工作的重点放在这种客户上。

2. 购买型

有的顾客直接买下您的东西，很快付款，收到东西后也不和您联系，直接给您好评，对您的热情很冷淡。

对于这种类型的客户，不要浪费太多的精力，如果执着地和他（她）保持联系，他（她）可能会认为是一种骚扰。

3. 礼貌型

本来因为一件拍卖的东西和您发生了联系，如果您热情如火，在聊天过程中运用恰当的技巧，她会直接到您的店里再购买一些东西，售后热情做好了，她或许因为不好意思还会到您的店里来。

对于这种客户，我们尽量要做到热情，能多热情就做到多热情。

4. 讲价型

讲了还讲，永不知足。

对于这种客户，要咬紧牙关，坚持始终如一，保持您的微笑。

5. 拍下不买型

对于这种类型的客户，可以投诉、警告。也可以全当什么都没发生，因各自性格决定采取的方式，不能说哪个好，哪个不好。

(三)按网店购物者常规类型分类及应采取的相应对策

1. 初次上网购物者

这类购物者在试着领会电子商务的概念，他们的体验可能会从在网上购买小宗的安全种类的物品开始。这类购物者要求界面简单、过程容易。

产品照片对说服这类购买者完成交易有很大帮助。

2. 勉强购物者

这类购物者对安全和隐私问题感到紧张。因为有恐惧感，他们在开始时只想通过网站做购物研究，而非购买。

对这类购物者，只有明确说明安全和隐私保护政策才能够使其消除疑虑，轻松面对网上购物。

3. 便宜货购物者

这类购物者广泛使用比较购物工具。这类购物者不玩什么品牌忠诚，只要最低的价格。网站上提供的廉价出售商品，对这类购物者最具吸引力。

4. "手术"购物者

这类购物者在上网前已经很清楚自己需要什么，并且只购买他们想要的东西。他们的特点是知道自己做购买决定的标准，然后寻找符合这些标准的信息，当他们很自信地找到了正好合适的产品时就开始购买。

快速告知其他购物者的体验和对有丰富知识的操作者提供实时客户服务，会吸引这类购物者。

5. 狂热购物者

这类购物者把购物当作一种消遣。他们购物频率高，也最富于冒险精神。对这类购物者，迎合其好玩的性格十分重要。

为了增强娱乐性，网站应为他们多提供观看产品的工具、个人化的产品建议，以及像电子公告板和客户意见反馈页之类的社区服务。

6.动力购物者

这类购物者因需求而购物,而不是把购物当作消遣。他们有自己的一套高超的购物策略来找到所需要的东西,不愿意把时间浪费在东走西逛上。

优秀的导航工具和丰富的产品信息能够吸引此类购物者。

二、网络客服沟通技巧

网络购物是一种非面对面的购物体验,所以给买家的感觉比较虚幻,为了促成交易,网络客服必将扮演重要角色,因此客服沟通交谈技巧的运用对促成订单至关重要。为了促成网络交易,网络客服应掌握以下客服技巧。

(一)态度方面

1.树立端正、积极的态度

树立端正、积极的态度对网店客服人员来说是尤为重要。尤其是当售出的商品,有了问题的时候,不管是顾客的错还是快递公司的问题,都应该及时解决,不能回避、推脱。积极主动与客户进行沟通,尽快了解情况,尽量让顾客觉得他是受尊重、受重视的,并尽快提出解决办法。在除了与顾客之间的金钱交易之外,还应该让顾客感觉到购物的满足和乐趣。

2.要有足够的耐心与热情

我们常常会遇到一些顾客,喜欢打破砂锅问到底的。这个时候就需要我们有足够的耐心和热情,细心的回复,从而会给顾客一种信任感。决不可表现出不耐烦,就算对方不买也要说声"欢迎下次光临"。如果你的服务够好,这次不成也许还有下次。砍价的客户也是常常会遇到的,砍价是买家的天性,可以理解。在彼此能够接受的范围内可以适当地让一点,如果确实不行也应该婉转的回绝。比如说"真的很抱歉,没能让您满意,我会争取努力改进"或者引导买家换个角度来看这件商品让她感觉货有所值,就不会太在意价格了。也可以建议顾客先货比三家。总之要让顾客感觉你是热情真诚的。千万不可以说我这里不还价,没有等伤害顾客自尊的话语。

(二)表情方面

微笑是对顾客最好的欢迎,微笑是生命的一种呈现,也是工作成功的象征。所以当迎接顾客时，哪怕只是一声轻轻的问候也要送上一个真诚的微笑，虽然说网上与客户交流是看不见对方的，但只要你是微笑的，言语之间是可以感受得到的。此外，多用些旺旺表情，也能收到很好的效果。无论旺旺的哪一种表情都会将自己的情感讯号传达给对方。比如说："欢迎光临！""感谢您的惠顾"等，都应该轻轻地送上一个微笑，加与不加给人的感受完全是不同的。不要让冰冷的字体语言遮住你迷人的微笑。

（三）礼貌方面

俗话说"良言一句三冬暖，恶语伤人六月寒"，一句"欢迎光临"，一句"谢谢惠顾"，短短的几个字，却能够让顾客听起来非常舒服，产生意想不到的效果。

礼貌对客，让顾客真正感受到"上帝"的尊重，顾客来了，先来一句"欢迎光临，请多多关照。"或者："欢迎光临，请问有什么可以为您效劳的吗"。诚心致意的"说"出来，会让人有一种十分亲切的感觉。并且可以先培养一下感情，这样顾客心理抵抗力就会减弱或者消失。

有时顾客只是随便到店里看看，我们也要诚心地感谢人家说声："感谢光临本店"。对于彬彬有礼，礼貌非凡的网店客服，谁都不会把他拒之门外的。诚心致谢是一种心理投资，不需要很大代价。但可以收到非常好的效果。

沟通过程中其实最关键的不是你说的话，而是你如何说话。让我们看下面小细节的例子，来感受一下不同说法的效果："您"和"MM 您"比较，前者正规客气，后者比较亲切。"不行"和"真的不好意思哦"；"恩"和"好的没问题"都是前者生硬，后者比较有人情味。"不接受见面交易"和"不好意思我平时很忙，可能没有时间和你见面交易，请你理解哦"相信大家都会以为后一种语气更能让人接受。多采用礼貌的态度、谦和的语气，就能顺利地与客户建立起良好的沟通。

（四）语言文字方面

1. 少用"我"字，多使用"您"或者"咱们"这样的字眼

让顾客感觉我们在全心全意地为他（她）考虑问题。

2. 常用规范用语

（1）"请"是一个非常重要的礼貌用语。

（2）"欢迎光临""认识您很高兴""希望在这里能找到您满意的 DD"。

（3）"您好""请问""麻烦""请稍等""不好意思""非常抱歉""多谢支持"……

平时要注意提高修炼自己的内功，同样一件事不同的表达方式就会表达出不同的意思。很多交易中的误会和纠纷就是因为语言表述不当而引起的。

3. 在客户服务的语言表达中，应尽量避免使用负面语言

这一点非常关键。客户服务语言中不应有负面语言。什么是负面语言？比如说，我不能、我不会、我不愿意、我不可以等，这些都叫负面语言。

(1)在客户服务的语言中，没有“我不能”：当你说“我不能”的时候，客户的注意力就不会集中在你所能给予的事情上，他会集中在“为什么不能”，“凭什么不能”上。

正确方法：“看看我们能够帮你做什么”，这样就避开了跟客户说不行，不可以。

(2)在客户服务的语言中，没有“我不会做”：你说“我不会做”，客户会产生负面感觉，认为你在抵抗；而我们希望客户的注意力集中在你讲的话上，而不是注意力的转移。

正确方法：“我们能为你做的是……”

(3)在客户服务的语言中，没有“这不是我应该做的”：客户会认为他不配提出某种要求，从而不再听你解释。

正确方法：“我很愿意为你做”。

(4)在客户服务的语言中，没有“我想我做不了”：当你说“不”时，与客户的沟通会马上处于一种消极气氛中，为什么要客户把注意力集中在你或你的公司不能做什么，或者不想做什么呢？

正确方法：告诉客户你能做什么，并且非常愿意帮助他们。

(5)在客户服务的语言中，没有“但是”：你受过这样的赞美吗？——“你穿的这件衣服真好看！但是……”，不论你前面讲得多好，如果后面出现了“但是”，就等于将前面对客户所说的话进行否定。

正确方法：只要不说“但是”，说什么都行！

(6)在客户服务的语言中，有一个“因为”：要让客户接受你的建议，应该告诉他理由，不能满足客户的要求时，要告诉他原因。

(五)旺旺等即时聊天工具方面

1. 旺旺沟通的语气和旺旺表情的活用

在旺旺上和顾客对话，应该尽量使用活泼生动的语气，不要让顾客感觉到你再怠慢他。虽然很多顾客会想“哦，她很忙，所以不理我”，但是顾客心理还是觉得被

疏忽了。这个时候如果实在很忙，不妨客气地告诉顾客“对不起，我现在比较忙，我可能会回复得慢一点，请理解”，这样，顾客才能理解你并且体谅你。尽量使用完整客气的语句来表达，比如说告诉顾客不讲价，应该尽量避免直截了当地说：“不讲价”，而是礼貌而客气的表达这个意思“对不起，我们店商品不讲价”可以的话，还可以稍微解释一下原因。

如果我们遇到没有合适语言来回复顾客留言的时候，或者与其用“呵呵”“哈哈”等语气词，不妨使用一下旺旺的表情。一个生动的表情能让顾客直接体会到你的心情。

2. 旺旺使用技巧

我们可以通过设置快速回复来提前把常用的句子保存起来，这样在忙乱的时候可以快速地回复顾客。比如欢迎词、不讲价的解释、“请稍等”等，可以给我们节约大量的时间。在日常回复中，发现哪些问题是顾客问的比较多的，也可以把回答内容保存起来，达到事半功倍的效果。

通过旺旺的状态设置，可以给店铺做宣传，比如在状态设置中写一些优惠措施、节假日提醒、推荐商品等。

如果暂时不在座位上，可以设置“自动回复”，不至于让顾客觉得自己好像没人搭理。也可以在自动回复中加上一些自己的话语，都能起到不错的效果。

(六)针对性方面

任何一种沟通技巧，都不是对所有客户一概而论的，针对不同的客户应该采用不同的沟通技巧。

1. 顾客对商品了解程度不同，沟通方式也有所不同

(1)对商品缺乏认识，不了解。这类顾客对商品知识缺乏，对客服依赖性强。对于这样的顾客需要我们像对待朋友一样去细心的解答，多从他(她)的角度考虑去给他(她)推荐，并且告诉他(她)你推荐这些商品的原因。对于这样的顾客，你的解释越细致他(她)就会越信赖你。

(2)对商品有些了解，但是一知半解。这类顾客对商品了解一些，比较主观，易冲动，不太容易信赖。面对这样的顾客，这时就要控制情绪，有理有节耐心的回答，向她表示你的丰富专业知识，让她认识到自己的不足，从而增加对你的信赖。

(3)对商品非常了解。这类顾客知识面广，自信心强，问题往往都能问到点子上。面对这样的顾客，要表示出你对她专业知识的欣赏，表达出“好不容易遇到同

行的了”，用便宜的口气和她探讨专业的知识，给他（她）来自内行的推荐，告诉她“这个才是最好的，你一看就知道了”，让她感觉到自己真的被当成了内行的朋友，而且你尊重他（她）的知识，你给他（她）的推荐肯定是最衷心的、最好的。

2. 对价格要求不同的顾客，沟通方式也有所不同

(1)有的顾客很大方，说一不二，看见你说不砍价就不跟你讨价还价：对待这样的顾客要表达你的感谢，并且主动告诉她我们的优惠措施，我们会赠送什么样的小礼物，这样，让顾客感觉物超所值。

(2)有的顾客会试探性地问问能不能还价：对待这样的顾客既要坚定地告诉她不能还价，同时也要态度和缓地告诉她我们的价格是物有所值的。并且谢谢他的理解和合作。

(3)有的顾客就是要讨价还价，不讲价就不高兴：对于这样的顾客，除了要坚定重申我们的原则外，要有理有节的拒绝她的要求，不要被她各种威胁和祈求所动摇。适当的时候建议她再看看其他便宜的商品。

3. 对商品要求不同的顾客，沟通方式也有所不同

(1)有的顾客因为买过类似的商品，所以对购买的商品质量有清楚的认识：对于这样的顾客是很好打交道的。

(2)有的顾客将信将疑，会问：图片和商品是一样的吗？对于这样的顾客要耐心给他们解释，在肯定我们是实物拍摄的同时，要提醒她难免会有色差等，当她有一定的思想准备，不要把商品想象得太过完美。

(3)还有的顾客非常挑剔，在沟通的时候就可以感觉到，她会反复问：有没有瑕疵？有没有色差？有问题怎么办？怎么找你们等。这个时候就要意识到这是一个有完美主义情结的顾客，除了要实事求是地介绍商品，还要实事求是地把一些可能存在的问题都介绍给她，告诉她没有东西是十全十美的。如果顾客还坚持要完美的商品，就应该委婉地建议她选择实体店购买需要的商品。

(七)促成交易技巧

1. 利用“怕买不到”的心理

人们常对越是得不到、买不到的东西，越想得到它、买到它。你可利用这种“怕买不到”的心理，来促成订单。当对方已经有比较明显的购买意向，但还在最后犹豫中的时候。可以用以下说法来促成交易：“这款是我们最畅销的了，经常脱销，现在这批又只剩 2 个了，估计不要一两天又会没了，喜欢的话别错过了哦”或者：“今天是优惠价的截止日，请把握良机，明天你就买不到这种折扣价了。”

2.利用顾客希望快点拿到商品的心理

大多数顾客希望在付款后你越快寄出商品越好。所以在顾客已有购买意向，但还在最后犹豫中的时候。可以说:“如果真的喜欢的话就赶紧拍下吧，快递公司的人再过10分钟就要来了，如果现在支付成功的话，马上就能为你寄出了。”对于可以用网银转账或在线支付的顾客尤为有效。

3.当顾客一再出现购买信号，却又犹豫不决拿不定主意时，可采用“二选其一”的技巧来促成交易

譬如，你可以对他说:“请问您需要第14款还是第6款?”或是说:“请问要平邮给您还是快递给您?”，这种“二选其一”的问话技巧，只要准顾客选中一个，其实就是你帮他拿主意，下决心购买了。

4.帮助准顾客挑选，促成交易

许多准顾客即使有意购买，也不喜欢迅速签下订单，他总要东挑西拣，在产品颜色、规格、式样上不停地打转。这时候你就要改变策略，暂时不谈订单的问题，转而热情地帮对方挑选颜色、规格、式样等，一旦上述问题解决，你的订单也就落实了。

5.巧妙反问，促成订单

当顾客问到某种产品，不巧正好没有时，就得运用反问来促成订单。举例来说，顾客问:“这款有金色的吗?”这时，你不可回答没有，而应该反问道:“不好意思我们没有进货，不过我们有黑色、紫色、蓝色的，在这几种颜色里，您比较喜欢哪一种呢?”

6.积极地推荐，促成交易

当顾客拿不定主意，需要你推荐的时候，你可以尽可能多的推荐符合他的要求的款式，在每个链接后附上推荐的理由。而不要找到一个推荐一个。“这款是刚到的新款，目前市面上还很少见”，“这款是我们最受欢迎的款式之一”，“这款是我们最畅销的了，经常脱销”等等，以此来尽量促成交易。

(八)说服客户的技巧

1.调节气氛，以退为进

在说服时，你首先应该想方设法调节谈话的气氛。如果你和颜悦色地用提问的方式代替命令，并给人以维护自尊和荣誉的机会，气氛就是友好而和谐的，说服也就容易成功；反之，在说服时不尊重他人，拿出一副盛气凌人的架势，那么说服多

半是要失败的。毕竟人都是有自尊心的，就连三岁孩童也有他们的自尊心，谁都不希望自己被他人不费力地说服而受其支配。

2. 争取同情，以弱克强

渴望同情是人的天性，如果你想说服比较强大的对手时，不妨采用这种争取同情的技巧，从而以弱克强，达到目的。

3. 消除防范，以情感化

一般来说，在你和要说服的对象较量时，彼此都会产生一种防范心理，尤其是在危急关头。这时候，要想使说服成功，你就要注意消除对方的防范心理。如何消除防范心理呢？从潜意识来说，防范心理的产生是一种自卫，也就是当人们把对方当作假想敌时产生的一种自卫心理，那么消除防范心理的最有效方法就是反复给予暗示，表示自己是朋友而不是敌人。这种暗示可以采用种种方法来进行：嘘寒问暖，给予关心，表示愿给帮助等。

4. 投其所好，以心换心

站在他人的立场上分析问题，能给他人一种为他着想的感觉，这种投其所好的技巧常常具有极强的说服力。要做到这一点，"知己知彼"十分重要，惟先知彼，而后方能从对方立场上考虑问题。

5. 寻求一致，以短补长

习惯于顽固拒绝他人说服的人，经常都处于"不"的心理组织状态之中，所以自然而然地会呈现僵硬的表情和姿势。对付这种人，如果一开始就提出问题，绝不能打破他"不"的心理。所以，你得努力寻找与对方一致的地方，先让对方赞同你远离主题的意见，从而使之对你的话感兴趣，而后再想法将你的主意引入话题，而最终求得对方的同意。

（九）其他方面

1. 坚守诚信

网络购物虽然方便快捷，但唯一的缺陷就是看不到摸不着。顾客面对网上商品难免会有疑虑和戒心，所以我们对顾客必须要用一颗诚挚的心，像对待朋友一样对待顾客。包括诚实地解答顾客的疑问，诚实地告诉顾客商品的优缺点，诚实地向顾客推荐适合她的商品。

坚守诚信还表现在一旦答应顾客的要求，就应该切实地履行自己的承诺，哪怕自己吃点亏，也不能出尔反尔。

2. 凡事留有余地

在与顾客交流中，不要用“肯定，保证，绝对”等等字样，这不等于你售出的产品是次品，也不表示你对买家不负责任，而是不让顾客有失望的感觉。因为我们每个人在购买商品的时候都会有一种期望，如果你保证不了顾客的期望，最后就会变成顾客的失望。比如卖化妆品的，本身每个人的肤质就不同，你敢百分百保证你售出的产品在几天或一个月内一定能达到顾客想象的效果吗？还有出售出去的货品在路程中，我们能保证快递公司不误期吗？不会被丢失吗？不会被损坏吗？为了不要让顾客失望，最好不要轻易说保证。如果用，最好用尽量、争取、努力等等词语，效果会更好。多给顾客一点真诚，也给自己留有一点余地。

3. 处处为顾客着想，用诚心打动顾客

让顾客满意，重要一点体现在真正为顾客着想。处处站在对方的立场，想顾客所想，把自己变成一个买家助手。

4. 多虚心请教，多倾听顾客声音

当顾客上门的时候我们并不能马上判断出顾客的来意与其所需要的物品，所以需要先问问清楚顾客的意图，需要具体的什么商品，是送人还是自用，是送给什么样的人等等。了解清楚了顾客的情况，准确的对其进行定位，才能做到只介绍对的不介绍贵的，以客为尊，满足顾客需求。

当顾客表现出犹豫不决或者不明白的时候，我们也应该先问清楚顾客困惑的内容是什么，是哪个问题不清楚，如果顾客表述也不清楚，我们可以把自己的理解告诉顾客，问问是不是理解对了，然后针对顾客的疑惑给予解答。

5. 做个专业卖家，给顾客准确的推介

不是所有的顾客对你的产品都是了解和熟悉的。当有的顾客对你的产品不了解的时候，在咨询过程中，就需要我们为顾客解答，帮助顾客找到核实他们的产品。不能顾客一问三不知，这样会让顾客感觉没有信任感，谁也不会在这样的店里买东西的。

6. 坦诚介绍商品优点与缺点

我们在介绍商品的时候，必须要针对产品本身的缺点。虽然商品缺点本来是应该尽量避免触及，但如果因此而造成事后客户抱怨，反而会失去信用，得到差评也就在所难免了。在淘宝里也有看到其他卖家因为商品质量问题得到差评，有些是特价商品造成的。所以，在卖这类商品时首先要坦诚地让顾客了解到商品的缺点，努力让顾客知道商品的其他优点，先说缺点再说优点，这样会更容易被客户接受。在介绍商品时切莫夸大其词的来介绍自己的商品，介绍与事实不符，最后失去信用也失去顾客。其实介绍自己产品时，就像媒婆一样把产品嫁出去。如果你介绍："这个女孩脾气不错，就是脸蛋差了些"和"这个女孩虽然脸蛋差了些，但是脾气好，善良温柔"虽然表达的意思是一样，但听起来感受可就不大相同噢！所以，介绍自己产品时，可以强调一下："东西虽然是次了些，但是东西功能齐全，或者说，这件商品拥有其他产品没有的特色"等等，这样介绍收到的效果是完全不相同的。此方法建议用在特价商品上比较好。

7.遇到问题多检讨自己少责怪对方

遇到问题的时候，先想想自己有什么做得不到位的地方，诚恳地向顾客检讨自己的不足，不要上来先指责顾客。比如顾客有些内容明明写了可是他(她)看不到，这个时候千万不要一味地指责顾客没有好好看商品说明，而是应该反省自己没有及时的提醒顾客。

8.换位思考、理解顾客的意愿

当我们遇到不理解顾客想法的时候，不妨多问问顾客是怎么想的，然后把自己放在顾客的角度去体会他(她)的心境。

9.表达不同意见时尊重对方立场

当顾客表达不同的意见时，要力求体谅和理解顾客，表现出"我理解您现在的心情，目前……"或者"我也是这么想的，不过……"来表达，这样顾客能觉得你在体会他的想法，能够站在她的角度思考问题，同样，她也会试图站在你的角度来考虑。

10.保持相同的谈话方式

对于不同的顾客，我们应该尽量用和他们相同的谈话方式来交谈。如果对方是个年轻的妈妈给孩子选商品，我们应该表现站在母亲的立场，考虑孩子的需要，用比较成熟的语气来表述，这样更能得到顾客的信赖。如果你自己表现得更像个孩子，顾客会对你的推荐表示怀疑。

如果你常常使用网络语言，但是在和顾客交流的时候，有时候他(她)对你使用的网络语言不理解，会感觉和你交流有障碍，有的人也不太喜欢太年轻态的语言。所以我们建议大家在和顾客交流的时候，尽量不要使用太多的网络语言。

11.经常对顾客表示感谢

当顾客及时地完成付款，或者很痛快地达成交易，我们都应该衷心地对顾客表示感谢，谢谢她这么配合我们的工作，谢谢她为我们节约了时间，谢谢她给我们一个愉快的交易过程。

12. 坚持自己的原则

在销售过程中，我们会经常遇到讨价还价的顾客，这个时候我们应当坚持自己的原则。

如果作为商家在定制价格的时候已经决定不再议价，那么我们就应该向要求议价的顾客明确表示这个原则。

比如说邮费，如果顾客没有符合包邮条件，而给某位顾客包了邮，钱是小事，但后果严重：

(1)其他顾客会觉得不公平，使店铺失去纪律性。

(2)给顾客留下经营管理不正规的印象，从而小看你的店铺。

(3)给顾客留下价格产品不成正比的感觉，否则为什么你还有包邮的利润空间呢？

(4)顾客下次来购物还会要求和这次一样的特殊待遇，或进行更多的议价，这样你需要投入更多的时间成本来应对。在现在快节奏的社会，时间就是金钱，珍惜顾客的时间也珍惜自己的时间，才是负责的态度。

三、如何避免客户流失

作为网店，如果无法阻止客户的流失，那就意味着它将永远无法做大。那么如何才能阻止客户的流失呢，笔者认为：首先要弄清楚客户流失的原因，然后对症下药，采取相应的有效措施，加以阻止，就具体如下：

(一)导致客户流失的因素

卖家们大多也都知道失去一个老顾客会带来巨大损失，需要店铺至少再开发十个新客户才能予以弥补。但当问及卖家顾客为什么流失时，很多店铺的卖家都一脸迷茫，谈到如何防范，他们更是诚惶诚恐。客户的需求不能得到切实有效的满足往往是导致企业客户流失的最关键因素，一般表现在以下几个方面：

1. 店铺商品质量不稳定，顾客利益受损

很多店铺开始做的时候会选择质量好，价位稍高的商品来销售，但时间久了，慢慢地，卖家会发现有些低劣商品，只要图片漂亮一样好卖，于是改换便宜的劣质品进回来充当高档商品卖高价位，这样一来，顾客肯定会流失很多。

2. 店铺缺乏创新，客户“移情别恋”

任何商品都有自己的生命周期，随着网上购物平台市场的成熟及商品价格透明度的增高，商品带给顾客的选择空间往往越来越大。若店铺不能及时进行创新，顾客自然就会另寻他路，毕竟买到最实惠最优质最新鲜的商品才是顾客所需要的。

3. 店铺内部人员服务意识淡薄

员工傲慢、顾客提出的问题不能得到及时解决、咨询无人理睬、投诉没人处理、回复留言语气生硬，接听电话支支吾吾，回邮件更是草草了事，员工工作效率低下也是直接导致顾客流失的重要因素。前几天一个老顾客告诉我说，她在一家女装店铺买了很久的衣服了，但这次收到的货却不对口，和照片上差异很大，在要求退货时却遭遇店铺客服生硬的拒绝，客服部和发货部互相推诿，一来二去，耽误了时间事情却没得到解决，最后这个顾客发誓再也不去这家店铺买东西了。

4. 员工跳槽，带走了顾客

很多很多店铺卖家都是小规模雇人经营，员工流动性上相对较大，而店主在顾客关系管理方面不够细腻、规范，顾客与店铺客服之间的桥梁作用就被发挥得淋漓尽致，而店主自身对客户影响相对乏力，一旦客服人员摸清进货渠道，在网上自立门户，以低价位做恶性竞争，老客户就随之而去。与此带来的是竞争对手实力的增强。

5. 顾客遭遇新的诱惑

市场竞争激烈，为能够迅速在市场上获得有利地位，竞争对手往往会不惜代价搞低价促销，做广告，做“毁灭性打击”来吸引更多的客源。“重金之下，必有勇夫”，顾客“变节”也不是什么奇怪现象了。

另外，个别顾客自恃购买次数多，为买到网上的最低价格商品，每买一件商品都搜索最低价来对比，否则就以“主动流失”进行要挟，店铺满足不了他们的特殊需求，只好善罢甘休。

（二）如何防范客户流失

找到顾客流失的原因，至于如何防范，店主们还应结合自身情况“对症下药”才是根本。一般来讲，店铺应从以下几个方面入手来堵住顾客流失的缺口：

1. 做好质量营销

要明白质量是维护顾客忠诚度最好的保证，是对付竞争者的最有力的武器，是保持增长和赢利的唯一途径。可见，店铺只有在产品的质量上下功夫保证商品的耐用性、可靠性、精确性等价值属性才能在市场上取得优势，才能为商品的销售及品牌的推广创造一个良好的运作基础，也才能真正吸引客户、留住客户。

2. 树立“客户至上”服务意识

举个例子：一年夏天，武汉奇热，一时空调销量大增，由于当地售后服务队伍人数有限，海尔预料自己的售后服务将面临人员危机。于是，武汉海尔负责人很快打电话到总部要求调配东北市场的售后服务人员，接着东北海尔的售后服务人员就乘机直达武汉。客户得到了海尔全心的支持，“真诚到永远”真是名不虚传，这是武汉人都知道的事情，由此可见，任何行业，服务质量好是最重要的，是留住顾客的最重要因素。

3. 强化与顾客的沟通

首先店铺在得到一位新顾客时，应及时将店铺的经营理念和服务宗旨传递给顾客，便于获得新顾客的信任。在与顾客的交易中遇到矛盾时，应及时地与顾客沟通，及时处理，及时地解决问题，在适当时候还可以选择放弃自己利益保全顾客利益的宗旨，顾客自然会感激不尽，很大程度上增加了顾客对店铺的信任。

4. 打造出良好的品牌形象

这就要求店铺一方面通过改进商品、服务、人员和形象，提高自己店铺的品牌形象，另一方面通过改善服务和促销网络系统，减少顾客购买产品的时间、体力和精力的消耗，以降低货币和非货币成本。从而来影响顾客的满意度和双方深入合作的可能性，为自己的店铺打造出良好的品牌形象。

5. 建立良好的客户关系

员工跳槽带走客户很大一个原因就在于店铺缺乏与顾客的深入沟通与联系。顾客资料是一个店铺最重要的财富，店主只有详细地收集好顾客资料，建立顾客档案进行归类管理并适时把握客户需求让顾客从心里信任这个店铺而不是单单一件商品，这样才能真正实现“控制”顾客的目的。

6. 做好创新

店铺的商品一旦不能根据市场变化做出调整与创新，就会落于市场的后尘。就好像女装分类，前年最火爆的品牌是 Burberry，去年最火的是 D&G，今年又火什么呢？市场是在不断变化的，只有不断的迎合市场需求，时代变化，才能真正赢得更多信赖你的顾客，只有那些走在市场前面来引导客户驱使市场的发展的经营者，才能取得成功。

7. 对于那些想用“自动流失”要挟的顾客，尽管放弃吧，原则性问题，任何店铺任何店主都应该遵守

防范顾客流失工作既是一门艺术，又是一门科学，它需要店铺不断地去创造、

传递和沟通优质的顾客价值，这样才能最终获得、保持和增加老顾客，锻造店铺的核心竞争力，使企业拥有立足市场的资本。

第四节　客户纠纷处理

一、做好售后服务避免客户纠纷

好的店铺，是绝不会忽视售后服务环节的，因为很多店家都清楚，维护好 1 个老客户比新开发 10 个新客户都重要，那么如何才能做好售后服务呢，具体如下：

(一)树立售后服务观念

1. 售后服务是整个物品销售过程的重点之一

好的售后服务会带给买家非常好的购物体验，可能使这些买家成为你忠实用户，以后经常购买你店铺内的物品。

2. 做好售后服务，首先要树立正确的售后服务观念

服务观念是长期培养的一种个人(或者店铺)的魅力，卖家都应该建立一种“真诚为客户服务”的观念。

3. 服务有时很难做到让所有客户百分之百满意

但只要你在“真诚为客户服务”的指导下，问心无愧地做好售后服务，相信一定会得到相应回报的。

4. 卖家应该重视和充分把握与买家交流的每一次机会

因为每一次交流都是一次难得地建立感情，增进了解，增强信任的机会。买家也会把他们认为很好的卖家推荐给更多的朋友。

(二)交易结束及时联系

物品成交后卖家应主动和买家联系，避免成交的买家由于没有及时联系而流失掉。及时联系买家应该做到以下几点：

1. 发送自己制作的成交邮件模版或者旺旺信息

可以包括：银行账号，应付金额，汇款方式等。为了怕收到很多相同金额的汇款，你可以加入编号一栏让买家汇款的时候注明，这样也方便你查寻。

2. 为了避免冲动性购物的买家流失掉，趁热打铁至关重要

建议物品成交的当天就发出成交邮件。

3. 由于网络有时不稳定，有些买家的邮箱不一定能够收到你的邮件

因此如果当你的顾客 2 天内没有回复你的邮件，你可以主动打电话询问是否收到成交邮件或者旺旺留言。

(三)交易结束如实评价

(1)评价是买卖双方对于一笔交易最终的看法，也是以后可能想要购买你物品的潜在买家们作为参考的一个重要因素。

好的信用会让买家放心购买，差的评价往往让买家望而却步。

交易结束要及时作评价，信用至关重要，不论买家还是卖家都很在意自己的信用度，及时在完成交易后做出评价，会让其他买家看到自己信用度的变化。

有些买家不像卖家那样能够及时地做出评价，可以友善地提醒买家给你做出如实的评价，因为这些评价将成为其他买家购买你物品前重要的参考。

评价还有一个很重要的解释功能，如果买家对你的物品做出了错误的不公正的评价，你可以在评价下面及时做出正确合理的解释，防止其他买家因为错误的评价产生错误的理解。

(2)在“我的旺旺”已售出物品中，你可以标注给买家做出信用评价，同时也可以看到买家给你的评价。

(四)不同买家不同备注

(1)卖家们应该好好地总结自己买家群体的特征。因为只有全面了解到买家情况，才能确保你进的货正好是你的买家喜欢的物品，更好地发展生意。

(2)建立买家的资料库，及时记录每个成交交易的买家的各种联系方式。

(3)总结买家的背景至关重要。在和买家交易过程中了解买家的职业或者城市等其他的背景，能帮你总结不同的人群所适合的物品。

(4)购买能力很强的买家更要作为你总结的重点。发展这批群体成为你忠实买家有助于提高你的生意。

(五)发展潜在忠实买家

1.淘宝给所有卖家一笔宝贵的财富

那就是当用户成为你的买家以后,淘宝不可能收回这些买家,他们将成为你自己的资产,你维护的好坏将直接影响他们以后会不会继续购买你的物品。

2.忠实买家所产生的销售额通常能够达到一定比例

所以对于曾经购买过你的物品的买家除了做好第一次交易,更要做好后续的维护,让他们成为你的忠实顾客。

3.定期给买家发送有针对性的、买家感兴趣的邮件和旺旺消息

切忌不要太频繁,否则很可能被当作垃圾邮件,另外,宣传的物品绝对要有吸引力!

4.把忠实买家设定为你的 VIP 买家群体

在店铺内制定出相应的优惠政策,比如可以让他们享受新品优惠等等。

5.定期回访顾客,用打电话、旺旺或者 E-mail 的方式关心客户

与他们建立起良好的客户关系,同时也可以从他们那里得到很好的意见和建议。

二、有效处理客户纠纷

要成功地处理客户投诉,先要找到最合适的方式与客户进行交流。很多客服人员都会有这样的感受,客户在投诉时会表现出情绪激动、愤怒,甚至对你破口大骂。

此时,你要明白,这实际上是一种发泄,把自己的怨气、不满发泄出来,客户忧郁或不快的心情便得到释放和缓解,从而维持了心理平衡。此时,客户最希望得到的是同情、尊重和重视,因此你应立即向其表示道歉,并采取相应的措施。

(一)快速反应

顾客认为商品有问题,一般会比较着急,怕不能得到解决,而且也会不太高兴。这个时候要快速反应,记下他(她)的问题,及时查询问题发生的原因,及时帮助顾客解决问题。有些问题不是能够马上解决的,也要告诉顾客我们会马上给您解决,现在就给您处理……

(二)热情接待

如果顾客收到东西后过来反映有什么问题的话，要热情的对待，要比交易的时候更热情，这样买家就会觉得你这个卖家好，不是那种虚伪的，刚开始的时候很热情，等钱收到之后呢，就爱理不理的那种。对于爱理不理的那种，买家就会很失望，即使东西再好，他们也不会再来了。

(三)表示愿意提供帮助

"让我看一下该如何帮助您，我很愿意为您解决问题。"

正如前面所说，当客户正在关注问题的解决时，客服人员应体贴地表示乐于提供帮助，自然会让客户感到安全、有保障，从而进一步消除对立情绪，形成依赖感。

(四)引导客户思绪

我们有时候会在说道歉时感到不舒服，因为这似乎是在承认自己有错。其实，"对不起"或"很抱歉"并不一定表明你或公司犯了错，这主要表明你对客户不愉快经历的遗憾与同情。不用担心客户因得到你的认可而越发强硬，认同只会将客户的思绪引向解决方案。同时，我们也可以运用一些方法来引导客户的思绪，化解客户的愤怒：

1."何时"法提问

一个在火头上的发怒者无法进入"解决问题"的状况，我们要做的首先是逐渐使对方的火气减下来。对于那些非常难听的抱怨，应当用一些"何时"问题来冲淡其中的负面成分。

客户："你们根本是瞎胡搞，不负责任才导致了今天的烂摊子！"

客服人员："您什么时候开始感到我们的服务没能及时替您解决这个问题？"

而不当的反应，如同我们司空见惯的："我们怎么瞎胡搞了？这个烂摊子跟我们有什么关系？"

2.转移话题

当对方按照他的思路在不断地发火、指责时，可以抓住一些其中略为有关的内容扭转方向，缓和气氛。

客户："你们这么搞把我的日子彻底搅了，你们的日子当然好过，可我还上有老下有小啊！"

客服经理："我理解您，您的孩子多大啦？"

客户："嗯……6 岁半。"

3. 间隙转折

暂时停止对话，特别是你也需要找有决定权的人做一些决定或变通：

"稍候，让我来和高层领导请示一下，我们还可以怎样来解决这个问题。"

4. 给定限制

有时你虽然做了很多尝试，对方依然出言不逊，甚至不尊重你的人格，你可以转而采用较为坚定的态度给对方一定限制：

"汪先生，我非常想帮助您。但您如果一直这样情绪激动，我只能和您另外约时间了。您看呢？"

(五)认真倾听

顾客投诉商品有问题，不要着急去辩解，而是要耐心听清楚问题的所在，然后记录下顾客的用户名，购买的商品，这样便于我们去回忆当时的情形。和顾客一起分析问题出在哪里，才能有针对性地找到解决问题的办法。

在倾听客户投诉的时候，不但要听他表达的内容还要注意他的语调与音量，这有助于了解客户语言背后的内在情绪。同时，要通过解释与澄清，确保你真正了解客户的问题。

"王先生，来看一下我的理解是否正确。您是说，您一个月前买了我们的手机，但发现有时会无故死机。您已经到我们的手机维修中心检测过，但测试结果没有任何问题。今天，此现象再次发生，您很不满意，要求我们给您更换产品。"你要向客户澄清："我理解了您的意思吗？"

认真倾听客户，向客户解释他所表达的意思并请教客户我们的理解是否正确，都是向客户表明了你的真诚和对他的尊重。同时，这也给客户一个重申他没有表达清晰意图的机会。

(六)认同客户的感受

客户在投诉时会表现出烦恼、失望、泄气、愤怒等各种情感，你不应当把这些表现理解成是对你个人的不满。特别是当客户发怒时，你可能会想："我的态度这么好，凭什么对我发火？"要知道，愤怒的情感通常都会潜意识中通过一个载体来发泄。你一脚踩在石头上，会对石头发火，飞起一脚踢远它，尽管这不是石头的错。因此，客户仅仅是把你当成了发泄对象而已。

客户的情绪是完全有理由的，理应得到极大的重视和最迅速、合理的解决。所以你要让客户知道你非常理解他的心情,关心他的问题:“王先生,对不起,让您感到不愉快了,我非常理解您此时的感受。”

无论客户是否永远是对的,至少在客户的世界里,他的情绪与要求是真实的,客服经理只有与客户的世界同步,才有可能真正了解他的问题,找到最合适的方式与他交流,从而为成功的投诉处理奠定基础。

(七)安抚和解释

首先我们要站在顾客的角度想问题,顾客一般总不会无理取闹的,她来反映一个问题的话,我们要先想一下,如果是自己遇到这个问题会怎么做,怎么解决,所以要跟顾客说,“我同意您的看法”,“我也是这么想的”这样顾客会感觉到你是在为她处理问题,这样也会让顾客对你的信任更多,要和顾客站在同一个角度看待问题,比如说一些“是不是这样子的呢”,“您觉得呢”,还有在沟通的时候称呼也是很重要的,一个客服的话,那么肯定是有一个团队的,团队不是只有一个人的,所以对自己这边的称呼要以“我们”来称呼,和顾客也可以用“我们”来说的,“我们分析一下这个问题”,“我们看看……”这样会更亲近一些的,对顾客也要以“您”来称呼,不要一口一个“你”,这样既不专业,也没礼貌。

(八)诚恳道歉

不管是因为什么样的原因造成顾客的不满,都要诚恳地向顾客致歉,对因此给顾客造成的不愉快和损失道歉。如果你已经非常诚恳的认识到自己的不足,顾客一般也不好意思继续不依不饶。

(九)提出补救措施

对于顾客的不满,要能及时提出补救的方式,并且明确地告诉顾客,让顾客感觉到你在为他考虑,为他弥补,并且你很重视他的感觉。一个及时有效的补救措施,往往能让顾客的不满化成感谢和满意。

针对客户投诉,每个公司都应有各种预案或解决方案。客服人员在提供解决方案时要注意以下几点:

为客户提供选择。通常一个问题的解决方案都不是唯一的,给客户提供选择会让客户感到受尊重,同时,客户选择的解决方案在实施的时候也会得到来自客户方更多的认可和配合。

诚实地向客户承诺。因为有些问题比较复杂或特殊,客服人员不确信该如何为客户解决。如果你不确信,不要向客户作任何承诺,诚实地告诉客户,你会尽力寻找解决的方法,但需要一点时间,然后约定给客户回话的时间。你一定要确保准时给客户回话,即使到时你仍不能解决问题,也要向客户解释问题进展,并再次约定答复时间。你的诚实会更容易得到客户的尊重。

适当地给客户一些补偿。为弥补公司操作中的一些失误,可以在解决问题之外,给客户一些额外补偿。很多企业都会给客服人员一定授权,以灵活处理此类问题。但要注意的是:将问题解决后,一定要改进工作,以避免今后发生类似的问题。有些处理投诉的部门,一有投诉首先想到用小恩小惠息事宁人,或一定要靠投诉才给客户应得的利益,这样不能从根本上减少此类问题的发生。

(十)通知顾客并及时跟进

给顾客采取什么样的补救措施,现在进行到哪一步,都应该告诉给顾客,让他了解你的工作,了解你为他付出的努力。顾客当发现商品出现问题后,首先担心能不能得到解决,其次担心需要多长时间才能解决,当顾客发现补救措施及时有效,而且商家也很重视的时候,就会感到放心。

第七章　淘宝网店工具集

第一节　阿里旺旺/千牛

一、什么是阿里旺旺/千牛

阿里旺旺是即时在线聊天工具，是淘友相互联系的工具。所有用户可以通过淘宝网提供的信息沟通渠道进行信息发布或交流沟通，但不得通过此渠道发布违法、违规信息。阿里旺旺目前根据用户属性，分来卖家版和买家版两类，如图 7-1 所示。买家版阿里旺旺称为“阿里旺旺”，卖家版阿里旺旺则被改称为“千牛”。千牛是卖家一站式工作平台，是由阿里集团官方出品，包含千牛移动版和千牛 PC 版。除了具有阿里旺旺的沟通功能以外，还具有处理订单、管理商品、查看实时数据等功能。本书我们只针对卖家介绍千牛的使用。

图 7-1　阿里旺旺和千牛

（一）如何开通千牛

开通登录千牛的用户名和密码同注册的淘宝账号是一致的。如果您已经有淘宝账户，直接登录千牛即可；如果您还没有，可以直接在千牛登录页面或淘宝首页上点击“免费注册”，完成注册后登陆就可以了。千牛首页如图 7-2 所示。

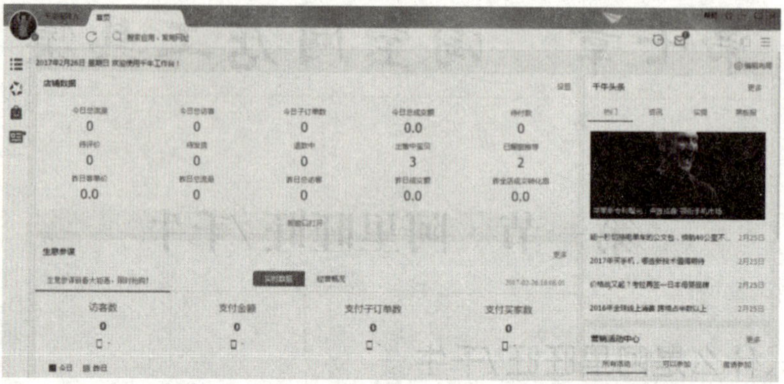

图 7-2　千牛首页

(二)如何添加好友和群

在千牛工作台左上角的搜索框内搜索要添加的好友会员名，或者要加的群的群号，然后进行搜索，返回搜索结果后，可以点击添加，就完成了好友和群的添加过程，如图 7-3 所示。

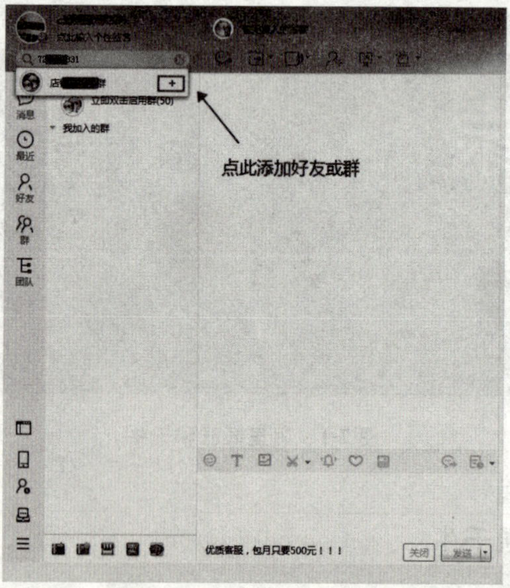

图 7-3　添加好友和群

千牛可添加好友上限超过 2 000 人。每天可添加的好友人数会根据账号的等级、活跃度等综合评估进行限定，所以新用户会出现添加好友数量不多的情况下提示“好友已达上限”，建议次日再进行添加，待账号的等级、活跃度慢慢提升了每日可添加的好友数就会增加。

(三)如何添加调整千牛插件

登录千牛后，点击【工作台】进入千牛工作台界面，如图 7-4 所示。

图 7-4　进入工作台

在千牛工作台界面点击左下角的【我的应用】，可以看到各种插件，点击插件右上角的小图标就会添加在左侧导航栏中，如图 7-5 所示。

图 7-5　添加插件

如果是手机千牛，那么可以通过【工作台】—【设置】进行选择。手机端仅能对已有插件进行调整，若订购新插件需要在电脑端插件市场完成，图 7-6 为手机端千牛操作。

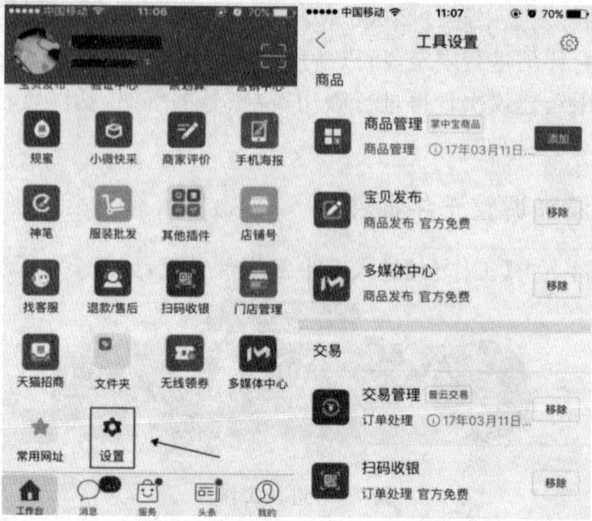

图 7-6　手机千牛添加插件

(四)如何设置快捷短语

在千牛上设置快捷短语,可以直接在千牛聊天窗口,点击【快捷短语】,点击下方的【新建】就可以创建了,如图 7-7 所示。

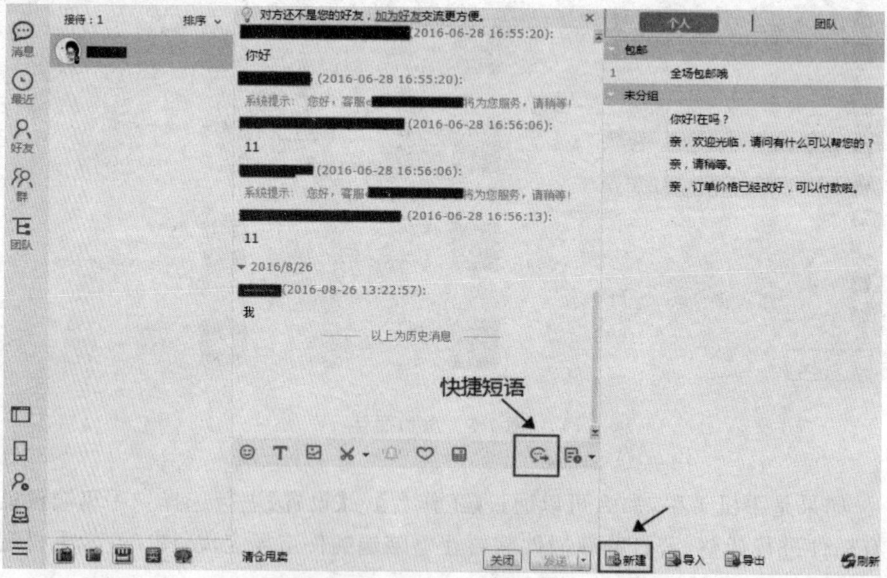

图 7-7　设置个人快捷短语

若创建团队快捷短语，点击【团队】—【管理团队快捷短语】，可以新建分组或者在原有的组别中修改快捷短语，如图 7-8 所示。

图 7-8　设置团队快捷短语

淘宝子账号也可以设置个人快捷短语，若设置团队快捷短语，则需要主账号授权千牛权限的“团队管理”权限。

二、利用千牛进行店铺管理

通过千牛左侧的常用网址，可以调出淘宝“卖家中心”的左侧菜单，通过这些菜单命令，卖家可以像在网页版淘宝卖家中心一样操作、管理店铺及宝贝，如图 7-9 所示。点击相应的命令，可以跳转到相应的操作页面。

通过图 7-10 中的应用中心也可以调出相应的应用，进行相关操作。

三、如何通过千牛修改订单价格

电脑端千牛操作路径如下：打开和该买家的聊天对话框，点击订单下方的“改价”即可修改订单价格，如图 7-11 所示。

手机端千牛操作路径如下：在手机千牛首页点打开插件“订单管理”，找到需要修改价格的订单点击“修改价格”即可，如图 7-12 所示。

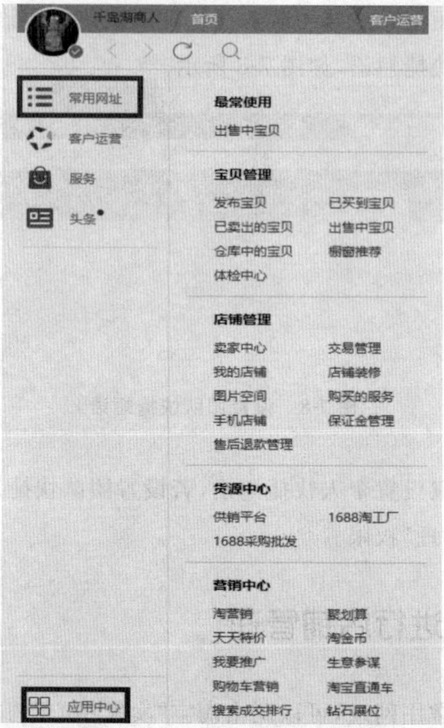

图 7-9 常用网址调出命令菜单

图 7-10 应用中心应用

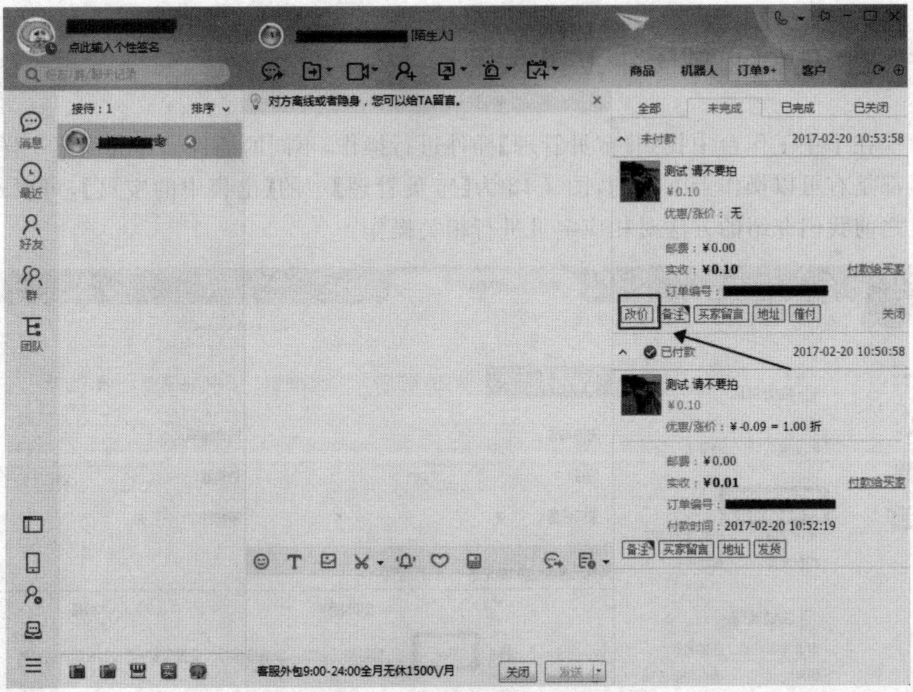

图 7-11　电脑端修改订单价格

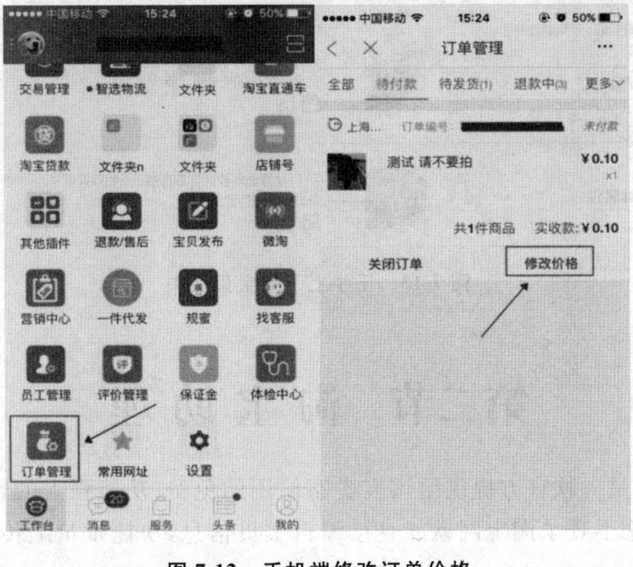

图 7-12　手机端修改订单价格

四、如何通过千牛上下架宝贝

在千牛工作台中找到【宝贝管理】插件进行操作，不同的插件操作界面不一样，但都是有可以操作上下架的，图 7-13 为【宝贝管理】中的【出售中的宝贝】，可以通过之前我们介绍的方法对相应宝贝进行相关操作。

图 7-13　千牛上下架宝贝操作

第二节　淘宝助理

淘宝助理是一款官方提供给淘宝卖家使用的免费、功能强大的客户端工具软件，它可以使您不登录淘宝网就能直接编辑宝贝信息，快捷批量上传宝贝、打印快递单的功能。

一、淘宝助理功能

淘宝助理主要分为五大功能模块:我的助理、宝贝管理、交易管理、图片空间及应用中心。

(一)我的助理

淘宝助理门户包含宝贝概况、宝贝体检中心、常见问题、帮助中心、助理公告、淘宝信息中心等。

(二)宝贝管理

宝贝管理包含本地库存宝贝、出售中的宝贝、线上仓库中的宝贝、回收站、宝贝模板等。主要功能:商品发布、商品编辑更新、批量编辑、导入导出 CSV、图片搬家及宝贝违规验证等。

(三)交易管理

交易管理包含订单管理、联系人管理、模板管理等。主要功能为订单下载、批量编辑交易、打印快递单(发货单)、批量发货、批量好评等。

(四)图片空间

图片空间主要帮助管理图片信息。

(五)应用中心

应用中心主要用于常用应用的展现、热门应用的推荐等。

二、利用淘宝助理新建并发布宝贝

(1)选择“本地库存宝贝”,单击“创建宝贝”按钮,如图 7-14 所示。

(2)单击“创建宝贝”后,会弹出“新建宝贝”对话框,如图 7-15 所示。输入完整的宝贝信息,包含基本信息、扩展信息、销售属性、宝贝描述、手机详情等,如图7-16所示。

(3)输入完整的宝贝信息后,可以点击“验证”按钮,或者“保存”按钮,或者直接“保存并上传”等,如图 7-17 所示。

图 7-14　创建宝贝

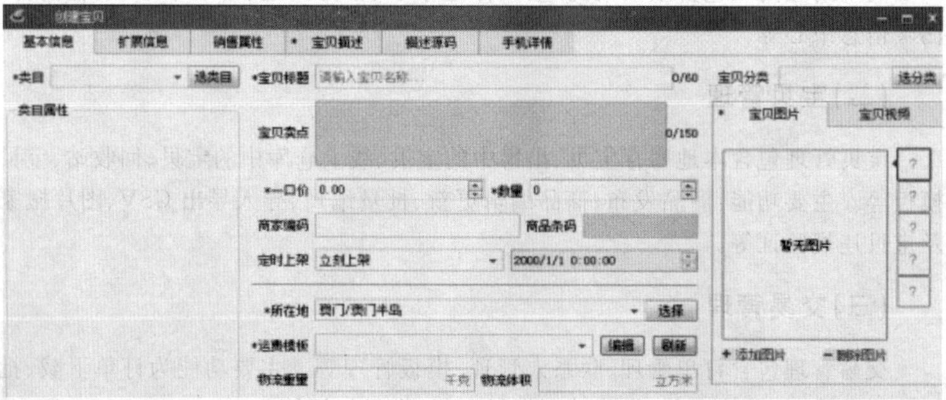

图 7-15　新建宝贝对话框

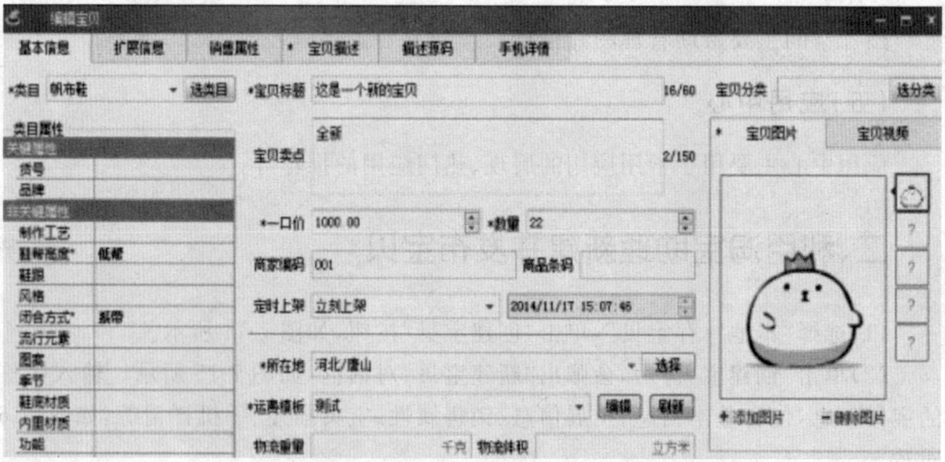

图 7-16　输入宝贝信息

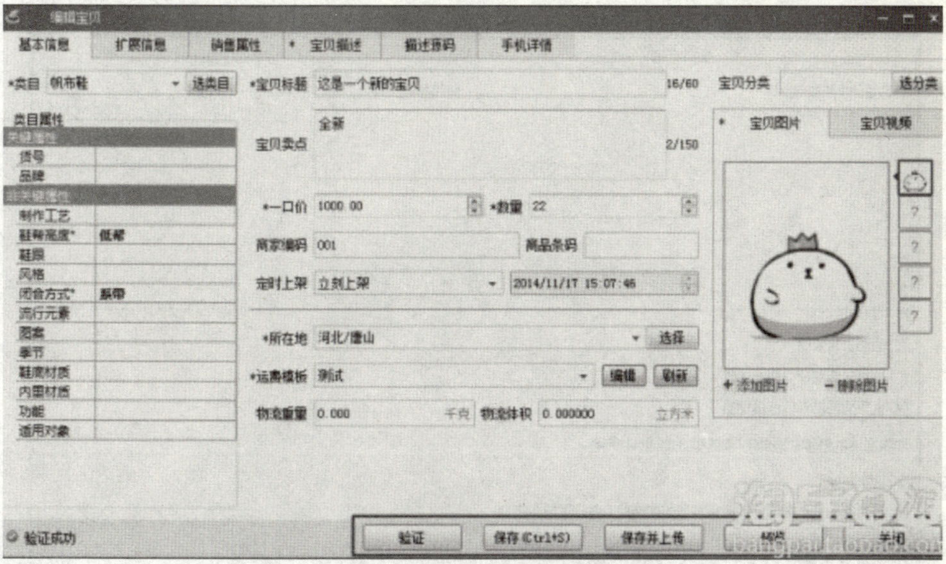

图 7-17 验证、保存或上传宝贝

(4)在上传之前,需要重点强调下宝贝的“开始时间”,选择“立刻上架”,上传后会在线上店铺出售中的宝贝中;选择“进仓库”,上传后则会在线上店铺仓库中的宝贝中;选择“定时上架”,上传后会先在线上店铺仓库中的宝贝中,到了设定的上架时间,会自动发布到线上店铺出售中的宝贝中去,如图 7-18 所示。

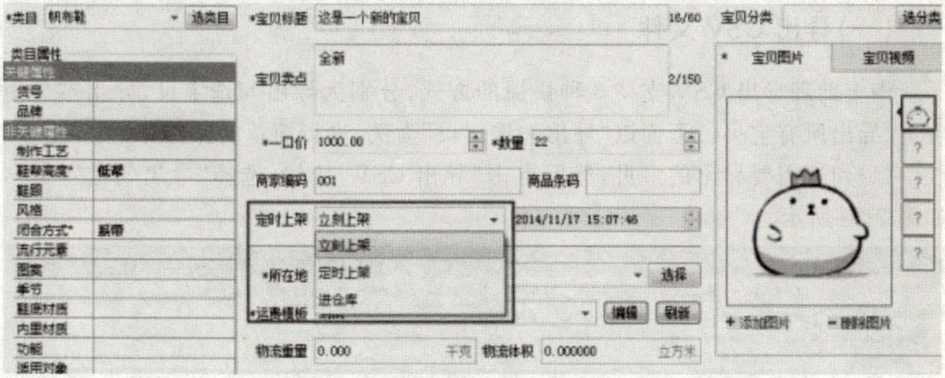

图 7-18 定时上架

(5)点击“上传”按钮或者“保存并上传”按钮,会弹出“上传宝贝”框,点击右下方的“上传”按钮就可以了,如图 7-19 所示。

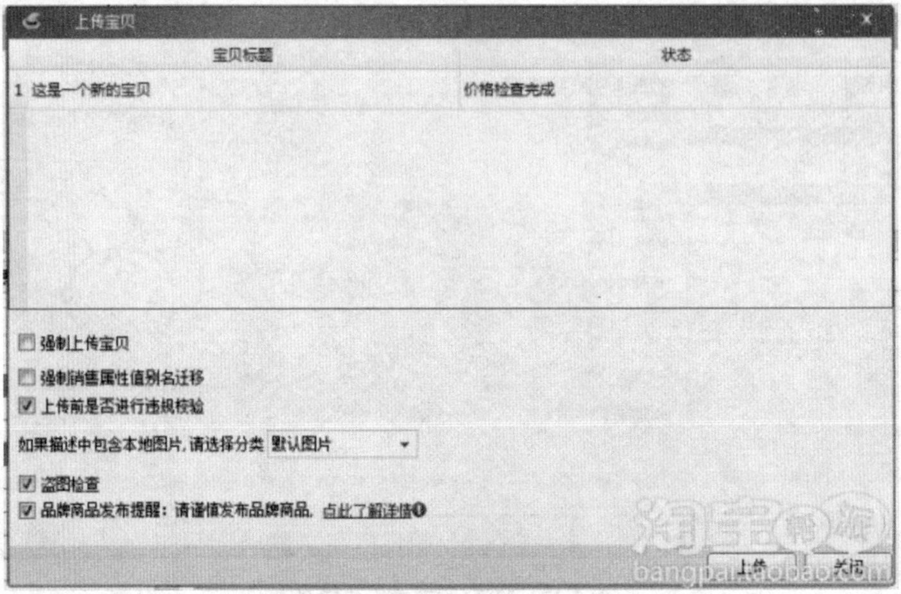

图 7-19 上传宝贝

三、利用淘宝助理导入与导出 CSV

(一)导出 CSV 文件

淘宝助理导出 CSV 支持 3 种快捷的方式，分别为导出勾选宝贝、导出本分组宝贝、导出所有宝贝。下面以"导出勾选宝贝"为例，进行简单的操作介绍。

(1)勾选需要导出的宝贝，然后点击"导出 CSV"按钮，选择"导出勾选宝贝"，如图 7-20 所示。

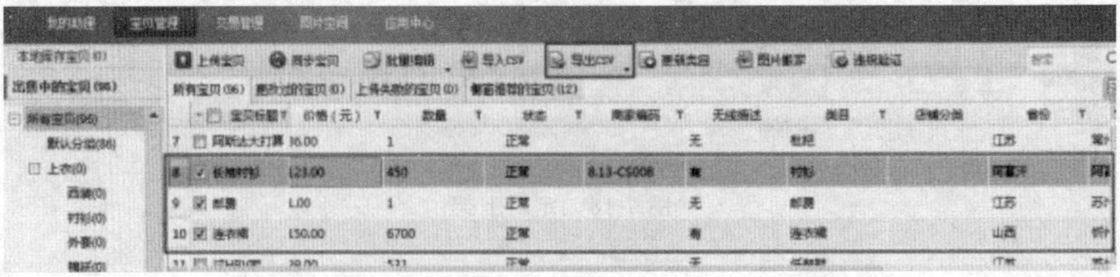

图 7-20 选择导出宝贝

(2)选择导出的目录,然后填写对应的文件名称,点击"保存"按钮,如图 7-21 所示。

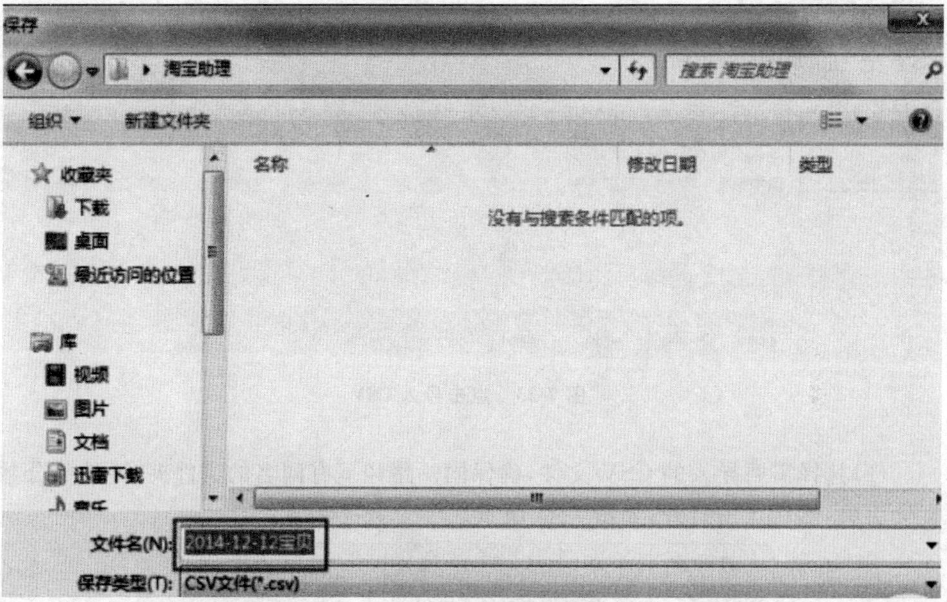

图 7-21　选择导出目录并保存

(3)保存成功后会生成一个.CSV 文件和一个同名的文件夹。比如文件名为"自定义文件名字.CSV",那么会在相同的目录下会有一个同名的"自定义文件名字"文件夹,此文件夹是保存 CSV 文件中的图片信息等,如图 7-22 所示。

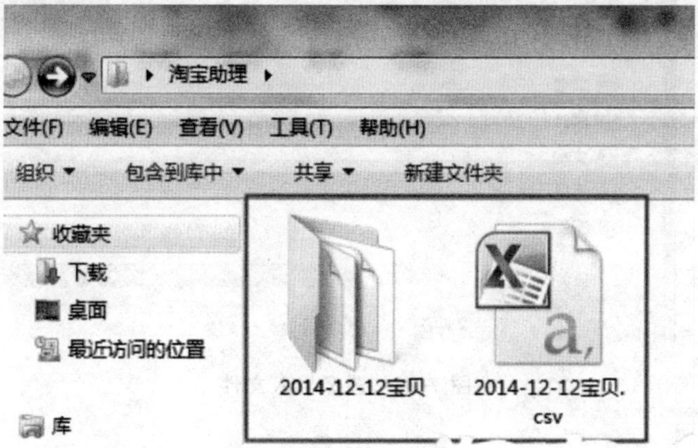

图 7-22　导出结果文件

(二)导入 CSV 文件

(1)选择导入助理中的分类，以本地库存宝贝——所有宝贝为例，点击“导入CSV“按钮，如图 7-23 所示。

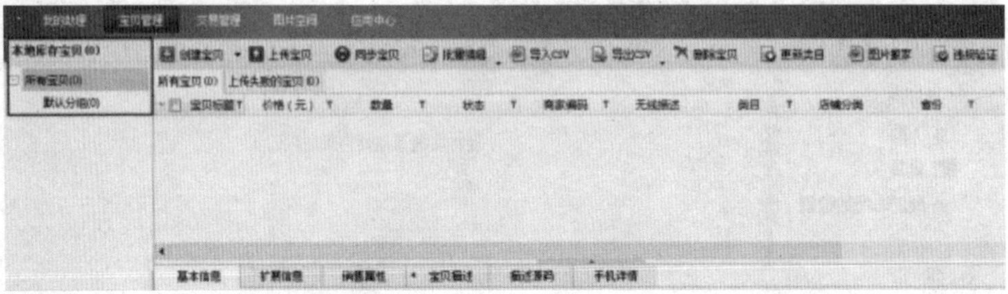

图 7-23　点击导入 CSV

(2)选择需要导入的 CSV 文件，确保同一路径下有同名的文件夹，不然部分数据会丢失，然后点击打开，如图 7-24 所示。

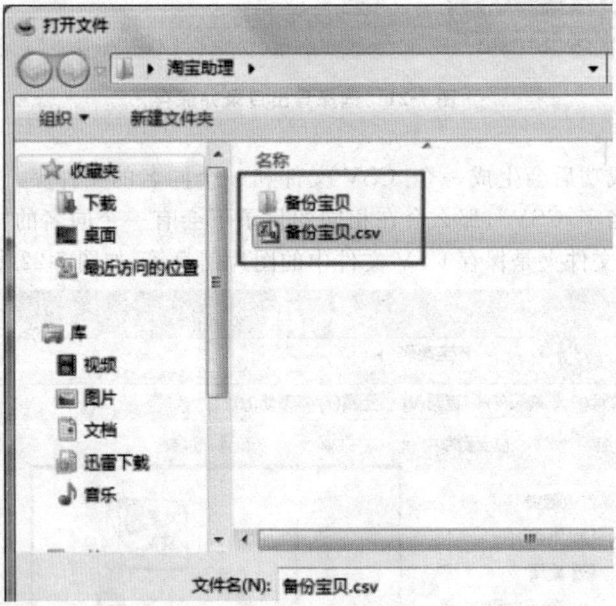

图 7-24　选择导入文件

(3)宝贝导入成功，如图 7-25 所示。

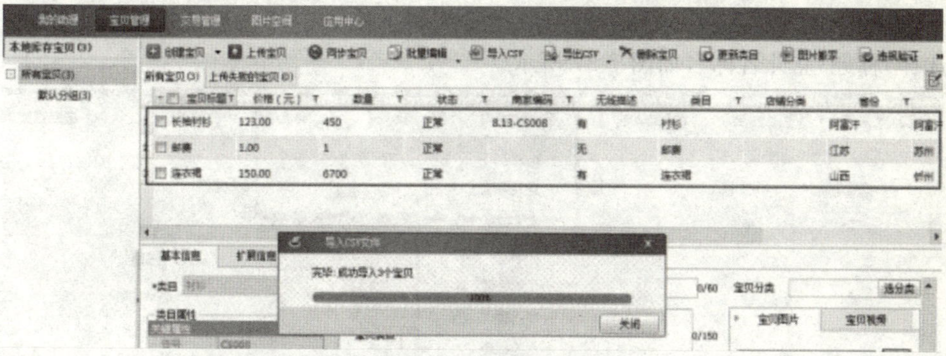

图 7-25　导入成功

四、利用淘宝助理批量编辑宝贝

批量编辑宝贝的功能很强大也很实用，大大减少了卖家在发布宝贝、修改宝贝时的工作量。淘宝助理提供了包括标题、商家编码、宝贝数量、价格、上架、尺码库、宝贝描述、类目信息等在内的字段属性的批量编辑，如图 7-26 所示。

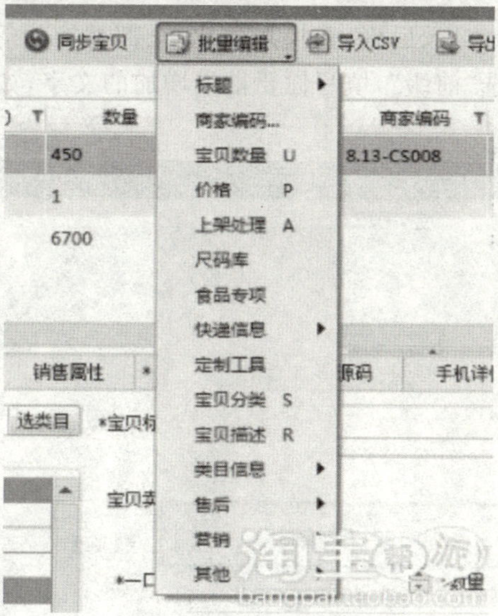

图 7-26　批量编辑功能

(1)批量编辑宝贝标题,勾选需要批量编辑的宝贝。然后点击批量编辑按钮,选择“标题-宝贝名称”,如图 7-27 所示。

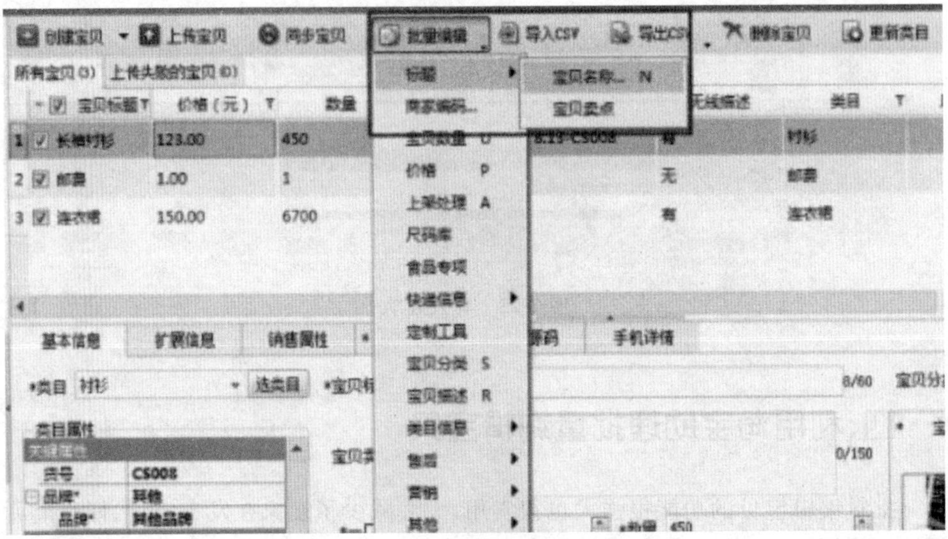

图 7-27　批量编辑宝贝标题

(2)支持批量添加前缀、后缀,查找并替换,全部替换为等操作,以“增加前缀”为例,选择“增加”,勾选“前缀”,填写你要批量增加的文字,如“2017 年新款”,如图 7-28 所示。

图 7-28　批量增加前缀

(3)点击“预览”,可以查看批量编辑后的效果,或直接点击保存。被修改过的宝贝会显示“被修改”信息,如图 7-29 所示。

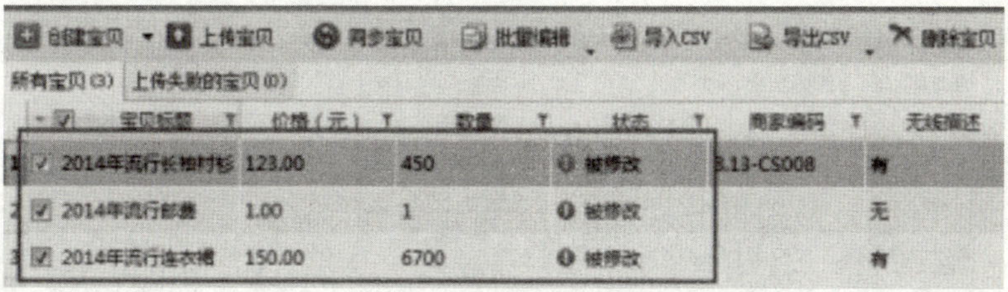

图 7-29 修改结果

需要注意的是,宝贝的状态显示“被修改”,这仅仅是表示在淘宝助理中被修改成功了,需要上传宝贝才能更新到店铺中。因此,如果要更新到店铺,还需要点击“上传宝贝”,再上传。

五、利用淘宝助理定时上架宝贝

上传宝贝有一个重要的小技巧,那就是宝贝上架时间,淘宝助理支持 3 种方式:立刻上架、定时上架和进仓库,如图 7-30 所示。

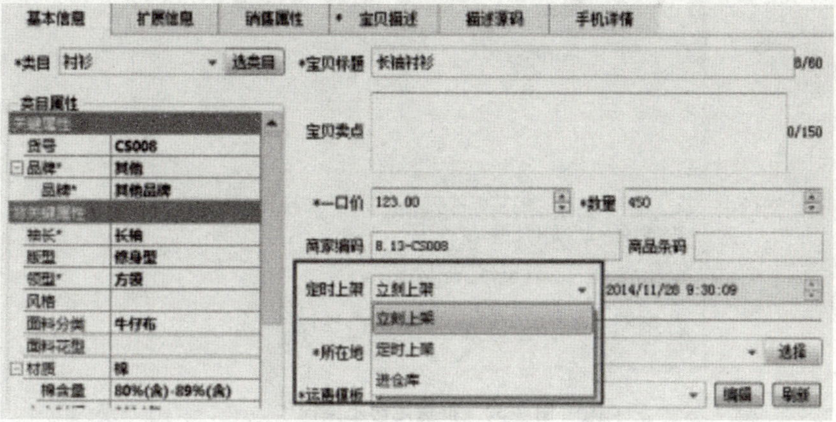

图 7-30 宝贝上架时间

“立刻上架”是上传宝贝时的系统时间,“定时上架”可以根据商家设定的时间自动上架,“进仓库”是将宝贝上传到线上仓库中的宝贝。这些操作跟页面端操作相同。

如果需要批量编辑上架时间，则勾选要批量编辑的宝贝，点击“批量编辑”—“上架处理 A”即可，如图 7-31 所示。

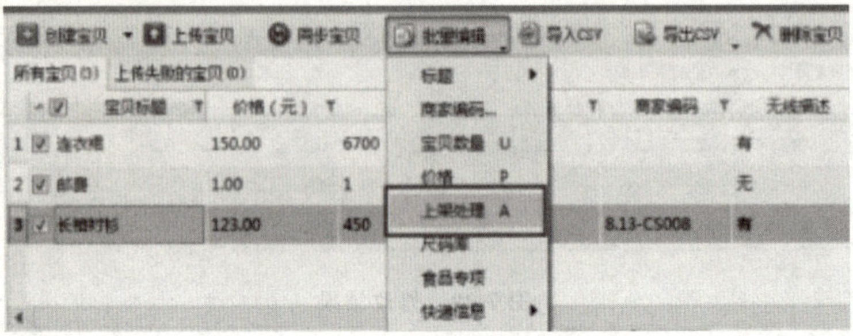

图 7-31 批量上架操作

批量上架处理也需要选择上架时间，开始时间同样可以分为“定时上架”“立刻上架”“进仓库”3 种形式。如果选择“定时上架”，设定“新的时间”，可以每个宝贝设定相同的定时时间，也可以每隔多少时间逐个发布，如图 7-32 所示。

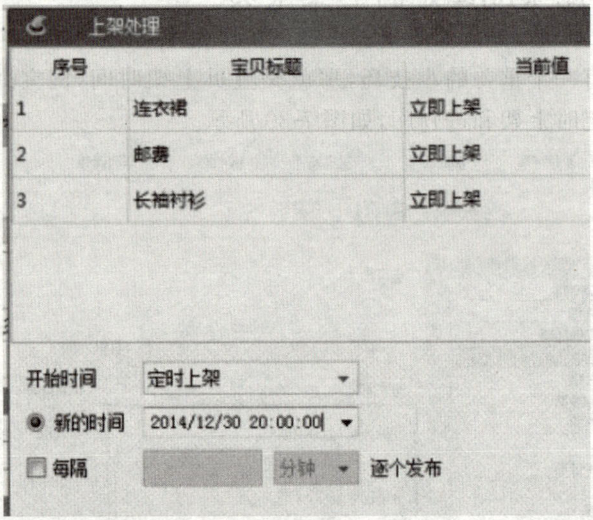

图 7-32 批量定时上架操作

六、利用淘宝助理打单发货

淘宝助理—交易管理包含订单管理、联系人管理、模板管理等功能模块。

(一)联系人管理

联系人管理操作为点击“新建联系人”,填写联系人、所在地、地址、手机等信息,可以设置“默认退货地址”和“默认发货地址”。完成后,点击“保存”按钮,如图7-33所示。

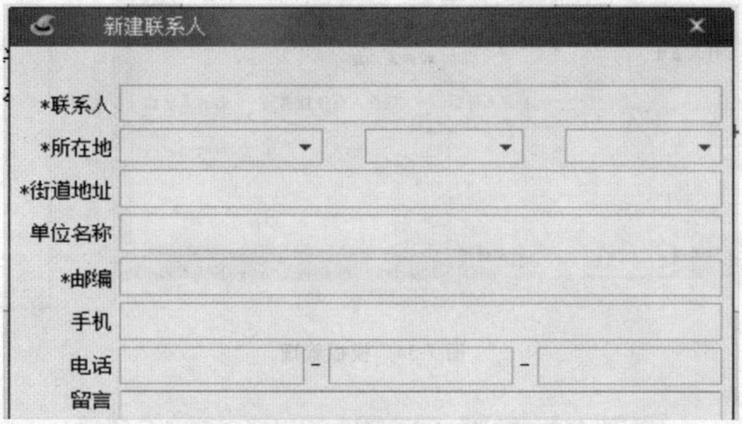

图 7-33 新建联系人

(二)模板管理

模板管理功能包含快递单模板、发货单模板和电子面单模板。

设置快递单模板操作为:通过左上方选择需要编辑的快递公司,右侧选择在面单上展现的信息,包含发件人信息、宝贝信息、收件人信息、自定义信息及订单信息等,如图 7-34 所示。

快递单模板支持导入和导出模板功能,快递单模板编辑完成后,要点击“保存”按钮。发货单模板设置操作类似,完成后同样需要点击“保存”按钮。

(三)订单管理

(1)点击“下载订单”按钮,弹出下拉对话框,支持下载订单、全量下载订单、根据订单号下载订单等操作,如图 7-35 所示。

(2)订单下载完成后,勾选需要打印的订单,点击“打印快递单”按钮,如图7-36所示。核对信息,填写运单号,再点击“打印并保存”按钮。

(3)勾选需要打印的订单,点击“打印发货单”按钮,如图 7-37 所示。核对信息,再点击“打印并保存”按钮。

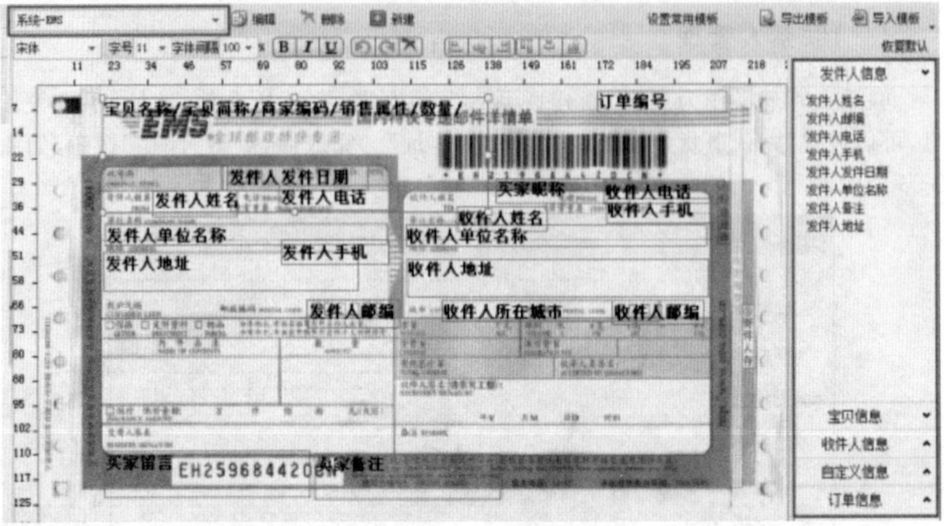

图 7-34　模板管理

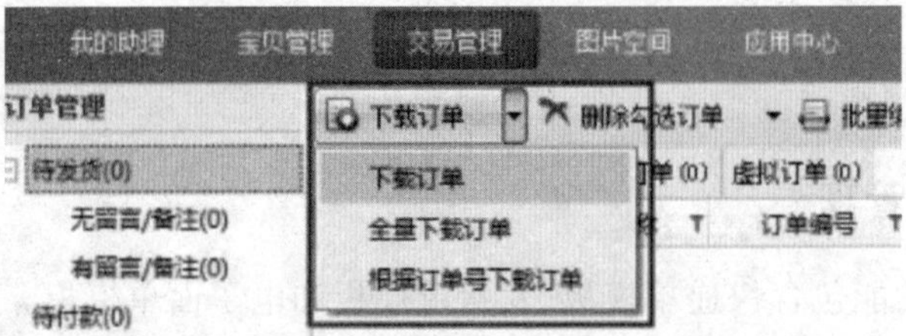

图 7-35　下载订单功能

图 7-36　打印快递单

图 7-37 打印发货单

(4)勾选需要发货的订单,点击“批量发货”按钮,如图 7-38 所示。填写或核对快递公司和运单号信息,再点击“发货”按钮。

图 7-38 批量发货

第三节 数据分析——生意参谋

淘宝为满足不同卖家的需要,提供了强大的数据分析工具。从涵盖数据的不同,可简单分为店铺数据分析、竞争对手数据分析及行业数据分析。店铺数据分析工具可以利用标准版生意参谋,通过该工具可以了解每天店铺的大致流量和成交等数据。而豪华版生意参谋既可以查看店铺数据,还可以查看竞争对手及行业的一些数据。除了生意参谋之外,还有许多第三方数据分析工具,可以在卖家服务→行业/店铺分析中进行相应数据分析工作的购买。图 7-39 为淘宝卖家服务图标。

生意参谋是阿里巴巴重兵打造的首个商家统一数据平台,面向全体商家提供一站式、个性化、可定制的商务决策体验。集成了海量数据及店铺经营思路,不仅可以更好为商家提供流量、商品、交易等店铺经营全链路的数据披露、分析、解读、

图 7-39 淘宝卖家服务

预测等功能，还能更好的指导商家的数据化运营！登录地址为 https：//sycm.taobao.com/portal/index.htm。

生意参谋标准包作为每个店铺必备的基础数据分析工具，该工具是免费的，但需要订购，图 7-40 为生意参谋图标。

图 7-40 生意参谋图标

生意参谋提供了强大和全面的数据分析功能，这些功能主要分为基础功能和高级功能两类。本书我们将对基础功能做详细的介绍，高级功能仅做简单的介绍。但必须清楚的是，当店铺业绩达到一个高度，以及当你对店铺的经营管理能力得到了很大的提升以后，你就必须要充分利用和分析高级功能所带来的价值，实现店铺业绩的进一步提升。

一、生意参谋首页

首页包含的功能模块有店铺实时数据、商品实时排行、店铺行业排名、店铺经营概况、流量分析（流量构成、PC 端与无线端的流量来源、入店关键词）、商品分析、交易分析、服务分析、营销分析、市场行情，为你展示店铺经营全链路 360 度无死角的核心数据分析，首页效果如图 7-41 所示。

二、实时直播

提供店铺实时的概况数据，主要包括实时支付金额、实时访客数、实时买家数及对应的排名和行业平均值，还提供小时粒度的实时趋势图，并提供与历史数据对比功能，所有数据都分所有终端、PC 端、无线端 3 种模式查看，其中还有超炫的实

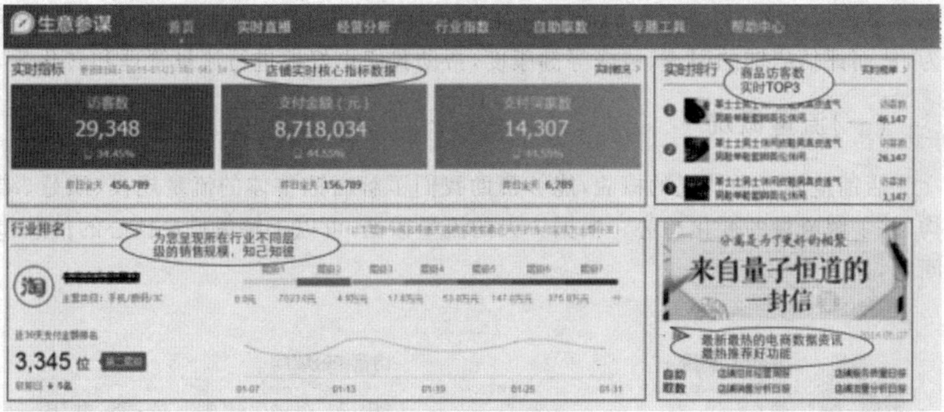

图 7-41　生意参谋首页

时数据大屏功能，如图 7-42 所示。

图 7-42　实时直播

三、经营分析——流量分析

流量分析提供了全店流量的概况，流量地图（包括流量的来源和去向），来访访客时段、地域等特征分析，店铺装修的趋势和页面点击分布分析。可以帮助我们快速盘清流量的来龙去脉，识别访客特征的同时，了解访客在店铺页面上的点击行为，从而评估店铺的引流、装修等健康度，帮助我们更好地进行流量管理和转化。

（一）流量概况

店铺整体流量情况的概貌，能够帮助我们了解店铺整体的流量规模、质量、结构，并了解流量的变化趋势。根据 7 天的流量数据，可以了解流量最核心的信息和问题，如图 7-43 所示。

图 7-43　流量概况主要功能

从流量总的规模知道店铺的浏览量、访客数多少及其变化；从跳失率、人均浏览量、人均停留时长，了解入店访客的质量高低；从流量的付费免费结构、新老访客结构、PC 无线终端结构，知晓店铺流量的整体布局，如图 7-44 所示。还可以通过选择日期、终端来针对性地查看历史数据和不同终端的情况。

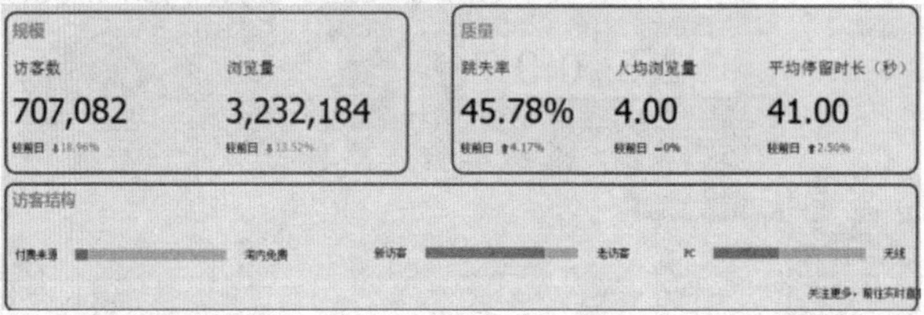

图 7-44　流量整体情况

查看趋势，了解流量各方面的趋势走向，同时和同行对比，知晓和同行之间的差距，如图 7-45 所示。

（二）流量地图

流量地图旨在帮助我们看清店铺的流量入店来源、入店后在店内的流转路径、流量从店铺出去后的去向。特别说明，流量地图的分析使用，可以针对 PC 和无线

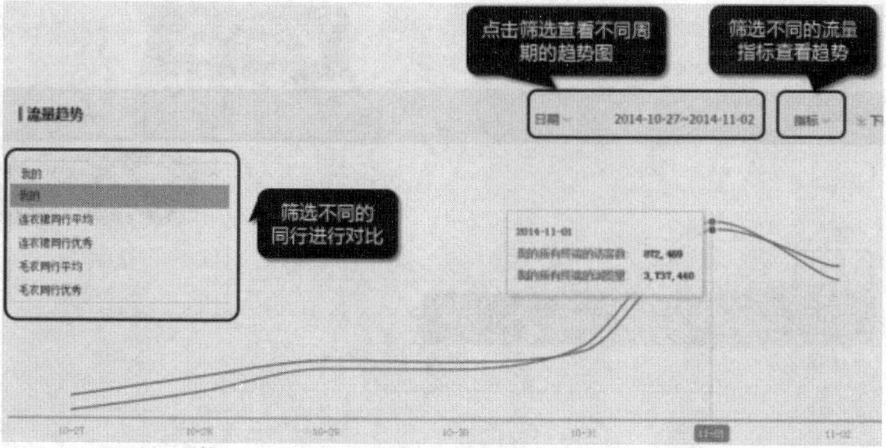

图 7-45 流量趋势和对比

两个终端切换，如图 7-46 所示。

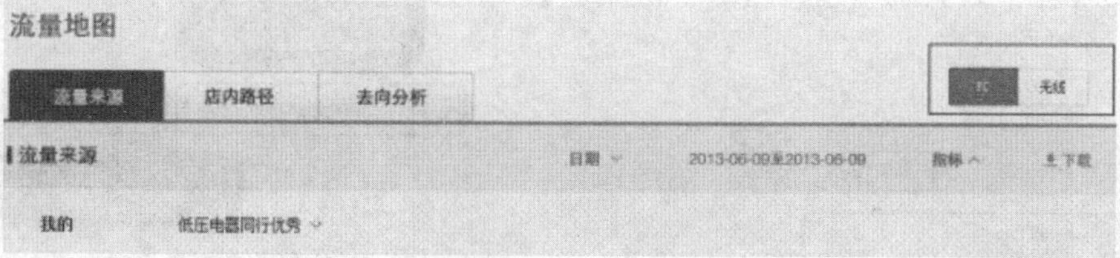

图 7-46 流量地图

1. 来源分析的作用

验证引流策略是否奏效、各渠道引入流量的转化优劣、发现潜在的高转化流量渠道，从而指导我们进一步调整引流策略。通过同行来源的查看，帮助我们发现行业中的高流量渠道、高转化渠道、未覆盖的空白渠道，协助我们进一步拓展渠道。

2. 来源如何分析

第一步：专注查看自己的流量详情。关注流量的上升和下跌的渠道，细看具体上升和下跌的主要明细渠道；验证引流策略是否起效和合适，确定是否调整引流方式；关注各个渠道的转化率，扩大高转化渠道的流量引入，如图 7-47 所示。

第二步：参考查看同行的流量详情。关注同行的引流模式，知晓高流量渠道、高转化渠道、我尚未覆盖的流量渠道（高流量高转化渠道优先拓展），如图 7-48 所示。

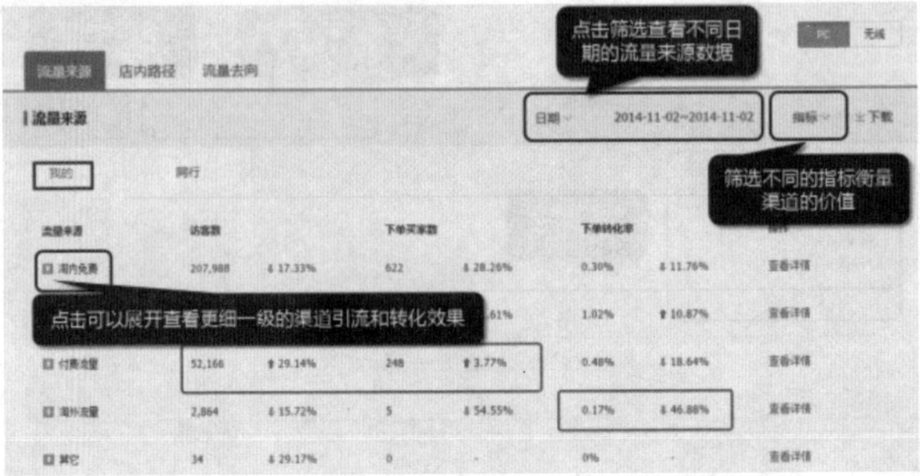

图 7-47　查看自己的流量详情

图 7-48　查看同行的流量详情

第三步:查看入口页面分布和跳失。查看店内各类页面的入口访客和跳出率:关注高引流的页面的跳出情况;将低跳出的入口页面作为引流入口的权重加大;修改或调整高跳出的入口页面,降低其作为引流入口的权重;如图 7-49 中第 3 个商品,跳出率 87.69%,名列前茅,考虑关注其页面布局、访客特征、降低其作为引流入口的比例;再如第 1 个商品,作为引流入口跳出率为 top5 的引流商品中最低,可以考虑其承担更多的流量引入店内的职责。

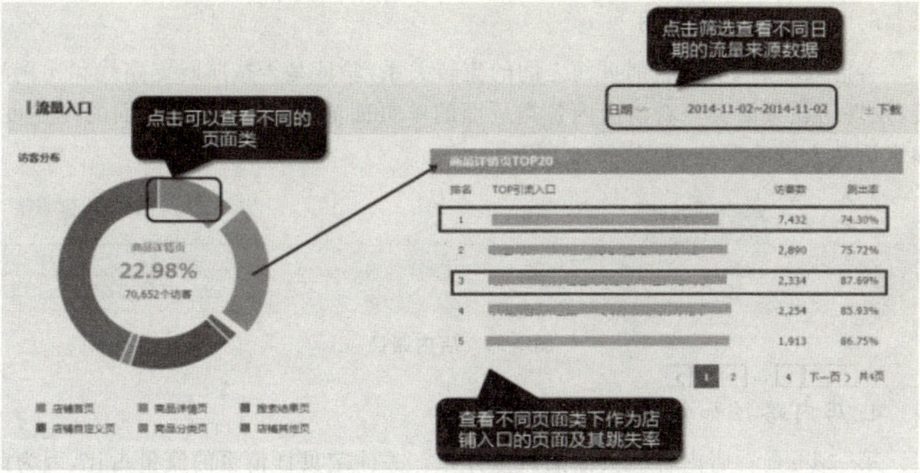

图 7-49 查看入口页面分布和跳失

特别说明，无线端分析思路类似 PC 端，但是可以根据不同的 APP 针对性地分析查看，如图 7-50 所示。

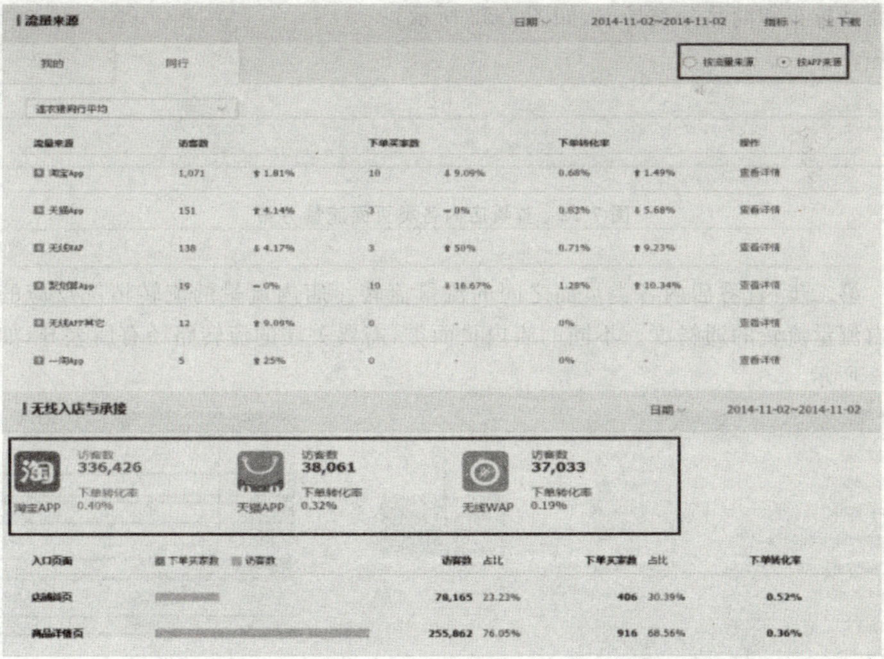

图 7-50 无线端分析

3. 店内路径的作用

看清入店后，不同店铺页面之间的流转关系，验证是否按照既定路线和比例流转，发现问题页面类。看清店内各类页面的单页面流量，明确活动页面的冷热度，确定活动力度的调整，如图 7-51 所示。

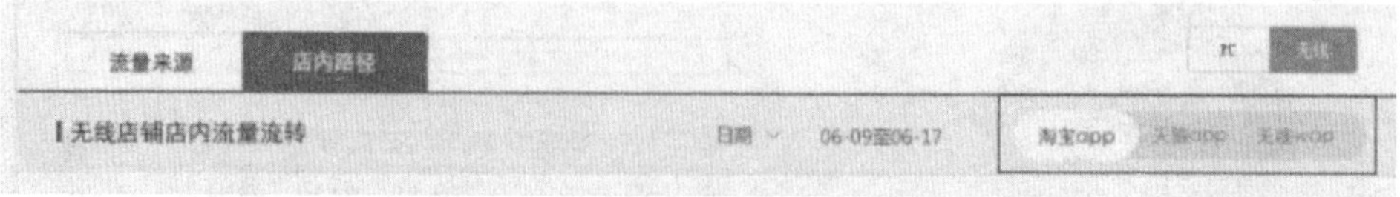

图 7-51　店内路径

4. 店内路径如何分析

第一步：查看店内各类页面的流量分布。关注宝贝详情页的流量占比，因为此部分流量相比入店的所有流量，更接近下单和支付环节；关注店铺首页和店铺自定义活动页面的流量分布，及时调整活动力度；关注店铺搜索页的流量，对于店内搜索流量过大的情况，说明现有的店铺布局对用户寻找目标商品存在一定的障碍，关注工具箱一选词助手一店内搜索关键词，知晓用户的原始需求，适时调整店铺首页的商品排布和商品分类导航，如图 7-52 所示。

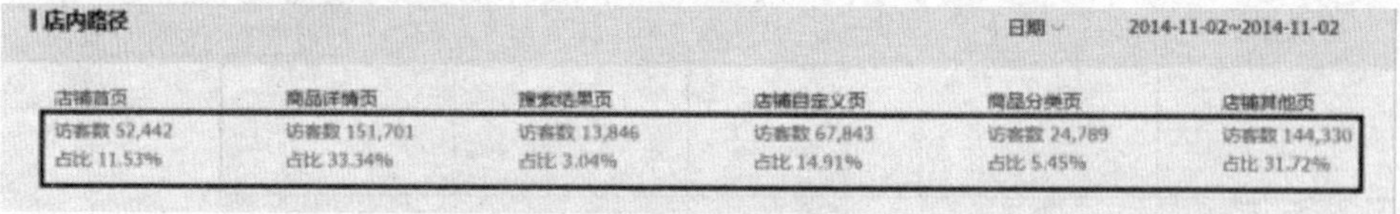

图 7-52　查看店内各类页面流量分布

第二步：查看店内各类页面之间的流量流转。店内流量的流转情况反应的是店内流量流转的通畅度。不同的店内页面类，需要关注的流转路径有所差异，如图 7-53 所示。

图 7-53　店内各类页面之间的流量流转

首页:关注去向商品详情页和去向分类页的比例结构;关注首页引导至自定义活动页面的流量,验证效果。

宝贝详情页:关注去向宝贝详情页的流量比例,衡量宝贝之间流量流转是否通畅。

店铺自定义页:关去向宝贝详情页的流量比例,衡量活动对商品流量导入的有效性。

第三步:查看各类页面中的 top 流量页面。了解各类页面中被访客访问最多的各个页面,通过浏览量、访客数、平均停留时长来评估各类页面的吸引力情况,加强对热访页面的重视,若重点页面的流量并不符合预期,及时调整流量导入的机制,若重点页面的停留时长不符合预期,及时调整页面布局和内容以增加页面吸引力,如图 7-54 所示。

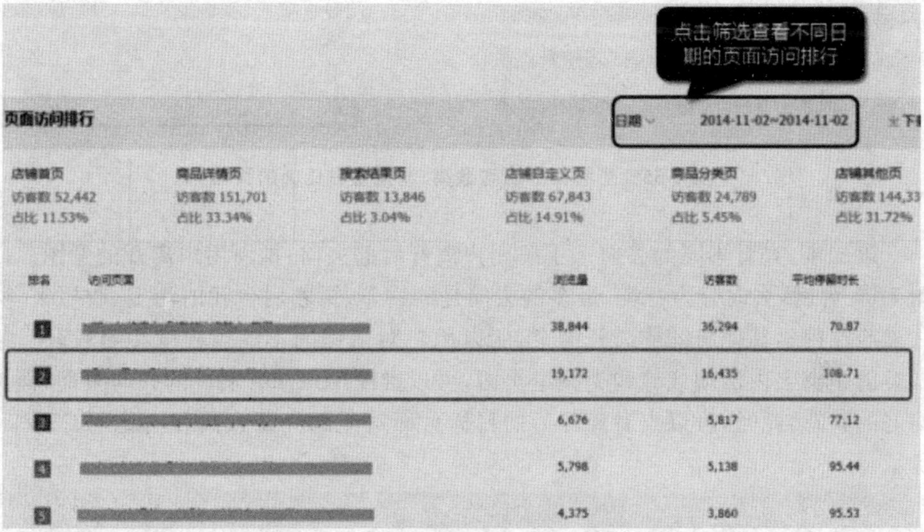

图 7-54　查看各类页面中的 top 流量页面

5. 去向分析的作用

知晓离开店铺的主要页面是哪些,从出口页面的调优上解决无转化跳失过高的问题;通过了解访客去向,进一步识别访客离开店铺的原因,扬长避短。

6. 去向如何分析

第一步:查看离开访客数高、浏览量占比大的页面。如商品分类页中,羽绒服的浏览量非常高,但是离开浏览量占比略高,需要针对性地进行优化;分类 B 的离开浏览占比较高,可以考虑调整此部分的商品排布,或将此部分分类放置在相对不显眼的位置,如图 7-55 所示。

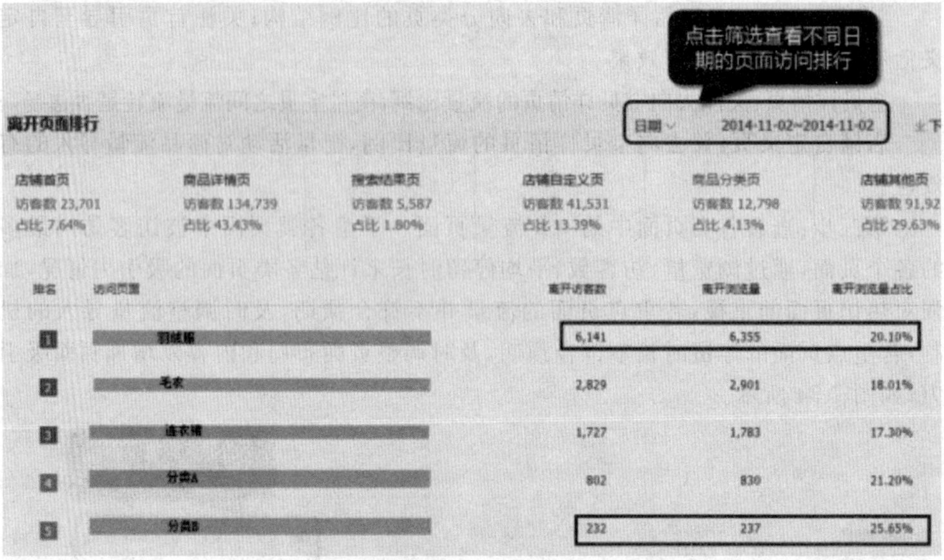

图 7-55 查看离开访客数高、浏览量占比大的页面

第二步:查看不同的去向。了解用户离开后的去向,推断用户离开的意图。以图 7-55 为例,去向分为三类,最多的去向是购物车、买家后台我的淘宝、收藏夹等,并未前往搜索其他店铺或离开淘宝,所以用户对店铺的不满意程度相对较轻。第二类的是淘宝内活动或导购类频道页面,可以推断用户未有明确的去向页面,而是偏逛的状态,此时,可以查看离开后的目标页面对应的离开人数和占比,如图 7-56 所示。

图 7-56 查看不同的去向

(三)访客分析

访客分析提供基于访客时段、地域和特征的分布情况,帮助我们了解店铺访客的分布及其特征;同时对不同的访客对象(未成交、成交新买家、成交老买家)通过各种维度刻画访客的画像,帮助我们更好地进行针对性营销。

1. 访客分析怎么用——访客分布

时段分布。通过选择日期、终端,查看对应统计周期内,各类终端下,按小时段的访客和下单买家数,帮助我们更好地掌握店铺访客来访的时间规律,验证广告投放、调整引流时段策略。7 天时段分布的解读,帮助我们直观地知晓店铺的访客高峰时段,如图 7-57 所示。

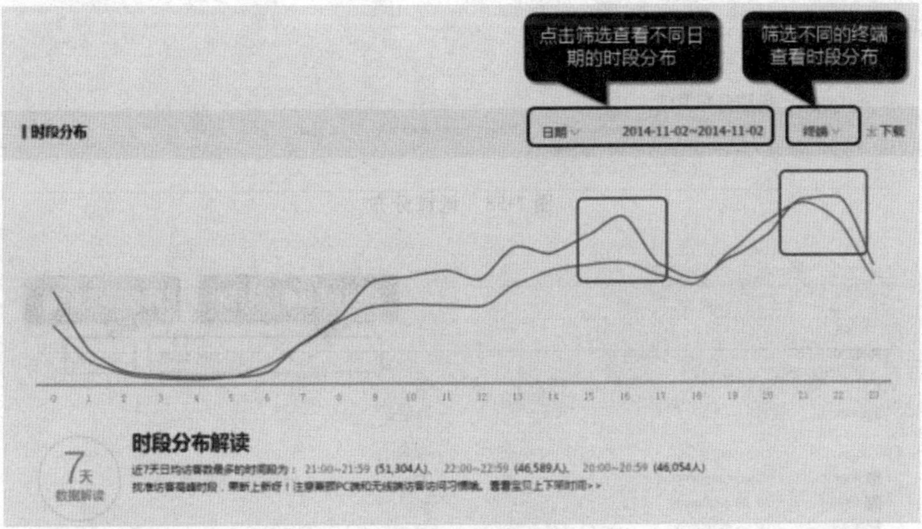

图 7-57　时段分布

地域分布。通过选择日期、终端,查看对应统计周期内,各类终端下,访客数的地域排行榜和下单买家数的地域排行榜,同时查看各地域的转化率;验证或辅助调整广告定向投放策略。7 天地域分布的解读,帮助我们直观地知晓店铺来访访客的核心地域,如图 7-58 所示。

身份特征分布。通过选择日期、终端,查看对应统计周期内,各类终端下,访客的会员等级、消费层级、性别、店铺新老访客分布;验证或辅助调整广告定向投放策略,如图 7-59 所示。

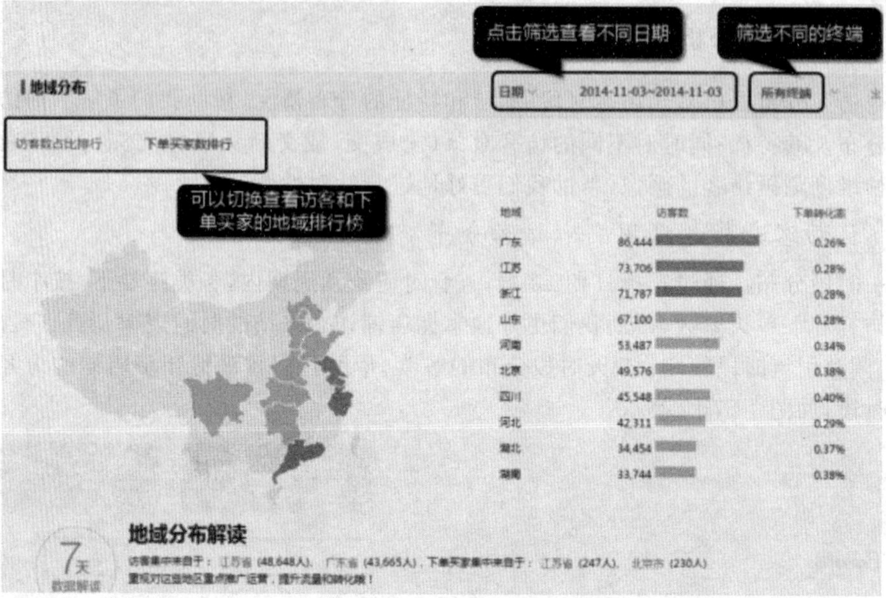

图 7-58　地域分布

图 7-59　身份特征分布

核心行为分布。通过选择日期、终端，查看对应统计周期内，各类终端下，访客的来访关键词判断访客来访需求，访客的浏览量分布判断访客的兴趣程度，如图

7-60 所示。

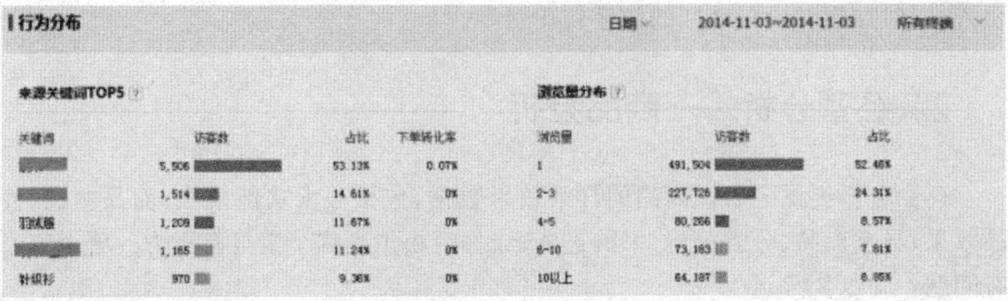

图 7-60　核心行为分布

2. 访客分析怎么用——访客对比

访客对比针对所有终端的数据进行计算，可以通过选择时间周期，查看未成交访客、成交新买家、成交老买家在不同维度上的差异，进行针对性营销。比如图 7-61 所示，成交老买家以 30～39 岁用户为主，新买家正在向 25～29 岁蔓延，所以可以考虑对年轻用户的商品进行开发；北京地区一直是店铺的成交新买家和老买

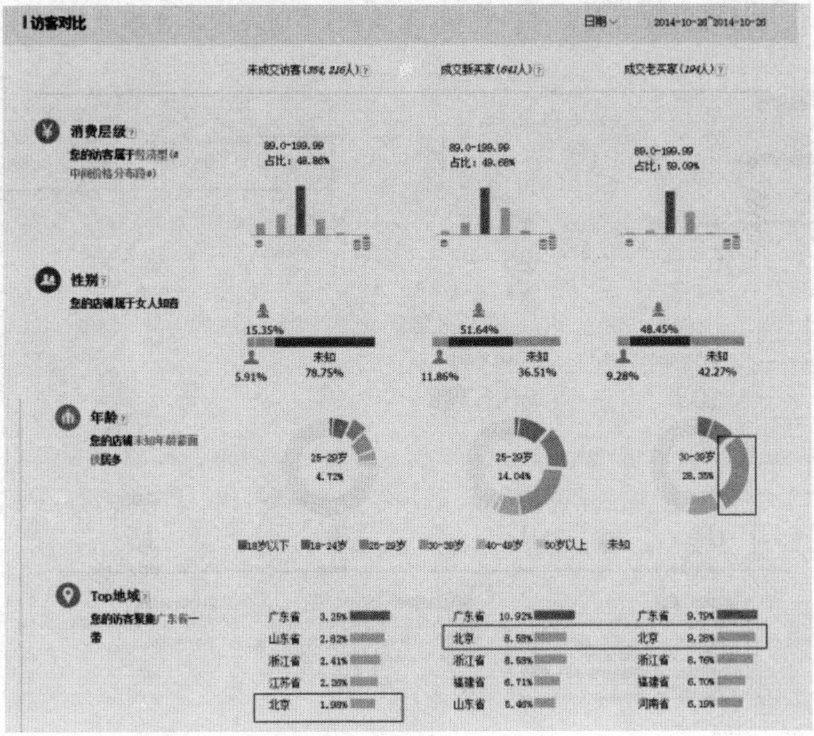

图 7-61　访客对比

家的主要用户地区，但是未成交访客北京占比比较低，可以考虑对北京地区的访客引入，同时加强对山东地区的访客转化引导。

四、经营分析——商品分析

商品分析提供了店铺商品的详细效果数据，包括五大功能模块：商品概况、商品效果、异常商品、分类分析、采购进货；让你轻松识别哪个宝贝有潜力？哪个宝贝有问题？

(一)商品概况

从商品信息总况、商品销售趋势、商品排行概览让你分分钟了解店铺商品情况，而且数据解读帮你一眼发现商品问题获取解决方案。

(1)商品信息总况，从流量相关、访问质量、转化效果 3 个维度来看店铺商品数据，在时间周期上提供了最近 1 天、最近 7 天、最近 30 天以及自然日、自然月的时间选项，并且可以按所有终端、PC 端、无线端，不同终端来详细分析，如图 7-62 所示。

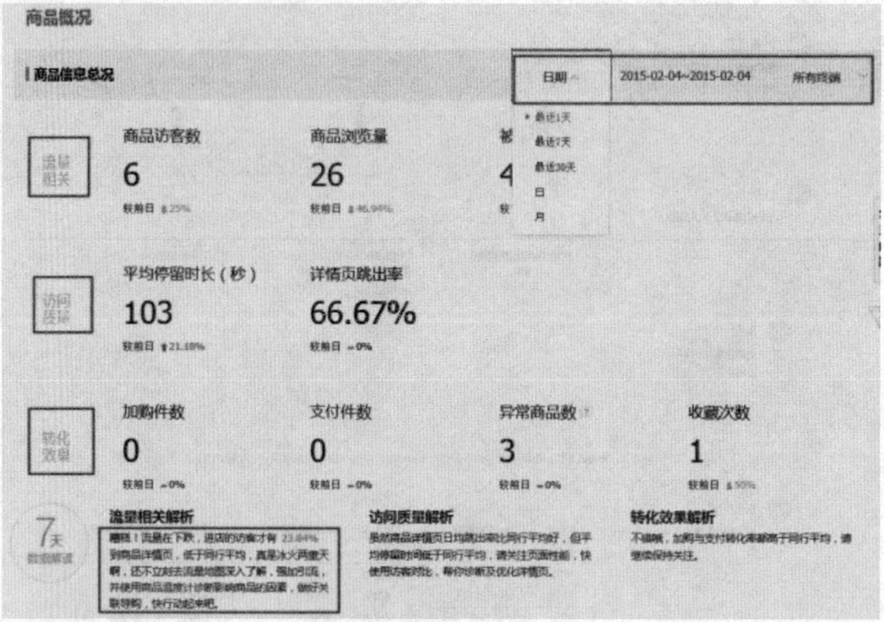

图 7-62　商品概况分析

(2)最近 7 天、最近 30 天、每个月，商品销售是涨了还是跌了，商品销售趋势让你看清楚，如图 7-63 所示。同样提供所有终端、PC 端、无线端 3 个终端数据。

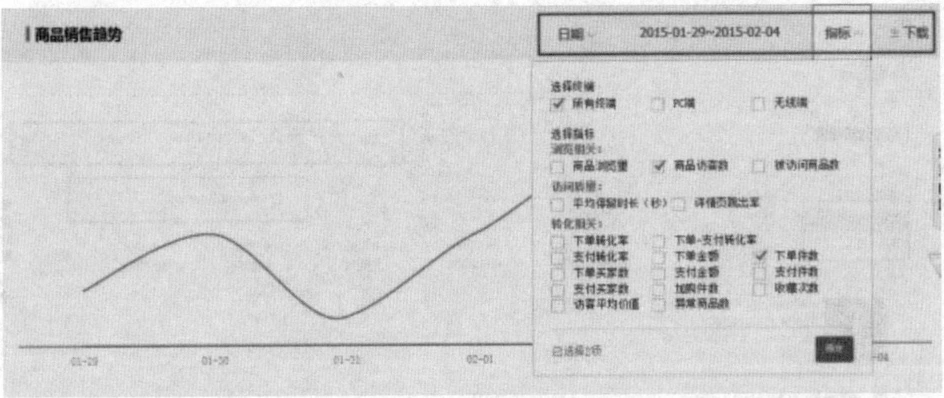

图 7-63　商品销售趋势

(3)商品排行浏览，根据支付金额排行 top15，根据访客数排行 top15，点击“更多”到达商品效果，展现商品排行榜，如图 7-64 所示。

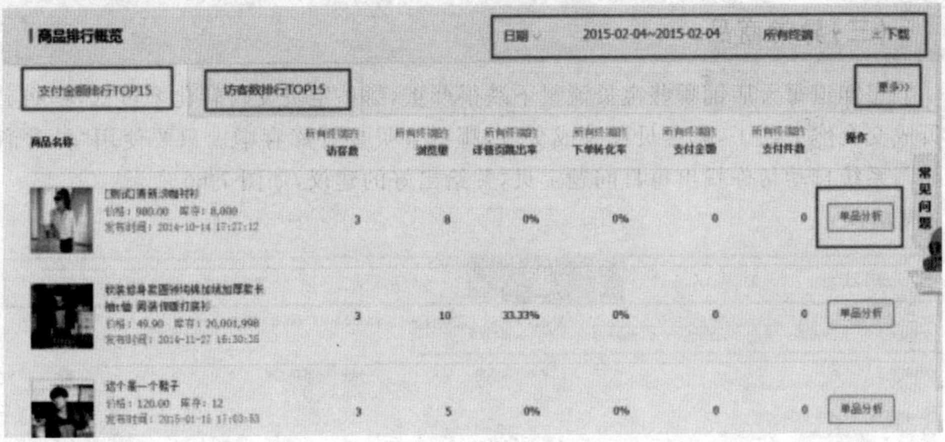

图 7-64　商品排行概览

(二)商品效果

展现店铺商品的详细数据，包括已发布在线的商品以及 30 天已下架但有数据的商品信息。如果店铺商品实在太多，已提供按自定义分类(旺铺装修分类)和商品类目(发布商品时所选类目)进行筛选,或者输入单个商品名称或 ID 查看,并提下载功能。提供最近 1 天、最近 7 天、最近 30 天以及自然日的时间选项,如图 7-65 所示。

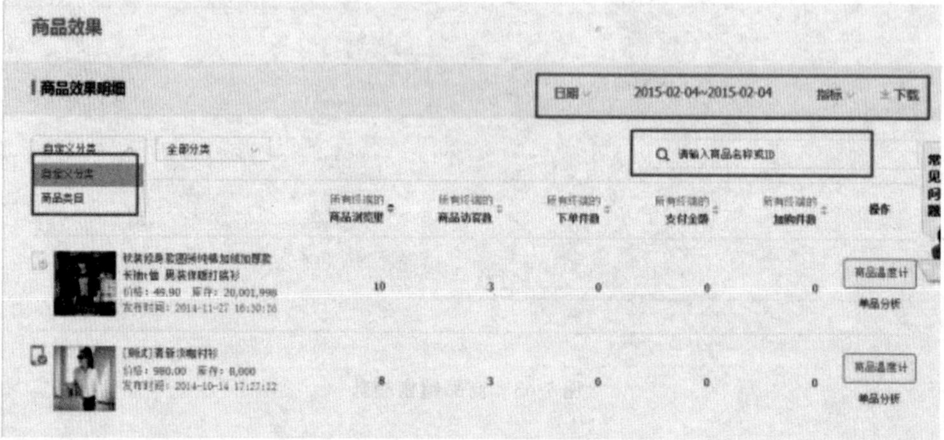

图 7-65　商品效果

(三)异常商品

想知道每天店铺哪些宝贝流量下跌很严重,哪些宝贝支付转化率过低,哪些宝贝成交突然下跌了,哪宝贝没有成交量,哪些宝贝要补库存啦。只要使用“异常商品”,系统自动帮你找出每日问题宝贝,并给出好的建议,如图 7-66 所示。

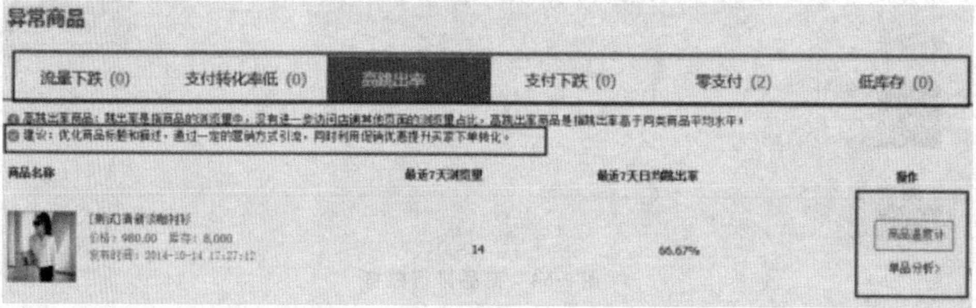

图 7-66　异常商品

(四)分类分析

提供按自定义分类(旺铺装修分类)和商品类目(发布商品时所选类目)进行分

析,帮你清楚了解每个每类的访客数、加购件数,下单转化率,清楚整个店铺宝贝的分类是否合理,如图 7-67 所示。

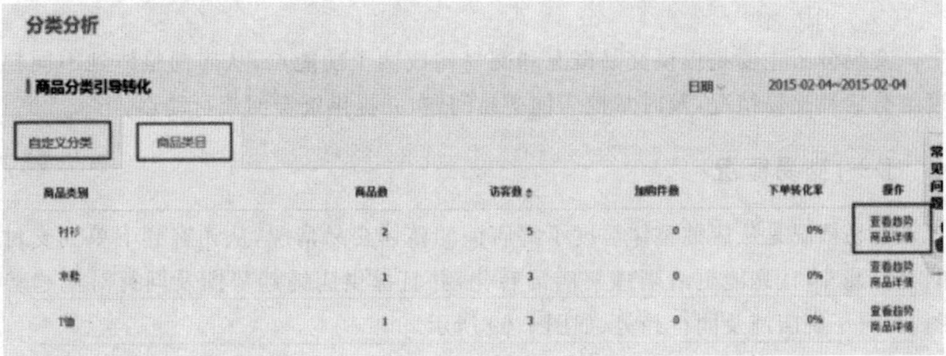

图 7-67 分类分析

(五)采购进货

提供包装辅料与现货两类采购批发货源,并且在包装辅料提供系统推荐与自定义的方式,如图 7-68 所示。

图 7-68 采购进货

五、经营分析——交易分析

交易分析主要是提供交易概况和交易构成两个功能点，从店铺整体到不同粒度细分店铺交易情况，及时掌控店铺交易问题，并提供资金回流行动点。

（一）交易概况

交易概况是从店铺整体粒度了解店铺的整体交易情况，从访客到下单到支付的交易漏斗，让您能更清晰理解店铺转化，并且提供店铺趋势图及同行对比趋势图，及时了解店铺及同行趋势，如图 7-69 所示。

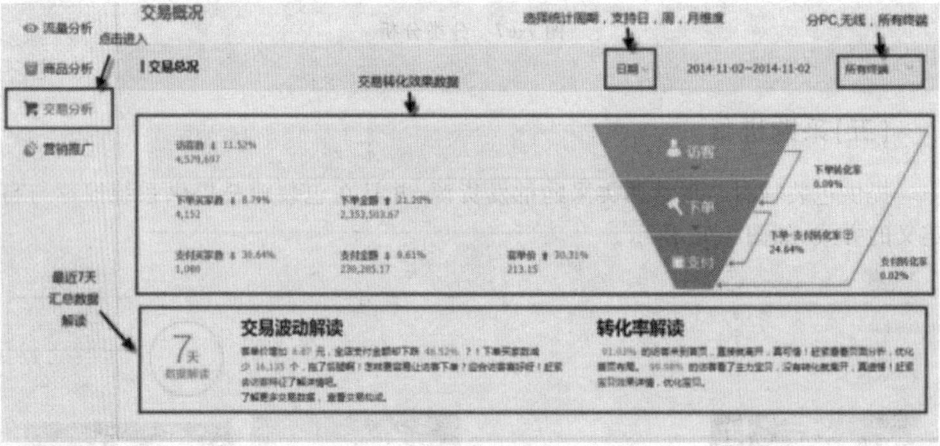

图 7-69　交易概况

（二）交易构成

交易构成是从不同粒度细分店铺交易构成情况，主要从终端细分、类目细分、价格带细分三种细分粒度，分析店铺交易情况，还提供资金回流行动点。

1. 终端构成

主要用于直观分析店铺 PC 端、无线端交易情况，如图 7-70 所示。

2. 类目构成

类目构成主要是从类目的角度出发，分析店铺的类目的交易情况，饼图展示了

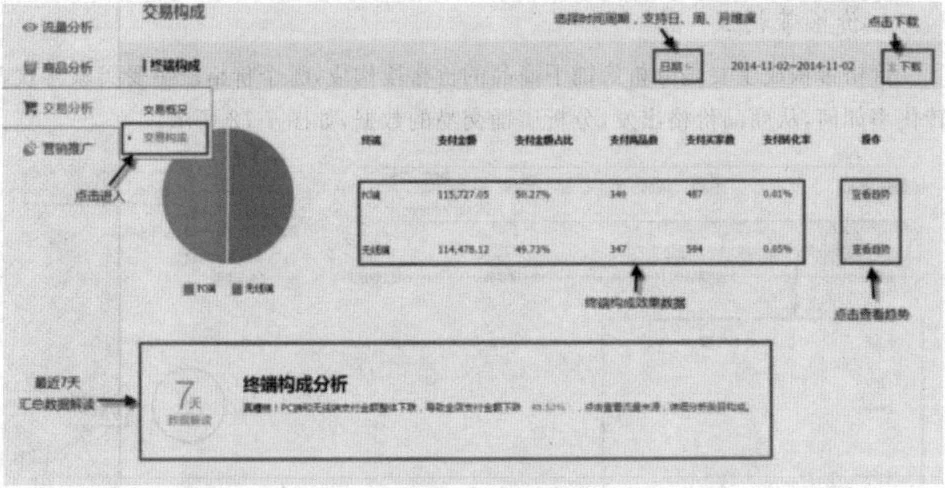

图 7-70 终端构成

所选条件下，展示占比前 7 名的二级类目，其他的二级类目数据归属到其他项，点击具体的二级类目饼图，展示该二级类目下的叶子类目交易数据详情，如果二级类目(或一级类目)就是叶子类目，则直接展示该叶子类目交易数据详情，如图 7-71 所示。

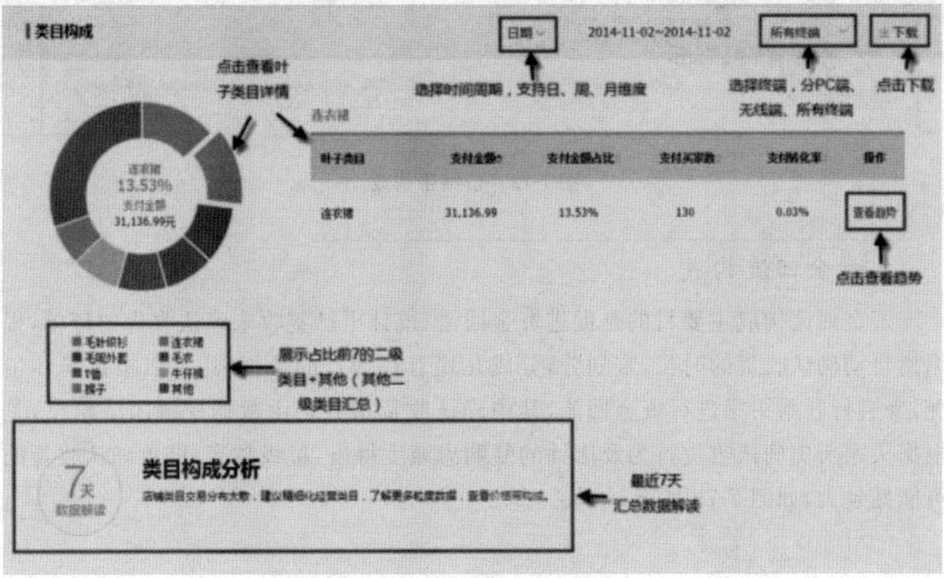

图 7-71 类目构成

3. 价格带构成

价格带构成主要是分析店铺下商品的价格段构成，哪个价格段更受买家喜欢，转化率如何，从商品价格出发，分析店铺交易的数据，如图 7-72 所示。

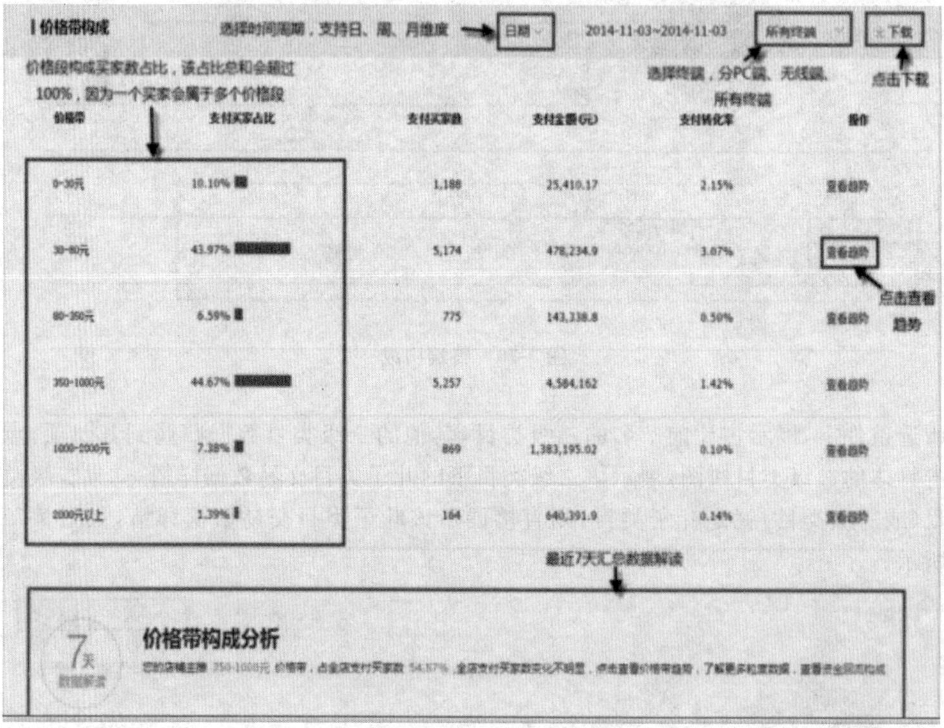

图 7-72　价格带构成

4. 资金回流构成

资金回流构成主要目的是促进资金回流，统计出已签收未确认收货的订单，根据离自动确认收货的时长，来划分，分成几块有行动点的数据，您可以根据具体情况，来进行联系买家进行资金回流，其中确认收货指数是由数据挖掘团队给出，是根据买家历史确认收货行为及店铺的复购忠诚度得出，星级越高，催单确认收货的可能性越大，如图 7-73 所示。

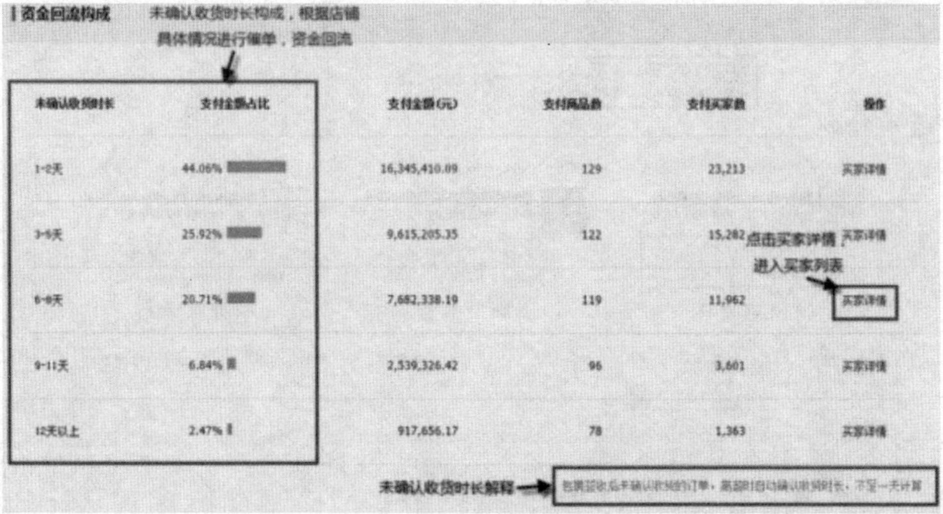

图 7-73　资金回流构成

六、经营分析——营销推广

生意参谋平台的营销推广包括了我要营销、营销效果两大功能，旨在帮助商家朋友们精准营销推广，助力提升销量。

(一)我要营销

1. 创意营销

(1)单品营销选宝贝：从数据角度给出推荐指数最高的 10 个宝贝，针对每个宝贝给出同网相似宝贝的价格分布，由用户结合自身宝贝库存、利润等情况，选择接下来作为营销主打款的宝贝，如图 7-74 所示。

(2)单品营销选人群：给出对这个宝贝有兴趣的人群范围，以及这群人的购买力、特征等，并提供具体人群下载清单(提供老客户的旺旺清单)，供用户参考圈定并精确营销，如本例，购买力最高的为 53～68，则本商品如果售价在这个范围，成交的概率会更大，如图 7-75 所示。

(3)单品营销选工具：正因为我们的商品和感兴趣群体的购买力可能稍有差异，我们建议选择商品优惠券来促进用户快速下单，如图 7-76 所示。至于本例中的还能创建“0 张”，可能有两个原因，一是用户未购买优惠券工具，如果是未购买，

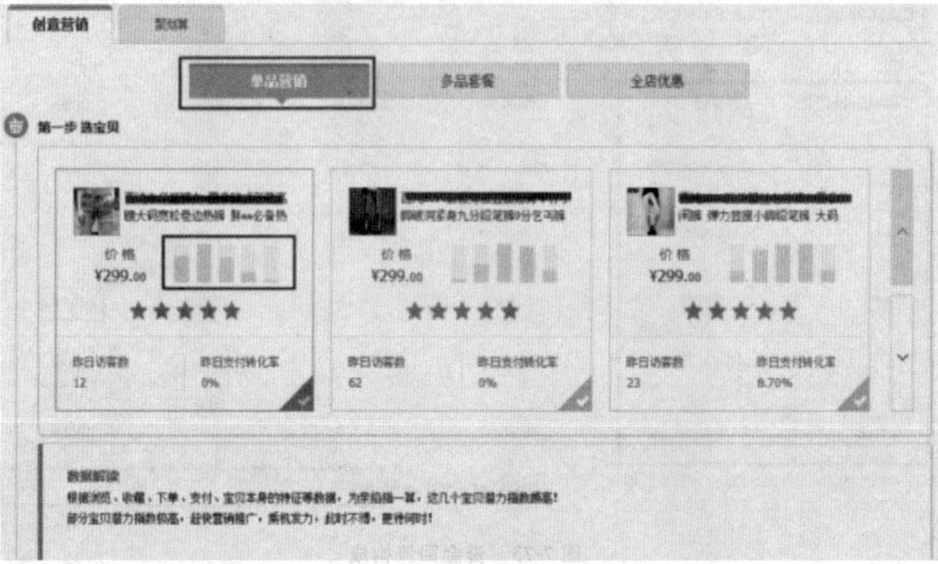

图 7-74　单品营销选宝贝

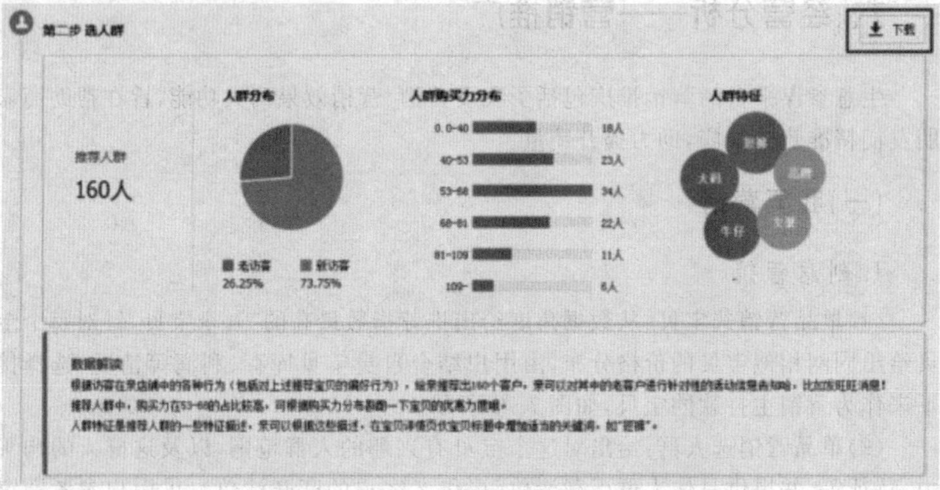

图 7-75　单品营销选人群

建议先购买此工具；二是用户有可能将优惠券已经都用在别的宝贝上，那这建议取消部分效果差的宝贝，改为对此宝贝发送优惠券。点击“立即生成营销方案”会跳转到淘宝营销平台上进行具体设置。

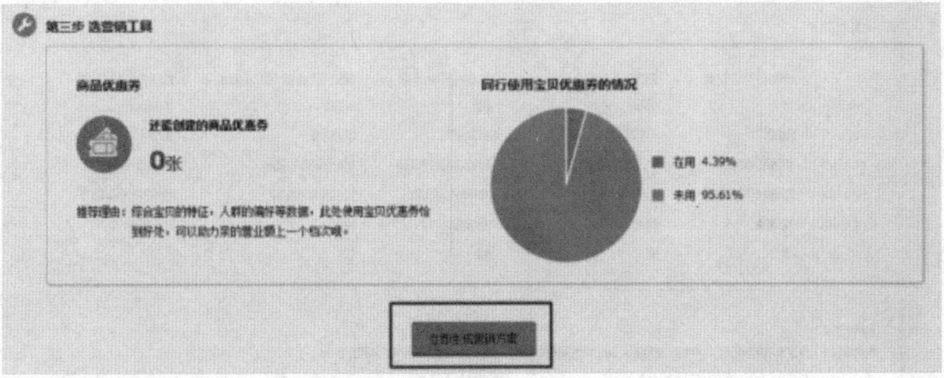

图 7-76　单品营销选工具

2. 爱上聚划算

(1)选宝贝。系统给出报名上聚划算成功概率最高的 6 个商品，按聚划算指数从高到低排序，由用户结合自身情况来决定选择报名的具体宝贝，如图 7-77 所示。

图 7-77　选宝贝

(2)定价参考。选定具体宝贝后，系统会结合此宝贝的相似宝贝在全网的价格分布、成交区间以及卖家数情况，供用户参考，比如本例，买家更愿意接受 67-5-129 的相似宝贝，给到用户修改价格的参考，如图 7-78 所示。

(3)销量预测。结合定价参考及自身备货情况，输入不同的折扣以及备货量，进行聚划算预测，若比较满意则直接点击立即报名，进入聚划算报名通道，若不满意则可调整选品再重新来过，如图 7-79 所示。

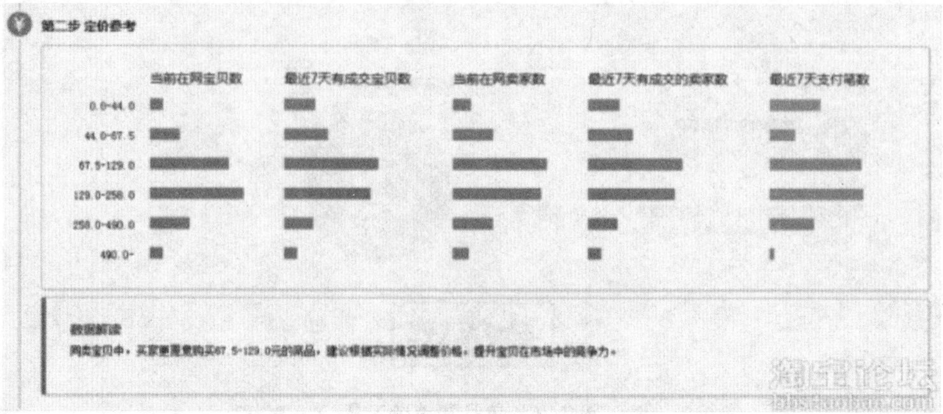

图 7-78　定价参考

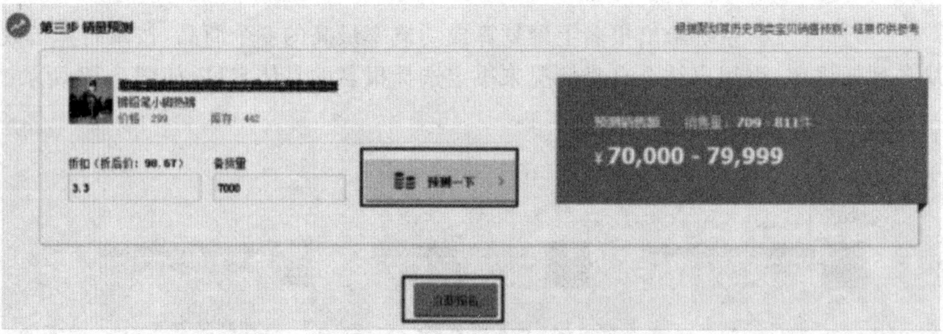

图 7-79　销量预测

(二)营销效果

如果有创建过营销,就可以查看营销工具的活动数据。可以将自己的营销排行 top3 和同行使用人数 top5 都列举出来,如图 7-80 所示。

七、自助取数

自助取数是提供给商家朋友们自由提取数据的工具,拥有丰富的店铺维度的指标数据,提供不同时间段(自然天、自然周、自然月)的数据查询服务。自助取数包含我要取数、我的报表、推荐报表三大功能,如图 7-81 所示。

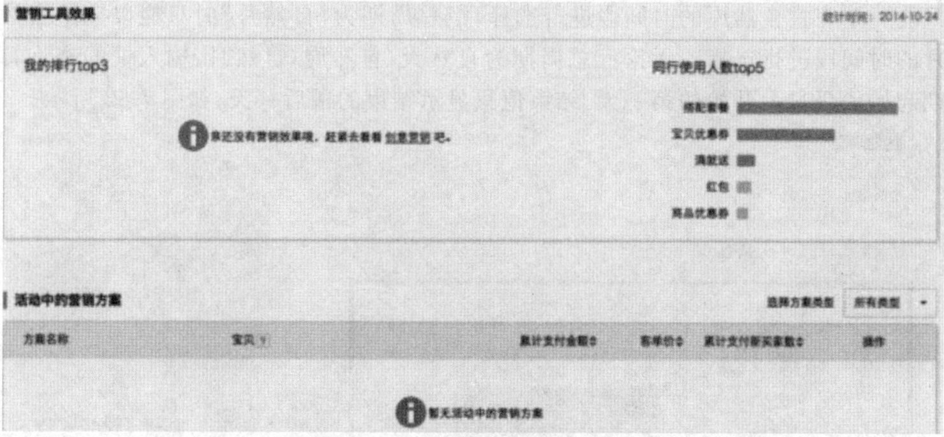

图 7-80　营销效果

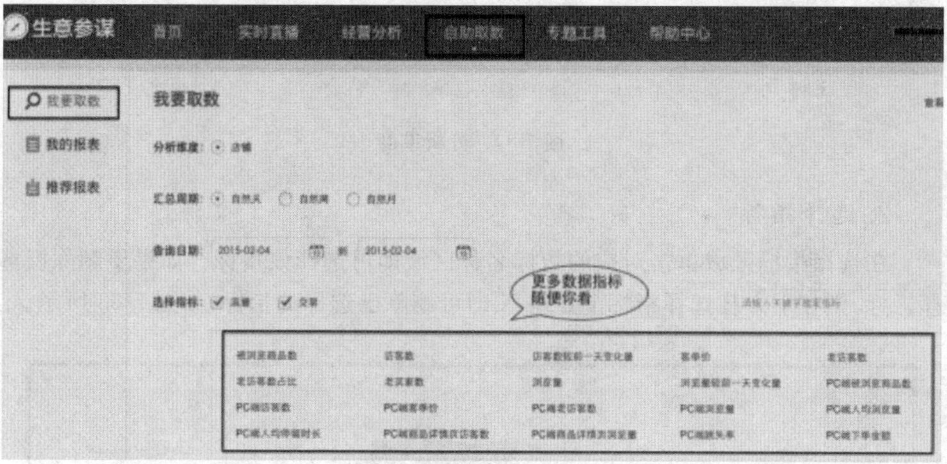

图 7-81　我要取数

(一)我要取数

1. 分析维度

分析维度默认店铺。选择汇总周期有自然天、自然周、自然月可供选择。需要注意的是,访客数、PC 端访客数、无线端访客数的指标在汇总周期内是去重计算的。选择查询日期,查询日期的样式根据汇总周期的选择会有所不同:汇总周期为“自然天”时可以选择昨日之前的任意允许范围内的一天;汇总周期为“自然周”时只能一个完整自然周的时间段进行选择；汇总周期为"自然月"时只能以完整自然月的时间段进行选择。无论汇总周期为自然天/自然周/自然月，输入框的查询日期起始值只显示开始的第一天、结束值只显示结束的最后一天，如图 7-82 所示。

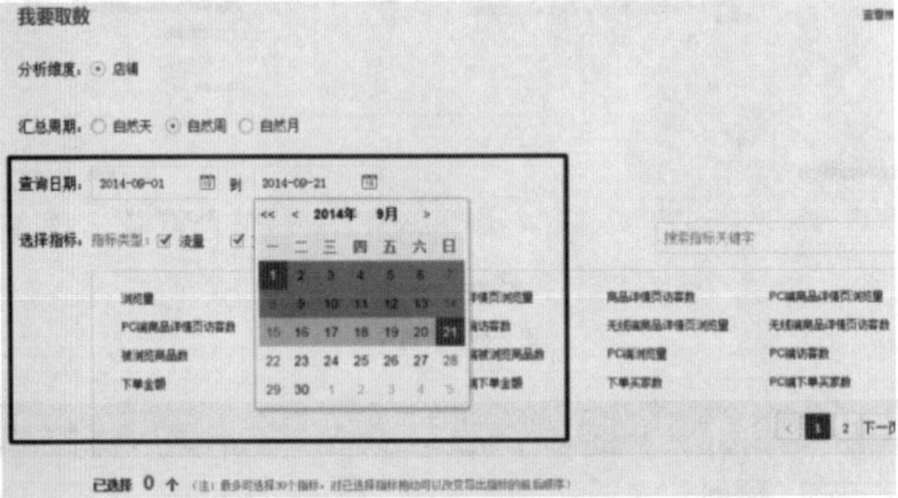

图 7-82 分析维度

2. 选择指标

在选择指标区域单击对应的指标名称区域即可选择该指标。如果要删除已选择指标，则在下方已选择指标上点击 X 即可删除已选择的指标，如图 7-83 所示。

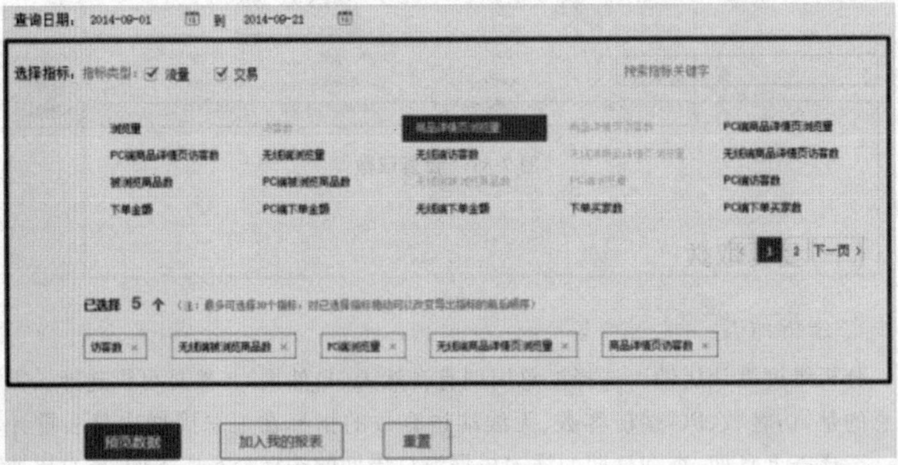

图 7-83 选择指标

3. 预览数据/下载数据

上面 2 步完成后，可以点击“预览数据”按钮即弹出预览数据的窗口，另外可以点击“加入我的报表”按钮将取数所填写的记录保存到“我的报表”页面，“重置”按钮是将表单所填写的选项恢复到你刚进入“我要取数”页面时的默认状态，如图 7-84 所示。

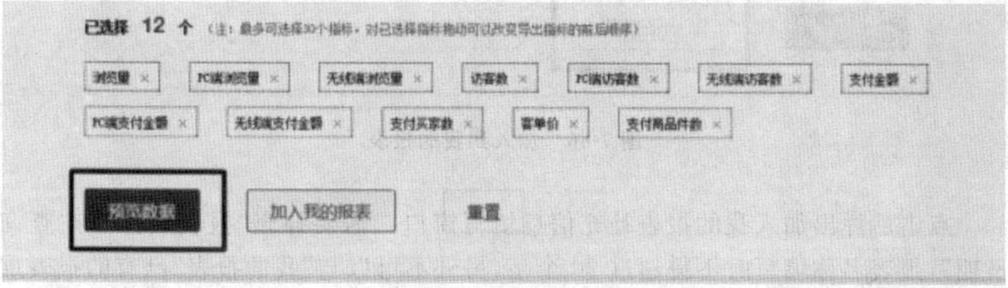

图 7-84 预览数据

在预览数据弹出窗里，最多可提供 10 条的数据，还可以下载全部数据为 Excel 文档（需要安装 Microsoft Office 软件即可打开），如图 7-85 所示。

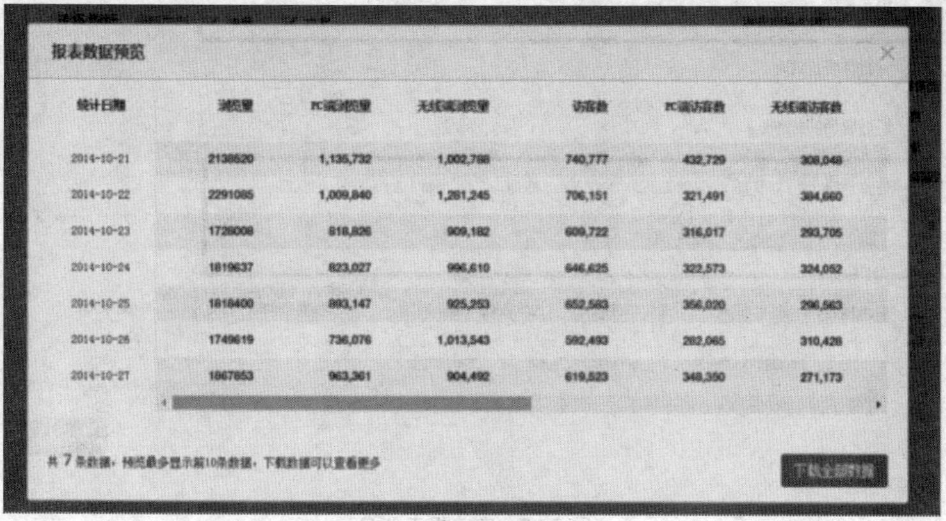

统计日期	浏览量	PC端浏览量	无线端浏览量	访客数	PC端访客数	无线端访客数
2014-10-21	2138520	1,135,732	1,002,788	740,777	432,729	308,048
2014-10-22	2291085	1,009,840	1,281,245	706,151	321,491	384,660
2014-10-23	1728008	818,826	909,182	609,722	316,017	293,705
2014-10-24	1819637	823,027	996,610	646,625	322,573	324,052
2014-10-25	1818400	893,147	925,253	652,583	356,020	296,563
2014-10-26	1749619	736,076	1,013,543	592,493	282,065	310,428
2014-10-27	1867853	963,361	904,492	619,523	348,350	271,173

图 7-85 表格数据预览

4. 加入到我的报表（可选）

你可以将“我要取数”经常用到的查询保存到“我的报表”以便于今后快速进行

指定指标的数据查询与下载服务。在“我要取数”页面点击“加入我的报表”，如图7-86所示。

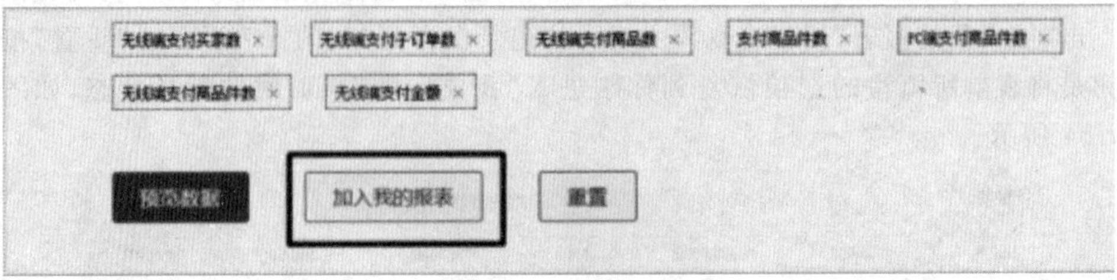

图 7-86　加入到我的报表

点击后弹出加入我的报表补充信息填写窗口。需要补充“报表名称”与“查询日期”，报表名称填写时不得超过 20 个字，另外不可以与”我的报表”已有的报表重复名称；查询日期可以在允许范围内自由选择，如果要经常查看最新的数据，建议查询日期选择为“自动更新”模式，如图 7-87 所示。

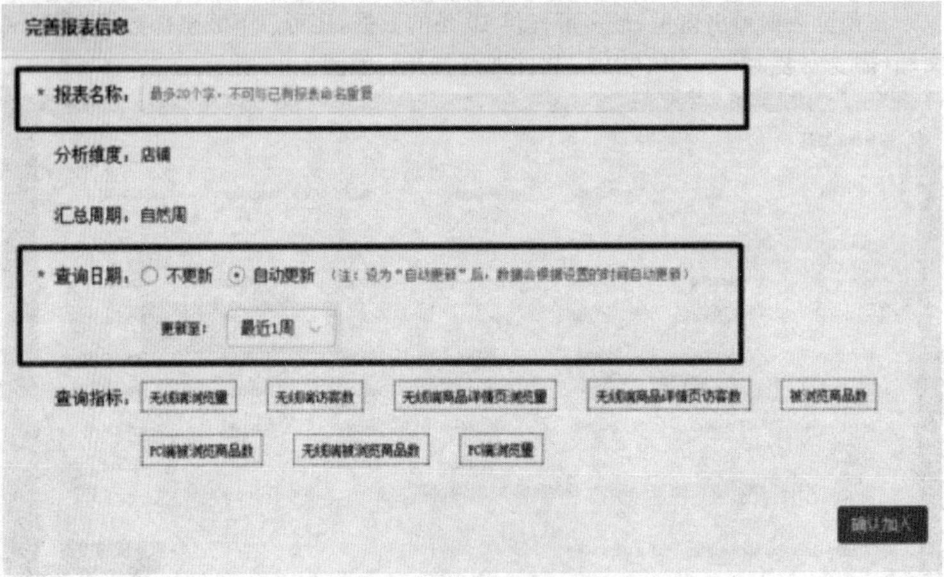

图 7-87　完善报表信息

(二)我的报表

我的报表默认为空，需要手动在“我要取数”页面点击“加入我的报表”加入到

"我的报表"。如果已经保存过报表,则都会在此页面。最多只允许卖家添加10个报表到我的报表中,如图7-88所示。

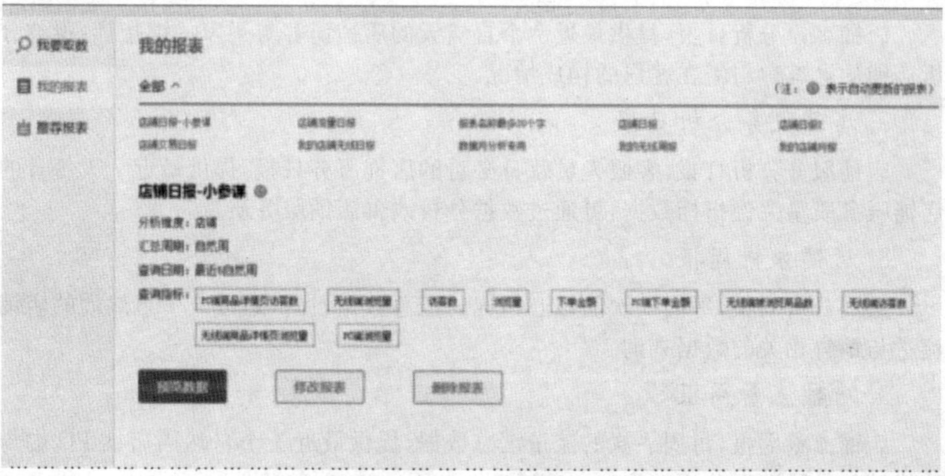

图7-88 我的报表

(三)推荐报表

1.店铺分析日报

每日必看的店铺经营关键数据,提供最近7个自然天的店铺流量关键指标、成交关键指标以及无线端关键数据的分析查询。

2.店铺交易日报

店铺交易日报为您提供最近7天店铺的成交关键指标的每日明细,轻松查看销售构成与新老买家构成。

3.店铺流量日报

店铺流量日报,提供最近7个自然天店铺流量相关的核心数据指标,轻松了解流量构成与流量质量。

4.店铺PC端分析日报

店铺PC端分析日报,PC端运营人员每日必看数据!提供最近7个自然天店铺的PC端的流量与无线的销售情况详细数据查询。

5.店铺无线端分析日报

无线运营人员玩转无线每日必看!提供最近7个自然天店铺无线的流量与无

线的销售情况详细数据查询，手机淘宝 APP、天猫 APP，WAP 端可以分开看啦。

6. 店铺客户分析日报

店铺客户分析日报，提供最近 7 个自然天的店铺访客与买家关键指标，帮你分析店铺的老客户与潜在客户的构成情况。

7. 店铺服务分析日报

店铺服务分析日报，客服人员每日必看的店铺服务日报，提供最近 7 天每日的店铺服务质量关键指标数据，可通过数据分析改善店铺服务质量。

8. 店铺分析周报

店铺分析周报，每周一次的核心指标的汇总数据，提供最近 4 个自然周的店铺流量与销售相关的数据查询。

9. 店铺流量周报

店铺流量周报，每周一次的流量汇总数据，提供最近 4 个自然周店铺 PC 端与无线端的数量数据分析查询。

10. 店铺分析月报

店铺分析月报，每月一次的核心指标的汇总数据，提供最近 3 个自然月的店铺流量与销售相关的数据查询。

八、其他专题工具

(一)专题工具——选词助手

选词助手从 PC 和无线两个终端分别提供了给店铺引流的店外搜索关键词，反映卖家需求的店内搜索关键词，根据所选关键词相关的行业内搜索关键词，关键词的搜索热度、引导效果等。

(二)专题工具——行业排行

行业排行榜包含五大类：店铺交易榜、店铺流量榜、宝贝交易榜、宝贝流量榜，搜索词榜。提供卖家专属的店铺排行与宝贝排行，PC 与无线的独立榜单，让榜单更加细分精准。

(三)专题工具——单品分析

单品分析主要从来源去向、趋势分析、访客分析、促销分析 4 个角度来分析，并且提供了 SKU 维度的销售详情分析，让您多角度了解商品的表现情况，掌握商品实际效果。

（四）专题工具——商品温度计

商品温度计提供了商品转化效果数据分析，以及对影响商品转化的因素从页面性能、标题、价格、属性、促销导购、描述、评价来帮您诊断，一键优化商品。

（五）专题工具——销量预测

销量预测、定价参考，以科学依据预测未来的流量、销量和库存，让人工主观预测的时代成为过去式。

九、高级功能

（一）来源分析

来源分析指标更丰富，提供了更多流量、引导转化、支付指标，让您全盘掌握店铺引流转化效果；来源更细化，提供了实时和历史数据的三级流量来源细分，精准流量投放，让钱花在刀刃上；提供单品来源去向，快速发现问题来源，实时调整引流策略。

（二）装修分析

生意参谋装修分析提供了按模块、按链接、热力图，让访客关注热点尽收眼底，及时调整装修效果，轻松留住买家；提供首页、自定义页、商品详情页，更多页面数据让您全盘掌握全店及单品的装修效果；而且 PC 端和无线端页面装修数据可以分开看，想怎么看就怎么看。

（三）竞争情报

竞争情报是一款提供给淘宝和天猫商家使用的竞争对手分析工具，致力于帮助零售电商精准定位竞争群体、分析竞争差距、提供经营优化建议进行经营决策的数据解决方案。

（四）数据作战室

数据作战室是阿里巴巴-生意参谋团队最新研发的一款面向淘系头部商家，满足其数据创新领域的全局指挥和打造影响力需求的创新产品，提供核心数据大屏监控，助力商家全局指挥；数据化企业品牌宣传，助力商家品牌建设。

(五)市场行情

市场行情提供行业大盘、品牌分析、产品分析、属性分析、商品店铺榜、买卖家画像等功能，提供全方位的行业数据分析，帮助您把握市场动态，发掘市场先机。

第四节 阿里指数

阿里指数是阿里巴巴出品的基于大数据研究的社会化数据展示平台，媒体、市场研究员以及其他希望了解阿里巴巴大数据的人可以从这里 获取以阿里电商数据为核心的分析报告及相关地区与市场信息。基于阿里大数据，我们面向媒体、机构和社会大众提供地域和行业角度指数化 的数据分析、数字新闻说明、社会热点专题发现，作为市场及行业研究 的参考、社会热点的了解。

阿里指数分为区域指数、行业指数、数字新闻、专题观察等模块。其中数字新闻和专题观察功能目前还没有推出。阿里指数网址为 https://index.1688.com/。

一、区域指数

从地区角度解读交易发展、贸易往来、商品概况、人群特征。通过区域指数，您可以了解一个地方的交易概况，发现它与其他地区之间贸易往来的热度及热门交易类目，找到当地人群关注的商品类目或者关键词，探索交易的人群特征。如果您想探索区域经济，区域指数给您答案。

二、行业指数

从行业角度解读交易发展、地区发展、商品概况、人群特征。通过行业指数，您可以了解一个行业的现状，获悉它在特定地区的发展态势，发现热门商品，知晓行业下卖家及买家群体概况。如果您对市场行情充满好奇，不妨来此一探究竟。

三、数字新闻

数字新闻以数字、图表为原料，提供图文并茂的新闻解读，例如，通过大数据解读高温天大家都在买什么、做什么。

四、专题观察

专题观察将大家普遍关心的话题以专题报告等形式呈现，例如，新年年货、近期热门电影等，提供基于主题的深度数据探索与发现。